徐梵澄精神哲学入蹊

孙波 / 著

华东师范大学出版社

华东师范大学出版社六点分社　策划

目 录

序 / 1

序 跋 篇

徐梵澄集·编者的话 / 3
徐梵澄文集·编者说明 / 8
五十奥义书·重版后记 / 18
徐梵澄传·绪言 / 23
徐梵澄学术思想研究·引言 / 27
薄伽梵歌论·写在前面的话 / 34
徐梵澄佛学文集·跋 / 44

读 书 篇

由人而圣而希天 / 63
玄理一脉赖遥契 / 74
阿罗频多真懂历史吗？/ 89
阿罗频多之学在中国 / 103

"如果": 历史可以这样书写 / 112

鞮 译 篇

小学菁华·序 / 131
孔学古微·序 / 146
周子通书·序 / 159
肇论·序 / 167
唯识菁华·序 / 176
易大传——新儒家之入门 / 181

温 习 篇

矫矫一代人，兀兀独隐几——关于徐梵澄的对话 / 193
徐梵澄文集·新闻发布会发言 / 229
"一人""一理"是精神 / 234
"圣人通义"挥麈谈 / 239
薄伽梵歌论·案语提示 / 248
略谈徐梵澄先生的学问人生 / 266

附 录 篇

回首再"读"《收租院》 / 283
永久和平的理想 / 289
道途不尽说《原野》（一）/ 297
道途不尽说《原野》（二）/ 305

后 记 / 315

谨以此书
献给我的母校
七一学校建校六十周年

序

本书原拟名"苔藓集",后改为"弥纶集"。苔藓,譬个人之微小;弥纶,喻精神之广大。今遵出版要求定名"徐梵澄精神哲学入蹊"。入蹊——小引者也。引向何处? 至广大处! 广大者何? 无过于"弥纶"者也。《易·系辞上》曰:"易与天地准,故能弥纶天地之道。"清王引之解"弥纶",以为"纶"为"论"之通假,训知,"弥纶"即"遍知"。在梵澄先生的语境中,"知"非知识(性)之知,或寻常意义上的理性之知,而是如宋儒所言的"性理"之知,后者大于且摄于前者,谓之"知觉性"。此亦韦檀多哲学的基本概念,如室利·阿罗频多所说的"独一遍在的知觉性"①,也可译为"独一遍在的精神"。因为,邃古之奥义认为:宇宙是一神圣生命的充满与润泽。这一神圣生命,昭示人(类)憧憬最高者,并践履一上升的系统,从而超出自己,与至上者合契。这是一切生存问题之"和谐"意义的终解。

梵澄先生所治之学为精神哲学,即研究心灵与性灵的学问,也可以叫做"内学"、"玄学"、"形而上学"。依他的观点,设

---

① 《神圣人生论》。

使没有这一超上眇域,那么我们所说的哲学便无由以立,盖因它是"一切哲学之哲学,它立于各个文明系统之极顶。其盛、衰、起、伏,实与各个国家、民族盛、衰、起、伏息息相关。"①一般而言,人类"盛、起"之于和平,"衰、伏"之于战争,于是便有了冀望"永久和平"和"世界大同"的理想。然欲求此理想,必得有赖于学术之交流,义理之互证,思想之统同,此乃为一"知、证、悟"的精神运动。这道理虽易明,但造境却极高,其目的不外是"人类的全般转化",此愿景简直是遥不可及,希望渺茫。然而,"舍从此基地前进,亦别无其他途经可循。"②"道则高矣!美矣!宜若登天然,似不可及。何不使彼为可几及,而日孳孳也?""中道而立,能者从之!"——孟子于此早有答复③。这就是说,契机端的在"我",即个人的觉悟和努力。因为,"社会只是个人的一个扩大体",而"一完善化的集团,只能以其中各个人之完善化而存在"。也就是说:"个人是'进化运动'的启钥,因为是个人乃发现自我,乃知觉着'真实性'。"④"真实性"乃"真理"之谓,广大且"弥纶"。

今年,癸巳年,梵澄先生殁世整整13年了。这期间,笔者为先生结集、绍介、作传,也算做了一点点工作。但对于我个人来说,却常常怀有"己微而事大,蹭蹬而路遥"的感受,且时时生起"无可奈何,不免一叹"的心情。克实言之,冰山的一角尚未怎么揭开,岂敢遑论全貌之"弥纶"乎?此又不然,可另说:既然前行方向已明,岂能无有展开之"动静"耶?"苏子瞻之徒,曾讨论这

---

① 《玄理参同·序》。
② 同上。
③ 《尽心章句下》。
④ 《周天集》。

问题,结论为'精出为动,神守为静,动静即精神'。"① 而"动静"为大为小,皆精神,皆知觉性,这就是说:价值与意义,乃精神第一要义。况且,亦有可说者,虽然己力微而蹭蹬缓,然至少可说是"弥纶"的开始,即"入蹊",表示"我"已经来了——"但是你已来了,而且一切必须要改变的!"② 这是阿罗频多的教言,为所有愿"来"者如是说。

癸巳小满前一天
2013 年 5 月 20 日

---

① 《陆王学述》。
② 《周天集》第 37 页,北京三联书店,1991 年。

序 跋 篇

徐梵澄集·编者的话

为徐梵澄先生编这部《集》,责无旁贷。然而要编辑者说话,却颇感不安。这好比一袋子的精金美玉被掺合进了杂质。但是,有关梵澄先生的身前身后事,有些是要向读者尤其是喜爱他的读者交待的,否则,行事无所端由,接下来的步子会迈得不够顺畅。

去年,己卯年,梵澄先生九十岁高龄,也是他从印度回国入中国社会科学院世界宗教研究所的第二十个年头。年初,卓新平所长与我商量,是否为先生举办一个学术思想研讨会。我因知道先生不喜张扬的个性,故面有难色。新平又说:不然,我们同他一道吃顿便饭,以表达一下我们的祝福。后来,我登门拜访,传达了卓所长的想法。对于开会的意见,先生说:"不必了。"对于便宴的请求,先生说:"近来身体不适,以后再说吧。"我未坚持,也无由坚持。

当时的造访还谈及了两件事,一是出版《文集》,二是编辑这部《集》。两事需分别来说。

先说《文集》之事。也是年初,上海三联书店的倪为国先生就动议为徐先生出版全集,并委托我征求一下先生的意见。先生的回答是:"可以考虑……待几本未出的书出齐以后,写一小结或序文,封笔了。"我还问:"是否所有的文字呢?如诗集和过去的杂文。"他说:"那倒不必了,多出少出无大妨碍。"后来我说,那就叫"文集",可多可少,选择自由。他以为可以。他告诉我,除了翻译之外,他的写作,英文文章多于文言文章,文言文章多于白话文章,比如《异学杂著》就有文言部分,结果让编辑给"割舍"了。他说:文言与白话未并出,也不错,不然如一人身着西服领带,头上欲戴一顶瓜皮小帽。

再说本《集》之事。3月份,科研局根据李铁映院长和院务会议关于编辑出版我院老专家文选的指示,颁发《关于编辑出版〈中国社会科学院学者文选〉的通知》。张新鹰副所长嘱我与先生商量,并请求他自辑文选,他原则上也同意了。但鉴于当时编选与出版的一些具体要求不够明确,所以,先生请我再作进一步咨询。咨询,暂无下文,因为当时全院的工作安排有一很大的调整。待文选工作重新启动之时,已近年底,先生的健康状况也进一步恶化了。关于编辑文选,先生是这么说的:我自己的文字不多,主要都在序、跋里了(我理解主要是集中反映先生思想、观点的文字)。我们还达成了一个共识,即文选取材主要选择先生后期(回国以后)的文字。这就是我为什么要把先生的序、跋集为一编的缘故。

于《文集》,先生身前有所交待。我们在检索先生遗物时,由邻居好友詹志芳先生理出,其为6页16开纸之手迹,篇无先后,有"译自法文者"、"译自梵文者"、"译自华文者"(英文)、自著(英文)、自著(华文),凡27种37册(有的译著显然是略去了)。这里不妨请问一个问题:先生通晓几种外国语言呢?除以上四种外,还有拉丁文和希腊文,这为哲学翻译所必需。另外,先生多年生活在印度,不能不懂印地语;他研究佛经,有时也要参考日本学者的成果。还有,我听说他在印度学习过阿拉伯文,但未见及使用,不提。

于本《集》,先生未尝留言。我想,这原因是当时他可能有感体力不支,时间无多了,不如把有限的精力投放在最重要的工作上,即加快《摄真言义释》的翻译进度。为此,他要我借出大藏经密教部若干册和线装本的《本草纲目》。记得去年入冬后的一个下午,天色将晚,我把书送到,又陪他上街理发。那时,他刚出院不久,身体明显虚弱,但精神还好,缓行在便道上,他谈起了《圣经》的翻译,说是需要不同文字和版本的比勘。后来,我搀扶他上楼,入门,落座,他高兴地对我说:"今天完成了两件大事,一是借到了书,二是理了个发,好了,可以工作了——"

没想到,这竟是我在先生家与他对坐晤谈的最后一次。

年底,我奉人事局之命赴井冈山地区洽接我院在当地挂职锻炼的博士之事宜。回京以后,才得知先生再次住院,而且病情严重。先生无后,独身,其时先生在长沙的侄子(先生三哥之子)徐硕朋先生和在昆明的侄孙辈(先生长兄之后)还未到京,所以,第一次为先生抽(排)(积)液,是由我代表单位签的字。积液排出以后,先生好了许多。一天,我陪新平所长去看望他,他依窗而坐,与我们攀谈,他说到了鲁迅,说到了中印社会的不同……有一句话,犹如电光击闪,刹那洞明新境,至今在我脑海里鲜活不磨,他说:"中国文化真好。儒家真好。"——于此可窥先生精神指归了。先生少(年)学西文,中年又治印度古典,晚年落叶归根,回到了自己的精神的故乡。故,本《集》以《陆王学述》殿后。其终点,亦是其起点。先生早说过的,精神的进步,是螺旋式地上升,譬如一蛇盘旋,首终衔其尾。要之,这是中国知识分子的命运,即使充满无尽的艰辛与悲怆!

不幸,在处理先生后事的过程中,有一段我们无法控制且无可奈何的"混乱",先生未完成的手稿《佛教密宗——摄真言义释》遽然不翼而飞,同时缺失的还有先生的部分书籍和先生借阅贺麟先生的一些藏书。事发当天,徐硕朋先生急呼我和同事李毓凤、李华民迅至先生家,同到的还有蒙登进、冯姚平、姚锡佩、姜丽蓉、詹志芳诸先生。经过共同的清点,发现不见的还有先生的旧稿《文艺复兴时期的绘画》和日记及全部印章。这是一个无法弥补的损失! 特别是手稿的失落,不能不令人扼腕痛惜! 因为,它明明白白地告诉了我们一个事实,那就是:在我国宗教神秘主义研究领域中,有一块从未开垦过的处女地将继续荒芜下去。于此,后人难以为继,也无能为继。

财产可有天价,精神的财富却无价。这道理,在以上诸先生是深明于胸的,他(她)们在不同的时间、以不同的方式进行了具体的联系,但所得答案都是令人沮丧的。怎么办? 似乎只有一条路——继续努力,我们也只能相信古话"谋事在人,成事在天"了。天是什么? 依儒家义,天是天理,在人,就是良心。而良心的开显,端在自启。

一般学术界多以为先生是一个大翻译家,且在人们通常所理解的"小学"领域功力深湛,其实,先生的学思企向是在精神哲学的领域,正如他自己所说:"……我所锲而不舍的,如数十年来所治之精神哲学。"①这一点,我相信读者会从本《集》的解读中有所"自得"。先生指出,精神哲学是研究心灵或性灵的学问,其

---

① 《跋旧作版画》。

主旨目的在于变化人的精神气质,并"终期转化人生与社会"。诚如康德之教诫:人之为人,"应该"并"可能"变自然链条为自由律则。先生举示——"使人类进步的最好办法,是自己前进。"①此乃先生精神哲学之箴言。

末了,还须说明:

鉴于本《集》的编选要求和编排体例,先生一些精彩的文章未被收入,如《星花旧影——对鲁迅先生的一些回忆》、《秋风怀故人——悼冯至》、《超人论衍》、《专史、新研、极成》等;另外,因章页的限制,也未取先生的《老子臆解》,他曾抱怨此书出版以后未遇批评文章。这些遗憾只得留给《文集》出版时再作补救了。关于《文集》,倪为国先生还要我编写一本《徐梵澄先生学思年谱》,与《文集》诸本并出。对我而言,这无疑是一个严峻的挑战,我别无选择,只当全力以赴,因为,在我看来,这桩事情的意义深重而且长远。但是,由于我学力微浅,所做只能是一个开头。果能入先生一系精神哲学之堂奥者,尚俟来人!

载于《徐梵澄集——中国社会科学院学者文选》
中国社会科学出版社,2001年12月

---

① 室利·阿罗频多语。

徐梵澄文集·编者说明

1. 本卷收录梵澄自著之学术作品,尤以《玄理参同》(1973)、《老子臆解》(1988)、《陆王学述》(1994)为可宝重。手稿《神名释》为论文《韦陀教神坛与大乘菩萨道概观》之蓝本,其中有未取者,故附卷末。

《玄理参同》,本室利·阿罗频多(Sri Aurobindo,1872—1950)以印度哲学眼光察看赫那克莱妥斯(Heraclitus,通译赫拉克利特)之申论,书以这一希腊古哲名名之。梵澄译之并以中国哲学眼光疏释二氏,参稽三派,求其会通,故更名曰:玄理参同。梵澄之疏释,譬若入山开采,先辨矿脉,次摭样本,末铸新词。其文亦玄亦史,有术有方,恢恢乎乃成统同之姿。不仅增丰义理内容,而且广扬人生意义。又因梵澄所撰文字之字数裒大于阿氏,故编入本卷。

《老子臆解》,通释之作。所谓通释,合儒道,贯东西,求理一。梵澄序言:"析理参以周易及先秦古说,不废庄子;偶见颇同西洋哲学者,标出之,意在点染时代精神,无所发挥。"原本(中华书局)繁体,今本简体,仅保留版本校勘之引文为繁体,以存古人文字书写之原貌。

《陆王学述》,梵澄晚年力作。旨在通过阐扬儒学陆王一脉,张立中国精神哲学。既然"东海西海,心同理同",其哲学无由不立。要之,精神哲学非一逻辑知识之对象,它超于并摄于后者;毋宁说,它不构造体系,只是指出方向,即"变化气质"并"终期转化人生与社会"。其发端是人的"心灵",或曰性灵元体,或曰内中"寓居者",即"精神者",亦即孔子所教之"仁"(gene)。

2. 本卷收录梵澄四部英文著、译述和一篇英语论文。《孔学古微》(1966)、《周子通书》(1978)、《肇论》(1981)、《唯识菁华》(1990)和《易大传——新儒家入门》(1995)。

梵澄中年再次去国,后又"自放"于炎洲,凡三十三年。万里漂泊,"不能无故国之思",在译介印度学术思想之同时,撰写"孔学、小学及中土所传唯识之学",以介绍于西方和世界。《肇论》与《唯识菁华》两书虽晚出,亦属昔年行箧中之旧稿也。

本卷内容意蕴沉博,致思弘深,编者无大力提纲并概述之,故拣择警言,以进所诣:

> 文化是最为神圣的东西,或可被视作神的人文方面。它试图改造人的低等自性,建立并提升他们的人格。正是由于此一原因,中国文化才能得以不断发展与繁荣。(《孔学古微》序)
>
> 让我们惊异的是,被喜马拉雅山脉分隔开来的这些学者或圣人,在互不相识的情况下,竟然能够在许多方面沿着同一道路为着相同的目标而努力。(《周子通书》序)
>
> 中印都有高度的古代文明,它们的大知识分子在

精神层面都有相似的活动指向和实践体悟。从这个意义上说,佛法东传,是因为汉地的土壤已经施好了肥料,所以这朵取自西天的奇葩才能够较从容地生根,发芽,开花和结果。(《肇论》序)

人类既应该回首它的漫长的历史,又应该放眼于它的无限的未来。对于一个伟大过去的认识意味着对一个伟大未来的希望。(《唯识菁华》序)

这个阴与阳的体系走向何处?回答是:它走向和谐。这伟大的和谐,正是在宇宙的开端与终结之所有的事物中,并且是凭借着所有的事物来实现的。(《易大传——新儒家入门》)

3.《小学菁华》,为梵澄于1963年编辑的一部汉英字典,后在法国学者的催促下,于1976年晚出于南印度。

此书序后,是汉语史的一个简略概说,书末为现代(文字改革之前)的语音符号系统,亦给出一些书写方法的正确例子,读者可依此作字帖加以临摹。字典正文部分,在其所属的偏旁、部首之下,给出每一字的原形和拼音,字形三体并列:仿宋、篆字、楷书;在对应之英文名词下,又给出同一字之篆体的不同字形;其下是英文注解。

梵澄指出:汉语自古以来虽无一套成文字的语法规则,但是它的语法结构却很完善,有佛经翻译为其明证。另外,汉字在书写和印刷上有节约空间之优点;更重要的是,它有高度的化合性,即这种单音节的文字之不同组合,会生成新的概念与意义,从而较顺利地增益我们汉文字之语言宝库,以适应时代发展的需要。每一个受过教育的中国人都有这样的体会:我们今天阅

读二千五百年前之孔夫子的箴言,并没有什么障碍。这说明:

> 基于一种文字形体的语言,其生命会延续得更为长久,一个不断向前行驶的永恒的舟楫传送的牢靠的知识——无论是物质的还是精神的——可以是人类之最伟大的保护者。(梵澄语)

4. 本卷收录梵澄译、著述中文序、跋,自1934年《尼采自传》至2003年《薄伽梵歌论》(以出版时间为准),跨度七十年矣;并缀文未正式发表之《三玄通论·序》和《蓬屋诗存·楔语》。梵澄尝言:"我的文字不多,主要思想都在序、跋里了。"后踵之以文章为忆鲁迅事,怀友人事,谈艺术事。又继之以《异学杂著》三篇,皆文论:《希腊古典重温》,《澄庐文议》,《谈书》。终之以《蓬屋说诗》和《蓬屋诗存》。《诗存》曾自辑线装,装订凡二百本,行文竖行而未断句;今编者断之,不免错句,需方家刊正;梵澄生前对《诗存》较为看重,初执意要以繁体面世,今因合集之需,字体划一,故采用简体。梵澄一生之心路历程,寻《诗存》而迹迹可辨矣。

"我所锲而不舍的,是数十年来所治之精神哲学"(梵澄语)。梵澄由翻译尼采而进之于介绍室利·阿罗频多,又从研究印度古代文明之宝典回归于阐扬中国传统文化之菁华,此一精神企向圆成之轨迹,端的是沿着鲁迅"立人"、"改造国民性"的文化理想迈进的。三十余年前,栖身异域的梵澄展望中国的未来,云:目前为俱收并蓄时代;将来可望"精神道"之大发扬,二者(哲学与宗教)双超。

5. 尼采(Friedrich Nietzsche,1844—1900)自梁启超介绍

而入中国，迄今已逾百年。七十年前青年梵澄受鲁迅之嘱系统地翻译尼采，出版其译著共有四部：《朝霞》(1935)、《快乐的知识》(1935)、《苏鲁支语录》(1936)、《尼采自传》(1935)，及两篇长文《启蒙艺术家与文学者的灵魂》和《宗教生活》（皆选自《人间的，太人间的》一书，1935）。梵澄所译尼采系列，今分两卷：两长文与《朝霞》、《快乐的知识》为一卷，《苏鲁支语录》与《尼采自传》为另一卷。

尼采，诗人—哲学家。其思想，纷论不定。大致尼采研究者，分其创作为三期：第一期着意于艺术；第二期注重于知识；第三期神往于强力，遂呼唤"超人"，以为人类雄强之本能，乃"权力意志"，且人类进步并上升于"永远回还"之中。梵澄晚年提撕大哲之灵感面，遥契并同符于室利·阿罗频多之"超心思"。二氏同持此论：必有健全的个人，然后可合为健全的集体。要之，崇高的个人主义与优良的集体精神，一体而两端者也，其"道通为一"。

六十九年前，郑振铎尝为《苏鲁支语录》作序云："他（梵澄）的译笔和尼采的作风是那样的相同，我们似不必再多加赞美。"又摘是书语录云："……这是一种永不涸渴的泉水，没有汲桶放下去不能满汲着黄金和珠宝上来！"

6. 本卷收录译著七种：《佛教述略》(1939)、《行云使者》(1957)、《社会进化论》(1960)、《神母道论》(1972)、《安慧〈三十唯识〉疏释》(1990)、《周天集》(1991)、《因明蠡勺论》(手稿)。

《佛教述略》，译者笔名季子，著者为锡兰高僧纳啰达。

《行云使者》(Kalidasa，又名迦里大萨)，印度神话。鲁迅尝言："有迦黎陀萨(Kalidasa)者，是以传奇鸣世，间染抒情之篇；日尔曼诗人瞿提（歌德）至崇为两间之绝唱。"梵澄以古体诗翻作百二十首,时在《薄伽梵歌》译成之后。

《社会进化论》,阿罗频多亦作《社会发展的心理学》,初载于个人杂志《阿黎耶》(*Arya*)[1916年—1918年],1950年单行本出版于纽约,改名为《人类循环论》(*The Human Cycle*)。所谓进化者,指个人、集体、国家皆内中自由之发展。阿氏视人类社会发展已有三期:第一,象征期,属宗教和精神性质;第二,典型期,属心理和伦理性质;第三,因袭期,属知识性质;设若再加前进,则当入乎人类之主观主义时期,即人人精神发扬,汇成光明大道。在此书中,大师对世界局势之成败利钝多所预见,又皆相应合也。

《神母道论》为室利·阿罗频多撰,一小册子;《安慧〈三十唯识〉疏释》,佛协印行,仅流通于全国各大寺庙。

《周天集》,阿罗频多之弟子摘取其著述之箴言也。一集分三百六十多条,皆人生智慧之雨露也。设若每日玩味一条,佳于学者埋头于高头讲章。要之修为者,本在明悟、践行,无需宏典大册者也。

《因明蠡勺论》,室利·阿阇黎耶法称撰,梵澄译于1952年。手本页面上方抄为梵文原作。

7.《薄伽梵歌》,"精神工作的最伟大的福音"(阿罗频多语),印度民族千祀传承所以安身立命之大法也,犹伊斯兰教之《古兰经》,基督宗教之新、旧约《圣经》。印度当代领袖,或甘地,或阿罗频多,皆以此一歌发扬独立运动,终获民族解放与自由。《歌》之中译本,由梵澄于1950年在贝纳尼斯完成,出版于1957年之南印度,去卫金斯(Charles Wilkins,1749?—1836)之英译,一百六十五年已。1990年,中译本由佛教文化研究所再版,于内部流传,未广发行。二版经文微有修改,注释概仍其旧。

《薄伽梵歌论》，为阿罗频多狱中读《歌》而见道之作。原著为英语，凡两系，发表于个人刊物《阿黎耶》(Arya)，1916 年至 1920 年；后修定单行本，初版于 1928 年，又后多次再版；1972 年值阿氏诞辰百年之际，此书又收入全集，为其中第十三册。《论》之首章即为《大综合论》，乃集大成之谓也，其盖在于网罗百家之学而贯通之，明人生之路，晓瑜伽之途，重内心舍弃，行有为之事；初重行业，次重知识，末重敬爱，行与知皆升举，充满新力，得其圆成，是为三道合一。此亦中西印文化精神之至高契合点，亦曰：由人而圣而希天。

2003 年 12 月，《论》与《歌》之合集由商务印书馆出版。此版《论》部依据抄稿，《歌》部取自佛协版。梵澄殁世之前，于病榻之上校阅其本约三分之一，余者由此文集编者校毕。《论》之抄稿之手误及漏舛，皆依梵澄 1953 年手稿（已被国家图书馆收藏）校正。今收入《论》者，依本手稿，与抄稿文字微有不同，编者又补入梵澄案语十余处；《歌》部依本则采 1957 年南印度版。且按时序，经典与经典阐释者，排《歌》在前，《论》在后。读者可窥睹初译时之真姿，亦可会意商务本之微异，不无裨益也。

8. "神圣母亲"或"母亲"，皆表尊敬义。其为室利·阿罗频多学院另一精神大师，法国人，院母密那氏(Mira)，生于 1878 年，寂于 1973 年。密氏出身贵族，从小多才艺，后倾心于精神哲学，致趣于玄秘学术。曾想游历中国，值北洋乱世，未果。往日本时，途经法属南印度之琫地舍里，遇在此避难并隐居的室利·阿罗频多，两人论学相契。后母亲由日本返回巴黎，变卖房产，具备款项，于 1914 年 3 月 29 日（此被定为该院之重要节日）再度登岸南印度，从此开启六十年之伟大的精神事业。

1926 年，阿氏退隐，母亲遂全面主管院务，她亲手把一"阿施蓝"(修道院)建设成为世人瞩目并敬仰的"阿罗新城"。由她所翻译的阿罗频多重要著作,有若干种,然这《母亲的话》,皆为她所自撰和讲说。甘地尝读并叹曰:"此滴滴甘露也!"

此文集收入《母亲的话》,凡四辑,分别出版于 1956、1958 和 1978 年,今分作两卷。余尚有四辑未出版。

9. 瑜伽论,即综合瑜伽论,室利·阿罗频多撰,凡三集。此文集收入第一集全四部。原著发表于《阿黎耶》,始于 1914 年,终于 1921 年。梵澄中译本分别出版于 1959 年(第 1、2、3 部,学院版)和 1987 年(第 4 部,商务版)。《瑜伽论札集》(第 1 部)于第二集中摄,皆为大师平生答弟子疑问者,盖先读此书,于瑜伽之学较易明通;又有《瑜伽的基础》更为入道门径,与前书中译本分别出版于 1958 年和 1960 年。今将六书分为两卷:上卷为《瑜伽的基础》、《瑜伽论札集》(第 1 部)和《瑜伽论》(第 1 部),下卷为《瑜伽论》(2—4 部)。

阿罗频多之瑜伽论为大全瑜伽,又可视作新瑜伽论。它的目的,不在于出世而入乎"涅槃"、"天国",而在于生命与存在之神圣圆成;它的追寻,也非个人之精神成就,而是为了人世或人生之意义,即人类精神之进化。"确定一高于心思底生命,便是印度哲学的全部基础,其求得与组织,乃瑜伽之方法所从事的真正鹄的。"(阿罗频多语)阿氏摄人生之大全,认为人生全部为一瑜伽,则无事不是修为。一言以蔽之,瑜伽究竟是实践之学。

10. 《神圣人生论》(*The Life Divine*),室利·阿罗频多撰(Sri Aurobindo, 1872—1950)。

原著英语,撰写并陆续发表于(1914—1919)《阿黎耶》(*Arya*)。后经作者修改于 1939—1940 年,因订成专书,分上、下二卷,都56章,1070页①。法文译本 La Vie Divine,法国密那氏(Mira)译。德文译本 Das Heilige Leben,德国卡别斯(C. Kappes)译。此华文译本,由梵澄于1952年3月译出,1984年5月由商务印书馆出版。

此书为阿罗频多"平生唯一杰作","五印度固视此书为当代唯一宝典,而欧美亦殊尊重之也。(其)思想之现代亦不后人,非一二派哲学固步自封者。"(梵澄语)。其著收摄自韦陀以下印度诸派学理及佛乘加以批判,融会贯通且自出心裁,因之大成于韦檀多哲学。又,此书文采瑰伟铺排,如江涌潮推,反转不已,然其中大有深旨与极归在焉。其旨:超心思;其归:人生转化。其旨其归,皆与吾华儒家思想为近合,而与宗教相疏相远也。故梵澄云:我国若有新精神哲学之建立,当藉此书为蓝本已。

是书原分为两卷,今分卷中裁于原第二卷第一部之第七与第八章。"上"者与"下"者,为编者之安排。

11. 韦陀之教明著于韦檀多学,其典籍为诸《奥义书》也。其成书年代约略于前7至前5世纪。于今汇为总集者,或百零八书,或百二十书;其古之推重者,不过十几种。

室利·阿罗频多尝言:"奥义诸书,皆启明之乘器,非教训之方册也。"其哲思,信忱,灵趣,皆混一而未分,然于绪当为正统,于教则为"有"宗。"有"宗者,意义者在焉,谓超世界人类以上,有存在者。此存在者,曰:大梵,曰:自我,等;此不异于庄子所谓:"天地与我并生,万物与我为一"之"一"者。

《奥义书》之翻译,初始于16世纪之译成波斯文者。后法之杜柏农(Anquetil Duperron)得二本译之,以拉丁文印行于1801

---

① 《纪念集》本。

年。英文译本,出版于1832年,踵之者有穆勒(F. Max Mueller)等人的译本。德国则有杜森(Paul Deussen)之《六十奥义书》,初版1897年,"最为善本,而为此中文译本所藉为参考者。"(梵澄语)另有上世纪初叶美国之休谟(Hume)译本《十三奥义书》,亦颇精采。东方则日本尝聚梵文学者二十七人,译成《奥义书全集》都百十六种,分为九卷,出版于1922至1924年。

我国译本,闻古有刘继庄之译,今有汤用彤节译,惜梵澄未见之。梵澄初译,为《伊莎》与《由谁》二书,并附阿罗频多英文疏释,出版于1957年之南印度。后集《五十奥义书》者,略其阿氏两书之疏释,于1984年出版于北京。今之揖录,分是书为上下两卷,阿氏之疏释,《伊莎》附前,《由谁》缀后。读者循此疏释,可窥大师之神思也。

载于《徐梵澄文集》16卷
上海三联书店/华东师范大学出版社
2006年2月

五十奥义书·重版后记

徐梵澄先生(1909—2000)自古梵文译出《奥义书》五十种,时在1952年至1954年。见其中《弥勒奥义书》引言末云:"愚译《奥义书》,始于《伊莎》,终于是书矣。甲午三月廿二日即西历一九五四年四月廿四日,徐梵澄识。"此时的梵澄,在南印度琫地舍里室利·阿罗频多学院院母密那(MIRA)氏麾下任国际教育中心华文部主任。综观先生一生之译事,在这一阶段,即二十世纪五十年代上半期,其成果产出最为丰沛,可曰:源泉混混。除迻译古典外,他还交叉并进地译出了阿罗频多的多部英文著述和"母亲"的法文作品。依次为:《神圣人生论》("五印度固视此书为当代唯一宝典"——梵澄语),《薄伽梵歌论》(阿氏狱中见"道"之作),《社会进化论》,《瑜伽论》(六部),《母亲的话》(八部)。于此,可想当年先生的工作行状,庶几能传映现前了:他披览典籍,栖神奥义,常常"脱出"了酷夏的濡热,"止息"了人虫的喧声……尝如他所说过的:"一天应该工作十四个小时。"至若先生的梵文译事,又稍当于前了:在他就教于泰戈尔国际大学时,就翻译出《安慧〈三十唯识〉疏释》(1947),并编写了一部《天竺字原》

(1949);1950年,他赴贝纳尼斯重修梵文,相继译出了婆罗门——印度教之"圣经"《薄伽梵歌》和鲁迅曾特为叹赏的诗歌《行云使者》(迦里大萨,Kalidasa);于1952年,他还译出了《因明蠡勺论》。后倏忽40年,即从1992年始,他又断断续续地进行了《佛教密宗研究——摄真言义释》的翻译与注释。惜乎后者未竟全工,又痛哉手稿遗失且了无音讯矣!

这里可以提出一个问题:梵澄自中年以后"自放于炎洲",以一人之力迸掘这艰苦卓绝的浩大工程,其动力源自何处? 其信念立于几时? 这岁月又该前溯了,当回到他青年时代那"无比的辰光"中去。其时,他"尝游于鲁迅门下",并受鲁迅之嘱系统地翻译尼采。年轻梵澄由衷地热爱鲁迅,深知他面对的是一伟大的人格,故于鲁迅的文字、话语,乃至喜怒哀乐,皆多方领会,反复揣摩。加之师生二人气性相投,又都具甚高的鉴赏力,因之双方多相感,多共鸣,方能"鼓宫宫动,鼓商商应",亦可谓"同声相应,同气相求"了。设若再问:鲁迅何以伟大? 回答是:他是那个大时代之"伟大的提问人"。他"呐喊"出的"立人""改造国民性"的文化理想,是二十世纪以后的中国人必须永远面对并要给出回答的历史课题。"立人"本在立心,"改造国民性"旨在民族精神的新塑,这当然需要精神的源动力。而古老并伟大民族源头文化的根本意义,就在于其取之不竭的神圣之"火"(阿祇尼,Agni)的生命活力。鲁迅在当时欲借大力以立吾族之人心,然所借大力取自何方? 曰:古天竺之"世界大文"也。1907年,鲁迅著文《摩罗诗力说》云:"凡负令誉于史初,开文化之曙色,而今日转为影国者,无不如斯。使举国人所习闻,最适莫如天竺。天竺古有韦陀四种,瑰丽幽夐,称世界大文;其摩诃波罗多暨罗摩衍那二赋,亦至美妙。"1909年,章太炎又有意率周氏二兄弟,共同学习梵文,以图翻译诸《奥义书》,遗憾未能成行。前辈之深沉企愿,年轻梵澄心如镜照。根据中年梵澄之作为可以推断,其时,他早已默然立志了。于20年之后,他向恩师和国人递交了一份伟大的作业。

其实,20世纪50年代以后的梵澄,已自觉地承担起了精神建设的学理建构工作了。因为,任何一种文化理想,只有依约的轮廓是不够的。这么,他走向了印度现代韦檀多之集大成者"圣哲"室利·阿罗频多(Sri Aurobindo,1872—1950)。阿氏初为大学校长,后兼任暴力革命领袖,反复被捕入狱,乃至退引法属之琫地舍里,潜心著述,以其精神力量支持该民族的独立解放事业。为纪念这位开国元勋和精神导师,印度之独立建国日以其生日(8月15日)为定准。阿氏指出:"奥义诸书,皆启明之乘器,非教训之方册也。"其中心思想,在于调和(和谐)基本对反者,如:一与多,体与用,静与动,明与无明,不变易与变易,上帝与尘世;一言以蔽之,世界万事万物实为"精神"在其本体中一运动。他批判佛教之"无常"("空")论和商羯罗之"幻有"论,剖解二者在根据上虽相对恃,然消极厌世以出家为指归的思想也同,其不良影响垂二千年,严重地腐蚀和弱化了其民族的生命创造力。阿氏张扬《奥义书》和《薄伽梵歌》之胜义,教示人民:以行业而求自我圆成,在世间成就真元自体("大梵");其条件,乃在"化除私我,因之亦化除个人之私欲",从而与"神圣者"相结合(大全瑜伽)。此不异于濂溪(周敦颐)之"体天立人极"义,又与大易之"天行健君子以自强不息"的积极入世态度同符。阿氏贬抑负极智慧之阴霾而彰显正极轨道之光明,赢得了世界有识之士的高度尊重,同时也大大提高了该民族在哲学思想领域中的地位。对于南亚次大陆而言,他的学说,不仅曾是争取独立与解放的理论武器,而且也是未来光大复兴的精神旗帜。故梵澄着重强调:"我国若有新精神哲学之建立,当藉此书(指《神圣人生论》)为蓝本矣。"

何谓精神哲学?梵澄说:精神哲学是研究"心灵"与"性灵"的学问,其主旨和目的在于变化人的气质,即变低等"自性"为高等"自性",不断地超出寻常心思("超心思"),从而"终期转化人生与社会"。诚如有长辈学者所言:"一旦气质变化了之后,就可以使人类如登春台。"①而变化气质,端赖个人的醒觉和努力,或可径直谓个人主义,但这是指对崇高的个人主义说的。诸《奥义书》,《薄伽梵歌》,阿罗频多,尼采,鲁迅,包括梵澄本人,皆基于这样一种观点:必有健全的个人,才可合为健全的整体。要之,崇高的个人主义与优良的集体精神,一体而两端,其"道通为一"(庄子语)。阿罗频多收摄百家,比较抉择,并投印度这一宗古说于炉鼎重新熔冶,汰其糟粕,取其菁英,出之为焕然一新,乃使韦檀多学大加精萃化与纯洁化了。他对于与这一古学之神思接契者,即两位西哲古代希腊之赫拉克利特和近代德人之尼采,也有肯綮的批评。他指出二氏只注意到并胶柱于动性之"大梵"("用"Becoming),而暧昧于乃至涂抹掉人类的精神家园("体"Being),因此一偏,不能"大全"。虽然,我们"先宜将衰弱的种子,从知觉性的田原中灭绝",因为"穷古今,彻中外,无论何种高远的理想国,乐园,光明世界,终归不是弱者所能居住的"。但是,那"故乡"何在?当然是在朝霞升起的地方,鲁迅早已指出了。然那"故乡"为何种样式?为哪般形态?阿罗频多指出了:于个人,为"超心思"之境界;于社会,为一"主观主义"的时代到

---

① 《苇草集》第 280 页。

来,即人人精神发扬,汇成光明大道。这理想犹如一条彩虹之桥,横跨"东海西海",纵贯古今未来。而梵澄,正是这今世为数绝少的铺就者,故其本身的价值与意义,确乎已远超各种语文的迻译和名相的索解了。

　　梵澄之译诸《奥义书》,最早出版的是《伊莎》与《由谁》二书,并附译有阿罗频多英文疏释,时在1957年之南印度。1984年,中国社会科学出版社合集推出,舍阿氏之二疏释。2006年初,《徐梵澄文集》出版(16卷,上海三联书店/华东师范大学出版社),是书分载末二卷,阿氏疏释附后,译者序及各书引言,收入第四卷"序跋编"。今《五十奥义书》重版,时光驰过22年已,先生也辞世6年了。当年此书与《神圣人生论》(商务印书馆)前后问世,国内学术界反响甚为寂廖,仅有金克木先生作了一书评,云:"两书一古一今,相隔两千多年,但是一脉相承,其中的奥妙是关心世界文化思想史的人所不应忽略的吧?"[①]那么,今天则当如何呢? 照常理言之,时代毕竟又进步了,我们的据点当有提高,我们的视野更应开阔。这暗许:对于先生这一系精神哲学而言,我们比之过去要亲近得多了。既然如此,我是否可以这样理解:值此煌煌译著重版之日,亦为我辈重参先生宏思远旨之时。(唵!)

载于《五十奥义书》,中国社会出版社,2007年1月

[①] 《读书》1987.6。

徐梵澄传·绪言

　　为梵澄先生书写传记,是件很困难的事儿。原因有三:一心里不安,二资料不足,三才力不逮。然而自己还是一路做了下来,因为隐隐觉得有一份责任在焉。

　　梵澄先生曾谈到"圣哲"室利·阿罗频多反对别人给他写传记。梵澄先生又在回忆鲁迅的文章中有这样的话:"若写他人传记呢,更难处处真实。因为我们既不懂到自己,更不懂到他人。常时我们自以为了解他人,其实未尝了解。尤其于自己所敬爱的人,若写其言行等,便不免有所偏袒,隐讳,夸张,粉饰。治史学的人,必知道通常写史而秉直笔,是难得的事。"[①]以此对照,可以说我的叙事也不免主观。但是,亦可反向:谁人的叙事又能不是主观的呢?因为每一个人皆是"我"在说话,由于心境不一,理解不一,角度不一,亲疏不一,因而生发"多"种看法与意见,这又皆属正常。问题却在于"多"要归于"一",即圣人所谓"同体为一"之"一",也就是"同一知"。若求其次呢?则为"同情知"了。

---

① 《星花旧影》。

总之,是作同情的理解,走高上的道路,便无甚隔阂与分歧了。要之,这当属精神经验之事。

究竟梵澄先生的传记当不当写?这又是一个问题。我们知道,他老人家所贡献的是一份学术事业,精神事业,这与他的生命流程是紧密相关的。所以,了解他的故事,贴近他的追求,懂到他的心灵,会于解读他的文字与思想,大有裨益和收获。尝如《康德传》的作者美国人曼弗雷德·库恩说:"没有背景知识,我们便难以理解哲学家要表达的思想。"当然,这是指通相而言。别相呢,即是他的特殊意义。笔者可结论到:他的经历有不可重复性,他的劳作有不可替代性。至于这"性"为大为小,则有赖于我们欲取什么样的观点了。梵澄曾说鲁迅"是那一时代所妪煦的成体"。我们读鲁迅,知鲁迅,觉得亲切、入微,感到振奋、拔起,这说明两橛是同一命运,不可分割,也是因为"我们现在认识的世界,便是在那个历史时期形成的。"那么,梵澄又何尝不是这样的"成体"?于此又涉及到史观,他尝云:"历史之于体属于过去,其用则属现在和未来"①。"过去",即成传统,我们终将是传统的一部分。大致作如是观,读者会对作传人有一个宽容的理解了。

梵澄先生在南印度琫地舍里时,有过一个助手,美国人玛丽斯(Maris L. Whitaker),她说:"在我的印象中,徐先生有着深邃的意识和情感。他安静、高贵、优雅,他内中藏着超乎常人的意识和明觉。我不知道他是怎样完成这一意识的巨大转变的,难道是他在瓦拉纳西(贝纳尼斯)学习之时的沉思,或者是对于

---

① 《百岁瞻言》——商务印书馆一百年。

佛教和'母亲'(院母密那氏)的终生奉献么?"①回答这个问题不难,亦是常俗语,即主观的条件和客观的机缘。就主观之条件而言,有先天和后天之别,于先天,许广平先生说他:"天赋极高……钦慕尼采,颇效其风度";于后天,仍是许先生的话:"旧学甚搏,能作古诗、短评、能翻译"。② 后天还有可说者,就是他极为用功,未尝有什么"一日科头,三晨晏起"之事,加之也从未被什么"运动"干扰过,所以出手便是纯粹的文字、精神的语言。这里一转,就到"客观机缘"了,或说他的"命运"使然。克实论之,他是最幸福的人,因为在他的有生之年,遇到了两位世界级的精神导师:鲁迅和法国院母密那氏。他紧紧地追随他们,而且义无反顾。毋宁说,两位导师也是"欣慰"的,因为这个弟子对他们乃至对时代作出了响亮的回应:在鲁迅,其精神理想——"立人""改造国民性"的宏愿——梵澄为之在学理上(精神哲学)奠基了础桩;在"母亲",其精神事业——"每一新黎明,带来一新进步的可能性"的征程——梵澄为之将菁华(韦檀多学古今经典)介绍入中国。之后,他特立独行,前驱不已。用"诗哲"的语言来形容:他是一个"孤独的远征者"("母亲"语),一个"在远道上追上自己的人"(尼采语)。

然而,他首先是个劳动者,虽然,这劳动者乃属个体。譬如开矿,每日孜孜矻矻,进掘不休,所采集的呢,皆是样本,"典型"。然后放置在道旁,提示后来者:哪里有金脉,何处有宝藏。我们能见其足迹,仍清晰可辨;我们未能窥其背影,已没于远方。这通向远方的途径是一条精神大道,然正如船山夫子有曰:"道大

---

① 见2000年9月21日信。
② 《欣慰的纪念》。

则荒,……譬之治津塗者,无径隧而任人之行,则蔓草遍于周行,而无所谓津塗矣。"可说,君子以蔓草为津塗,是谓:披荆斩棘。总之是开荒意味重,正因为他是先行者。常理是:有先必有后,有果必启因,这么,"走的人多了,也便成了路。"(鲁迅语)

　　今年是梵澄先生诞辰百年。七十五年前,他刚二十五岁,受鲁迅之嘱,翻译出了中国的第一部尼采著作《ECCE HOMO》(《尼采自传》)。其序末句有云:"读者们也许顺着这部著作所举的书名,在英、法、日,各种文字中,能够寻读、翻译吧。留着这种愿望,深切地期待现代中国青年。"这"愿望",这"期待",现在读来还是那么的亲切与新鲜!但是对于我辈而言:继之者也不易,因为这工作需要"锤子",来雕琢"人"这一种"原形"(尼采语);随之者也不难,只要做到"守传承,求进步,多读书"[①]即可。这是徐先生的话,说在十年之前。

　　　　载于《徐梵澄传》,社会科学文献出版社,2009年10月

---

① 《石鼓文书法·序》。

徐梵澄学术思想研究·引言

2006年,由笔者编辑的《徐梵澄文集》[①]出版。9月12日,《文集》出版新闻发布会在我院举行。印度驻华大使苏里宁先生与会,肯定笔者的工作是一项了不起的工程,并盛赞徐梵澄先生是重新架起中印两国文化思想之交流的桥梁的伟大使者。江蓝生副院长在致词中指出:"我感到,在'中印友好年'里,我们能通过这部《徐梵澄文集》的出版问世,让大家知道当代中国有着这样一位学贯中、西、印三大文化圈,亲身结系中印两大文明古国思想纽带的老一辈学者,无论是对于中国社会科学院,还是对于中印两国学术界,都是一件值得记录的大事和好事。应该说,《徐梵澄文集》是献给'中印友好年'的一份厚礼,是中印两国人民悠久友谊的一个象征。"

2007年,笔者与友人杨煦生先生有一个对话。复述徐先生的观点,他说到:《薄伽梵歌》乃是印度民族千祀传承、所以安身立命的大经大法,犹如伊斯兰教《古兰经》,基督宗教之新、旧约

[①] 16卷,上海三联书店/华东师范大学出版社。

《圣经》。印度当代领袖,不论是甘地还是阿罗频多,皆据这一圣典弘扬其民族精神,领导并促进其独立运动,而终使其国获得解放与自由。杨煦生指出:

> 在世界史、中国史上这种例子并不孤立。对某些塑范过特定文化的基本经典的重新阐释,常常是新的文化运动的先声,有时还直接成为政治改革乃至民族独立运动的先声。古希腊罗马经典之于文艺复兴,马丁·路德的德文《圣经》翻译之于宗教改革,今文经学之于康有为和戊戌变法,熊十力之重解"大易"精神之于20世纪的现代新儒学运动等等,都是很好的例证。在宗教史的范围内,更是如此。对基本经典的重新阐释,常常导发新的规范的形成,从而引发新的精神运动。①

而精神运动有别于生产运动或科学运动,如"大跃进",如"翻两翻"之类,它甚可说为"精神革命",正如鲁迅的塾学老师寿洙邻谈到的:"于种族革命,帝制革命,政治革命而外,致力于彻底革命的基层工夫,是其见识的独到处,是其精神革命。"②"精神革命"是鲁迅紧抓不放的问题,其宗旨归结为七字可曰:"立人""改造国民性"。有人说鲁迅晚年接受并信仰了马克思主义,这话不错,但不够全面,因为鲁迅是超出的,他的关心所在是人的心灵或心性的问题,然心灵或心性既具体又广大无边,不是学

---

① 《社会科学论坛》2007年7月上。
② 《鲁迅回忆录》散篇上册第7页,北京出版社,1999年。

说所能范限的。正如煦生同时指出的:"徐梵澄终身实际上贯彻了一个早年鲁迅问题,将人作为精神性的、性灵的存在问题。我们不妨在此将这个问题更进一步地具体化和明确化,这其实就是一个现代性中的心性问题,人的精神存在和精神自主性的问题。这个问题首先'很中国',因而同时又很有普遍意义。"①

2009年10月,由笔者所撰的《徐梵澄传》出版。之后接受《中国日报》的采访,12月27日,该报撰文"漫漫精神求索",这样评价徐先生:"古时中国僧侣负笈印度学习佛法,并将珍贵典藏带回中国,他们当中已有一些名垂青史。但徐先生在印度游历的时间比他们当中任何一位都要长……他坚信人类的发展历程必将从现代工业和政府系统向道德独立和精神圆满进发。"2010年上海世博会对徐先生也有高度的评价,印度参展城市琫地舍里把徐先生与阿罗频多和母亲放在一起,写进了该馆的展览册中,其中这样介绍:"很少中国人知道,琫地舍里其实是现代中印文化交流的重镇,这归功于一位曾在那里生活了27年的中国学者。人称'现代玄奘'的徐梵澄先生。……直至今天,很多生活在琫地舍里的朋友依然对他深深怀慕,有人说:'他是我们时代少见的一位圣人'。"同年10月25日,《新印度快讯》刊文"中国最后一位朝圣者的馈赠,文中说:'中国也许是时候深思这位朝圣者的经历和贡献了,徐梵澄先生的一生无疑带给中国青年以启示。'"②

是时候了吗? 或者说,我们何时能见到"先声"和"呐喊"与群众运动的际会呢? 10年? 20年? 乃至如古人说的一世,30

---

① 《社会科学论坛》2007年7月上。
② 朱璇《徐梵澄本地治理廿七年经略》未发稿。

年? 这要看人们的觉悟程度如何了。而觉悟,又非一蹴而就之事,总是先从少数人开始,然后再带动多数人,形成一波一波的潮汐,激荡出精神的浪花。这一"使动"不离物理原则,又合于精神现象,说明了真理是"一"。这"一",在徐先生的学术语境中,为至上原则,即"上帝"、"大梵"、"道"、"宇宙知觉性"、"力"等等,异名同实。总之是形而上之学,追求宇宙真理,因为人世间需要这真理的照耀,或用康德的话说,叫做"范导"。大致人或他们的典型和代表,总是要汲汲于这终极依据的,不然,人类就会迷失方向,远离天道,从自己的历史身份退回到自然界的物种身份中了。那么,问题是颇严重了,我们对这种神圣的形上之"有"究竟应该采取何种态度呢? 其实不外乎是三点:企向,依归和了解。此三者皆包摄在精神哲学中,皆属心灵和性灵之事,它们就密迩在哲人的会心处,那是一宗天道体现在人道之中的学问,关乎人类历史命运的学问。尝如徐先生指出的:

> 我们说世界古代有五大文明系统,近世以来,只存其三,古埃及,古巴比伦,灭没了,只余古印度,古中国,古希腊。后三者,各有其深厚的精神哲学。我们今天所谓的精神哲学,不是通常所谓的精神哲学,与物质科学两分,对举;而是精神将物质包举,以成其一元与多元。这就是说,它是之顶,之源,其主体甚且超出思智以上。
>
> 那么,可谓凡哲学皆摄,即一切哲学之哲学,它立于各个文明系统之极顶。其盛、衰、起、伏,实与各国家、民族之盛、衰、起、伏息息相关。[1]

---

[1] 《玄理参同·序》。

于此后三者,古印度,古中国,古希腊,"各有其深厚的精神哲学"。而梵澄先生一生的工作,便是立足于中国文化本位,与世界文化比勘、创通,并力图构建心同理同的对话平台。他有一个康德式的理想——永久和平。用我们的话说,叫做世界大同。然世界大同如何可能? 她的先决条件是什么? 徐先生说是——学术:

> 现代人士盛言世界大同,理想实为高远。然求世界大同,必先有学术之会通;学术之会通,在于义理之互证。在义理上既得契合,在思想上乃可和谐。不妨其为异,不碍其为同,万类攸归,"多"通于"一"。然后此等现实界的理想,如种种国际性的联合组织或统一组织,方可冀其渐次实现。那非可一蹴而至,但无论道路多么悠远,希望多么渺茫,舍从此基地前进,亦别无其他途径可循。①

三者互证、会通、和谐,是一更大的圆成。此圆成之所以可能,是因为人或多或少都生活在其中,自知或不自知。大致高度觉悟者仍是少数,而少数人能在其人生轨迹上划出一轮生命圆成,此不独指精神企上者,亦指工事规模者。徐先生自幼浸润于塾学。在青年时代,受鲁迅之嘱翻译尼采,研读希腊。中年以后,自放于炎洲,系统地译出韦檀多一系古(诸奥义书)今(阿罗频多著作)经典,并以英文全面介绍中国传统菁华。至晚年,叶落归根,回到了自己的精神的故乡,不遗余力地弘扬儒家精神。

---

① 《玄理参同·序》。

此一人生轨迹犹如一完满的弧线,其终点,亦是其起点,譬如一蛇旋转,口衔住了尾巴。其中在艰难困苦、勇决悲怆中的人格显豁,使他成为了一个中国人文学者的典型,其本身的价值,实不低于他本人的学术贡献。用神圣"母亲"的话说:他是一个"孤独的远征者";用尼采的话说:他是一个"在远道上追上自己的人"。

　　徐先生自己曾说:"编拙稿成集,细思只合分成三汇。属'精神哲学'者一,则《薄伽梵歌·序》等皆收。属'艺术'者一,则论书画者收之,当待大量补充。属'文学'者一,则自诒之俚句,及所译文言诗,并诗说者属之。犹待大量补充,将来合为三小册子。此大要也。"① 而其"精神哲学"又可分三汇,即中、西、印。"中"者自不待言,儒、释、道,以儒家为重;"西"者指以心灵思维的路线,一是古代希腊的赫拉克利特,一是近代德国之大哲尼采;"印"者,即古代诸《奥义书》和近现代"圣哲"室利·阿罗频多。三汇一线,走进走出,一通皆通,了无滞碍。此致思进路非破解迷局,而是越出局限,双超对待,在发心动念上下功夫,第其穷在源头,不向支流摸索耳。所用的概念也不同了,如说"心思"不能等同于"思想",说"力"不能泛指是有形之动而是一基本原则,说"精神"不与"物质"对举而是包摄"物质",说"行业"(瑜伽)不是指一般工作而是神圣事业,等等。总之,这些概念多象征而少直指,其边界亦不确定,因为灵感有高低之分,故概念不宜细划。本课题说为"研究",实则为一巡礼,而研读重点,本人放在了室利·阿罗频多之思想的这一大橛上。究其原因呢?还是用徐先生自己的话来说:

---

① 《梵澄先生》第101页,上海书店出版社,2009年。

鄙人之所以提倡陆、王者,以其与室利·阿罗频多之学多有契合处。有瑜伽之益,无瑜伽之弊。正以印度瑜伽在今日已败坏之极,故室利·阿罗频多思有以新苏之,故创"大全瑜伽"之说。观其主旨在于觉悟,变化气质,与陆、王不谋而合。姑谓为两道,此两道诚有文化背景之不同,皆与任何宗教异撰。亦与唯物论无所抵牾,可以并行不悖。今人总好光怪陆离之论,重外来之新论,而不重自己之家珍,倘于旧物拂拭整齐,当豁然于其声光之弘丽。五中有主,外邪不侵,治身则然,立国亦尔。①

治身是"小",小之足以善生而尽年;立国亦"大",大之足以淑世而成化。大之小之,皆精神运动,皆"大全瑜伽",皆"希圣希天",要之其源泉,终必发乎内心矣! 是为"引言"。

(待修改完成)

---

① 《梵澄先生》第131页。

薄伽梵歌论·写在前面的话

徐梵澄先生翻译《薄伽梵歌》，时在1950年之贝纳尼斯（Benares），又译贝拿勒斯，今名瓦拉纳西。稿之译成，遂大病一场，其后有"盖挥汗磨血几死而后得之者也"之叹，亦有诗作《支颐》："抵死孤呻弥海角，填膺灵气拂云端"句。可见，宝典得之之艰辛也。转年春天，梵澄先生来到南印度海埠城市琫地舍里（Pondicherry，通译本地治里）之室利·阿罗频多学院，在院母密那氏（Mira）的麾下任华文部主任，从此开启了他二十又七年的伟大的精神事业。"综观先生一生之译事，在这一阶段，即20世纪50年代上半期，其成果产出最为丰沛，可曰：源泉混混。除迻译古典（诸《奥义书》）外，他还交叉并进地译出了阿罗频多的多部英文著述和'母亲'的法文作品。依次为：《神圣人生论》（五印度固视此书为当代唯一宝典——梵澄语）、《薄伽梵歌论》（阿氏狱中见道之作）、《社会进化论》、《瑜伽论》（六部）、《母亲的话》（八部）。于此，可想当年先生的工作行状，庶几能传映现前了：他披览典籍，栖神奥义，常常'脱出'了酷夏的溽热，'止息'了人虫的喧声。如他自己说过的：

'一天应该工作十四个小时'。"①

在诸多的译述中,《薄枷梵歌·译者序》写作于1952年,末句有曰:"壬辰秋分,徐梵澄序于琫地舍里时依法国圣慈座下。"《薄伽梵歌论》完稿于1953年春,稿纸乃自裁(33cm×22cm),整整600张,字写正反面,满满当当。译稿扉页贴一小纸,为手稿"小引",有云:"室利·阿罗频多,狱中读《薄伽梵歌》而见道。此一论著,出义圆明,文章茂实,而结构弘大,审辨精微,越秩古疏,颖出时撰。"《薄伽梵歌》之中译本,于1957年由室利·阿罗频多学院出版,其时在香港的唐君毅先生读后大加感慨,他在给梵澄先生的信中有这样的话:"日来匆匆,惟拜读尊译薄伽梵歌序一篇。先生平章华梵之言,一去古今封蛰之执,感佩何似! 弟在昔年亦尝有志于道,唯皆在世间知解范围中逞臆揣测,旧习殊难自拔。视先生之栖神玄远,又不禁为之愧悚。"②

梵澄先生介绍说,《薄伽梵歌》,几于全世界的语文,皆有译本,波斯文译本不论,近代欧洲的翻译,则始于英人卫金斯(Charles Wilkins,1749?—1836),他的译本在1785年出版,早于梵澄译本问世百七十年已。至于《薄伽梵歌》何时成书,说法不一,考史者大致推定在公元前5世纪,于佛教思潮兴盛之前。其本梵语,雅言,适讽诵,设使对翻为汉语,骚体,即楚辞体最为相应。梵澄亦楚人,"天赋极高"且"旧学甚博,能作古诗,短评,能翻译。"(许广平语)而此等职事,正为梵澄所擅,同时也印证了这一观点,即"唯有古典语言是表达古典精神的典范语言"。亦如伽达默尔的说法,那是"语言的水晶式的现象形式"。《薄伽梵

---

① 《五十奥义书·三版后记》。
② 《徐梵澄传》第237页,社会科学文献出版社,2009年。

歌》为古之婆罗门教和今之印度教经典,其地位犹如基督教之新、旧约《圣经》和伊斯兰教之《古兰经》。甘地曾说:"她(《薄伽梵歌》)不仅是我的《圣经》《古兰经》,而且还是我的母亲。她永远给我新鲜的启示,如果有人说我这是幻觉,那么,我的答复是,我像对待至宝一样紧紧地抱着这'幻觉'。"实则甘地,阿罗频多,"竟以此而发扬独立运动,士以此蹈白刃,赴汤火,受鞭朴,甘荼毒而不辞,卒以获其国之自由。"① 此一经典,记一史实,古代句卢(今德里所在地)之婆罗多大战:流放在外一十又三年的阿琼那五兄弟(已故前国王班卓之子),向其伯父乞五邑以自安,其堂兄朵踰檀那不许,故不免一战。大战在即,神射手阿琼那忽感伤,犹豫,彷徨,萌生退意,其师克释挐为之说瑜伽之奥义,阿琼那遂振奋精神,英勇赴敌。双方大战十八日,尽灭四百余万人,最后阿琼那胜而复国。《薄伽梵歌》末章(十八)末节(七十八)有云:"彼处有克释挐——神臂弩,是处即有吉祥,胜利,安乐,永恒大法兮!我思兮栩栩!"其说不外五言:正义者必胜!

然而,不战便不为"正义者"? 若果不战,则无所谓正义与不正义。而战则正义,是因为其"义当分国之半"。古之战争,不为剿灭,实为征服,征服者要予失国者一块采邑,以为其祭祀祖先和繁衍生息,如杞之于夏,宋之于殷。此乃体现天之道(Providence)或天之法(永恒大法)的意图,梵澄先生说为"神圣之爱",亦即宇宙之大"仁"之爱,其旨端在善其生(老子曰"夫唯道,善始且善生",即"天道好生")。这么,为之战,乃正义者,较好理解了。译者序指出:"撰者之意,盖假借一历史事迹,以抒其精神信念与宗教思忱。要其涵纳众流,包括古韦陀祭祀仪法信仰,古奥

---

① 《薄伽梵歌·译者序》。

义书超上大梵之说,天主论之神道观,僧佉之二元论,瑜伽学之止观法,综合而贯通之。"而其内涵丰富,驳杂,释义便必有分歧。梵澄先生扬举阿罗频多之思想,视其为"论人生'法'事之书也"。"法",也曰"自法"或"职分",辄说"达摩"(Dharma)。这里我们有必要稍加玄学上的探讨:"我"为"我"者或将为"我"者,其力量乃在一高等"精神"的权能中。"我"之生存的本质,乃宇宙间无数人格之"精神"自性,"我"的性灵,亦即此"精神"之一分。在此自性中,每人皆有其生长与转变的原则与意志,所以构成其中神圣性之理念者,并由此引导其作用与进化,及自我发现与自我表现,终则趋于圆成。此即"我"的自性,亦即真性,真律则,又谓之"自法"。在古代印度,若落入俗谛义,则体现为"族姓法",如婆罗门之祭祀,刹帝利之战斗,即为恪守于"自法",有为于"职分"。

"有为",或曰"为"曰"行",皆说"行业"。原文"羯摩"(Karma),未如后之佛典中说"业"有不善义。在《薄伽梵歌》中"行业"有"牺牲"义、"奉献"义,阿罗频多以为"行业"即精神生活,是与"至真"结合之道,非如商羯罗(Shankara,约788—820)从"有为"之"行业"处退转。《薄伽梵歌》有云:"安定于瑜伽而为事业分,弃执着,檀南遮耶!于成败其等平分,平等性谓之瑜伽。"(二·四十八)商羯罗解释为:"善巧者,以平等智而消灭行业(所自然而生)之束缚也。"实取消极义,而入乎"静性(阴)大梵"。问题还有另一面,即积极义,瑜伽实乃("瑜伽主")创造之神圣权能,而摄乎"动性(阳)大梵",此亦所谓"威德瑜伽"。虽然,《薄伽梵歌》亦曰:"弃世与行业瑜伽,二皆界汝无上之福。"(伍·二)此说僧佉与瑜伽为二途,但其主要是对世间有为者所说的,这有为者的代表,就是王者刹帝利行动之人。"瑜伽"一词,本"结合"义,与"大梵"结合,与"精神"结合,而"大梵"与"精神"又表现为"一"与

"多"的关系,又"大梵"("精神")两面,亦"动"亦"静"。依僧佉的路数,为捐弃一切人事,了无所作,其结合或遁入,至多是一"静性(阴)大梵";依瑜伽的方式,捐弃指陈于私欲(独善其身),有为眷顾于世间(兼及天下),这样"大梵"("精神")就两面("动"与"静")双涵,成其"超上"("太极")之境,即一体性的最高格,也就是在其中包括了事物之全部的无极之多。

此乃《薄伽梵歌》之精义,甚为阿罗频多所阐扬。阿氏也被誉为印度近世韦檀多学之集大成者。梵澄先生在谈到《神圣人生论》这部巨著时说:

> 氏平生隐居著述,著作丰富。以此书篇幅最大,亦尝自谓为其杰作。
>
> 内容几乎收摄印度哲学全部而成其抉择,撷其菁华。于《黎俱韦陀》以下直至《奥义书》,阐释无遗。标宗在"超心思",期于人生之转化。其间分析心理,远驾乎近代心理学而上。于唯物论亦有其正确之见解。于因明逻辑皆有批评,而谓其多有不足也。观其大事功,(释明神秘者之不复神秘)即由精神哲学之启明,扫除宗教之部执,如破商羯罗古师之偏见。指出佛法大乘诸说未圆;拟之西洋近代哲学,则康德、叔本华所止之处,在此乃其发轫之端。宜乎其美国学林,有"近代柏拉图"之誉。盖其欲起沉沦之学术,救印度之衰颓,用力至深且远。①

---

① 《徐梵澄传》第329页。

其曰"康德、叔本华所止之处",是说康德止于"知性直观"(牟宗三译为"智的直觉",或曰"神智",阿罗频多谓之"超心思"),叔本华则止于悲观论。其曰"破商羯罗等古师之偏见,指出佛法大乘诸说未圆",是说佛教言"空",言不可名相之"涅槃",实乃一负极的"绝对者",有如僧佉之"静性大梵",也叫做"不变易之神我"(与"动性大梵"或"变易神我"对举)。于佛教之"无常",在商羯罗则代之以摩耶(Maya)即"幻有",而"无常"与"幻有",其消极性质也同。然商羯罗毕竟是韦檀多学大师,他还是承认这世界的存在的,只不过它的真实性是变了相的,为非究竟,为不充足,暂现倏灭,有如柏拉图之洞穴影像之喻。阿罗频多谓不然,指出这一"非真实的真实性"对于我们的"无明"(半明半暗)是有效的,而对于真正之"明"(无限,至真,大梵,神我)为非(半)真实。"无明"或"非(半)真实",是因"运动"、"变易"而生而起,而"运动"、"变易"之纯粹"主(体)"是"明"("瑜伽主");又"动""静"两态皆可视为"运动"与"变易",即"不变易"者可"变易",反之,"变易"者可"不变易",盖因二者是"一"。"一"为第三者"至真"("超上大梵"、"超上神我"),于是"大梵"("神我")为三,此乃阿罗频多所说的"神我"三位。与此相对应,"自性"(三德:萨埵性、刺阇性和答摩性)又分二维,一低等自性("无明"之"心思"),二高等自性("明"之"超心思")。而瑜伽之目的,无非就是要有生之人类"变低等自性为高等自性",最终与"至上者"合契。用宋儒的话说,叫做"变化气质",引英哲罗素语就是"一旦变化了气质,人类便如登春台"。

何以故要重新阐释并弘扬《薄伽梵歌》之精神?这是时代的呼唤,是其民族争取独立自由和复兴光大的需要。盖其邦国沉沦久矣,而韦檀多学的圆成之道湮废不彰,故阿罗频多起而"新苏之",创其大全瑜伽之说,如克释挐在婆罗多大战中之说教。而前时印度境况究竟如何呢？可见梵澄先生在其英文《肇论·序》中所指出的：

> 在印度,自佛陀时代以来流行的空宗和幻论,逐渐地侵蚀和削弱了其民族的创造力与生命力,而且使衰老的心态潜入了它的心理肌体。持守这一信条的皈依者和许多剃度的信徒,曾在一个特定的历史时期,错误地理解和运用了空论与幻论的人生观,并将其推向反面,从而导致了不顾一切的世俗享乐主义的大泛滥,随之而来的又使人们径直堕入极度的悲观绝望之中。个人如此,民族也是如此。造成这种荒诞现象的潜在逻辑是：如果尘世间存在的所有事物都像梦幻或水流的气泡那样不真实或空虚的话,那么去做反自我和反社会的坏事又会有什么害处呢？而取得任何确定的成就又会有什么好处呢？也就是说,生活本身是空虚的,据此推论,生活中的每一个事物也都必定是空虚的。即使业报轮回信仰,也无法有效地阻止人们的荒诞行径和间歇性的精神沮丧。可以说腐败深入到社会的心脏,颓废潜入生活的各行各业。即使有些充满希望的事业后面也都紧跟着破坏性的失败主义情绪。虽然令人遗憾,然而,我们还必须说,所有这些人类的不幸,在目前的印度,仍然不同程度地存在着。这不是偶然的,而是有其深刻且久远的文化渊源的。[①]

[①] 《徐梵澄传》第319—320页。

说到"韦檀多学的圆成之道",不能不提诸《奥义书》。《薄伽梵歌》乃韦檀多学之书,有第十三《奥义书》之称。阿罗频多说,《奥义书》之思想,分为两个大时代,一较古,一较近。较古者密接韦陀之根本,反映出古韦陀圣人的心理学体系,我们可称为精神实用之学;较近者,已剥离古之圣人的主要原素,渐次呈现为后代遁世派及反实用主义的韦檀多学基础。比如作为韦檀多学两柱石之首的《伊沙书》(另书为《由谁书》),属于前一期之韦陀系,其直面以"一元论"的观点而调合人生与行业一问题,并于此困难有博大的解决,阿罗频多称之为韦檀多学经典中最有趣的一章。然此书却给"幻有"论者商羯罗带来了极大的困惑,他感到他的反实用论无法度越此书的高深陈义,于是乎干脆将其从诸《奥义书》中删除,采取了取消主义的态度。阿罗频多批评他说:

> "幻有论"割断了世界问题的纠结,但没有将其拆散,它是一逃避,不是一解决;精神之飞遁,于有体之具形于此变易的世界中者不算是一充分的胜利;这结果出从"自性"之分离,不是我们的自性之一解放与成就。这最后的结果只满足了一个原素,只升华了我们的有体的一个冲动;其余的则皆冷漠地留下,听其在"摩耶"的非真实的真实性之黄昏中消灭。(《神圣人生论》第468页,商务印书馆1996年)

由此可知,"分离"之道属僧佉,"结合"之道属瑜伽,然二者仍有相同处,即皆面对"至真",追求超极,于是,有一更广大之道出之,即"敬爱"之道(我国净土宗与之相仿佛)。《薄伽梵歌》承认三道皆瑜伽,并从综合起始,启明邃古之奥义。阿罗频多之《薄伽梵歌论》第一系第一章末句有云:"唯综合,故能大。"梵澄先生于此章有案语,他说:

> 综合者,集大成之谓也。网罗百家之学而无遗,一一皆究其极,然后从而比较抉择进退抑扬于其间,立定主旨方案,一以贯之而发其和谐,斯之谓综合也。然亦非有所发明增上不为功。阿罗频多氏之学,可谓大矣。独于雪藏以北中华五千年之文明,所言甚略;若使大时代将临,人莫我知,无憾也,而我不可以不知人,则广挹世界文教之菁英,集其大成,以陶淑当世而启迪后人,因有望于我中华之士矣。

附带一提,此本保留梵澄先生手稿中案语 15 则,大有裨益于参研者,设若细心阅读并掩卷深思,或之复乃有当于心者,确然知其理不可移易也。另有关于阿罗频多在 1908 年"狱中见道"之一点故实,附记于此:

他在狱中,整日沉默,唯听律师达斯为他辩护,寂然而无一语。但读《薄伽梵歌》和诸《奥义书》,精进无懈怠。一天早晨,阿罗频多忽然开悟,只见牢房内外,处处犹如天堂,一隙一尘,光明辉赫,一草一木,笑颜熙怡,囹圄中充满了喜悦,肺腑里溢出了欢乐。他开始以为这不过是幻想而已,时间一久,才知不然,这乃是高上境界,于是乎从此无疑,了然明彻。还有可说者,那就是他偶然集中思念,自问能否升举,尔后忽觉身体上升,只略略触及地面,而浮空趺坐多时,也并不怎么太用气力。此后在入定境界中,闻到大瑜伽师维卫迦难陀(辨喜)亲为说法,解释一修持上的幽奥问题,两个星期以后,维氏释疑之声不再响起。于是阿罗频多又尝试辟谷,即试行绝食 11 日。绝食以后,体重减轻 10 磅,而心境泰然,不施膏沫,然长发甚为柔泽。[①] 此时之阿罗频多,定是已勘破宇宙之大秘密了:"君王兮!睹赫黎之神变,实惊绝之瓌瑰,余记之而又记之,欢喜而又欢喜!"[②]

(待出版,华东师范大学出版社)

---

① 《阿罗频多事略》。
② 《薄伽梵歌》十八·七十七。

徐梵澄佛学文集·跋

1984年1月,《五十奥义书》出版。之后,台湾即有盗版,徐先生遂托友人打探消息,然未有所得,因为在彼时,两岸交流还不甚通畅。其实徐先生并无诉讼之意,只是想看看其版面是否美观。在我所购置的一套《世界佛学名著译丛》中,徐先生翻译的《五十奥义书》赫然在目,它被分解为上、中、下三册。是《译丛》出版方为台湾华宇出版社,主编蓝吉富,每书前有宝岛若干佛教大师的序言,名字依次为白圣、印顺、星云、净心、演培、永惺、圣印。《五十奥义书》亦有编者的短序,有云:"译者原本将书名命为《五十奥义书》,这一书名,乍看颇为费解,所以在收入《译丛》时,我们将它改为《奥义书选译》,这一点是要请译者与读者鉴谅。"短短两三句话,却是问题大有,"五十奥义书"、"书名""费解"何有?其序首言便是"奥义书五十种,皆无所谓深奥之意义也。"序末又说到杜森(Paul Deussen)之《六十奥义书》、休谟(Hume)之《十三奥义书》,何等醒目!何等明白!哪里有一丝"费解"耶?书名改过,还要请"译者……鉴谅",然何时"请"过?译者本人不知。笔者见之书名,以为另有译者,一看内容,才知编者在搞"障眼法",真是"君子疾夫舍曰欲之而必为之辞!"。当然,若以高境看,彼社彼主编"取之于民",毕竟于文化或精神的事业有利,兹不论。笔者在这里想表达的意思是,在徐梵澄先生的语境中,韦檀多学与佛学是两橛,虽然,其亦"应乎释也"[①],但终了分道于东西,不易混同也。本文就徐先生的佛学研究作一梳理,而韦檀多学研究,那才是他老人家的主要战场。

徐先生的佛学研习始于青年时代,在上一世纪三十年代初,他尝与鲁迅盘道,其中多涉及佛学,鲁迅要他读《百法明门论》、《弘明集》、《广弘明集》,他说:"我于佛学的一知半解,最初是由先生启蒙的。"[②]1935年春,游方于印度的锡兰比丘纳啰达访问上海,徐先生为他做翻译,并译出他的小册子《佛教略述》,后来在1939年出版。其文有曰:"综是以观,佛法非哲学也,非宗教也,非寻常伦理也。无以名之,名之曰真实之理,解脱之道,或直译巴利语曰达摩(法)。"徐先生以为"Buddhism与其曰佛教,毋宁曰佛学,这种学问,实在算是一种'身心性命'的学问。"[③]这是他一生对待佛教的态度。

鲁迅去世之后至抗战胜利,徐先生在此期留有的文字很少,他曾说:"我去读佛经了。"1945年底他赴印度泰戈尔国际大学教书,讲以欧阳竟无的唯识学思想。1947年,梵澄先生偶见法国学者莱维(Sylvain Levi)之《唯识〈二十颂〉》、《唯识〈三十颂〉》并安慧之疏的校订本,"以为可以印证古译,且睹论制之原型","因借录一过,参以魏、陈、唐三译,于二十论有所勾稽,于三十颂

---

① 《薄伽梵歌·译者序》。
② 《星花旧影》。
③ 《徐梵澄传》第93页。

则存唐译而翻其安慧疏。"①前文名之为《〈唯识二十论〉钩沉》，与后书共同完成于 1948 年秋，越 34 年，刊登在《世界宗教研究》上②。其文"小引"有言：

> 昔勤策之流盛倡唯识论，同时镜芙大师（欧阳竟无）且赞为"巧不可阶"。其后胡适之辄诋为"印度最卑贱之陀罗尼"。于今返观之，巧则巧矣，盖巧于立说而别有所为也。比之于西洋哲学，仍属单纯朴质，亦不可同年而语。谓为卑贱之陀罗尼则不然。稽诸史事，在大乘全盛就衰之际，唯识亦不过其诸宗之一耳，经诸师补苴增益，迨体系圆成而旋就萎落，与佛法而皆亡，轮廓犹稍存于吾华，谓其为高为卑为贵为贱皆无自而可。胡氏或有激而云然，要之非通方之论也。梵澄昔年亦稍窥此学，颇欲究其中之奥窍，寻古德之用心，辄取《二十唯识论》梵文原本与诸译本对勘，字研句校，条分缕析。因未学藏文，而与藏文对勘，则借助于南印度学者阿雅斯瓦密氏。所得虽不过数纸，而诸家之苦心孤诣，翻译之进退得失，皆粲然明白矣。

在我们来看，短短三百字，时代之背景，唯识之情势，文章之主旨，译事之灵犀，皆交待得很清楚了。

另一重要的译事结束于 1952 年 11 月 24 日，为杰出的佛家逻辑学者法称（Dharmakirti，约 620—680）的《正理一滴论》，徐

---

① 《安慧〈三十唯识〉疏释·跋》，中国佛教文化研究所，1990 年。
② 1982 年第四期。

先生译出并题名为《因明蠡勺论》。据佛学家、因明家虞愚(1909—1989)介绍:此论是法称学说提要性的著作,相当简略,而且只有此论存有梵文原本,其他各论只有藏译流传于世。他讲到此论曾由吕秋逸(澂)和韩镜清两先生翻过,二者皆著名的唯识家,且都明通于藏文,而虞愚先生则是英文高手。他还谈到早年他曾译过此论,可惜文革时被抄掉了,后来他又以语文体重译,前两章已译完,后一章篇幅较大,尚未全部译出。大概是全工未竟,故未编入《虞愚文集》[①]。而《因明蠡勺论》之译稿,被徐先生置于发箧,从未与人见示过。为什么呢?因为《安慧〈三十唯识〉疏释》面世已多有不易了。1987年春节以后,徐先生写信给正在助理任继愈先生编辑《中华大藏经》的李富华,问及译稿《安慧〈三十唯识〉疏释》:

> ……拙译"安慧三十唯识疏",辗转所中二年余,闻终落尊处。窃以为此疏之译,可藉以窥见古印度论师制作之原型,奘糅基释中皆不可见矣。其可宝玩有在于此。今世诸家选译,多失此旨。是亦一佳物也。故盼能早日刊行,拜感之至。耑此即致,敬礼。[②]

徐先生以为并自信此译可入《中华大藏经》,因为译文之"文字求不与古甚相乖背",这是谦词,在我辈看来,庶几与唐制一般无二。然编辑《中华大藏经》有一原则,收录者截止于晚清。后来,此译稿为中国佛协所得,于1990年内部出版,16开本,黄色封

---

① 刘培育主编,甘肃人民出版社,1995年。
② 《徐梵澄传》第370页。

面,薄薄一小册子。另有手稿《神名释——韦陀神坛巡礼》,写于1953年。后此文经调整、扩充,更名为《韦陀教神坛与大乘菩萨道概观》,发表在《世界宗教研究》①上。外此,有一文《关于毗沙门天王等事》值得一提,这是对张政烺先生在我所的讲词《封神演义漫谈》②的补充,其中讲到文化的交流:

> 这里,大致有一通则可述,即所谓文化交流,是大者吸收小者,如水之就下。水之就下,必然挟其所过之地的水而下行,聚许多小流而为大水。某一系统推移——文化从来不是静定的——必然挟带了各地本土文化元素,其间种种物理的参合变化,难可胜言,往往经过某些地域和一长段时间,其本来面目皆改变了。在这点上可见其过渡期与经历处之重要。佛教一离印度本土而北传,遂化为大乘而密乘,本身渐渐变质了,远为在鹿野苑初传法轮时之瞿昙始料所不及。而在其所传播之区域,愈与其土俗信仰合,愈浸灌到社会的低层,其势力亦愈增大,存留亦愈久远。

何以其"势力亦愈增大"?其"存留亦愈久远"?盖因人性中天生有其平等观之诉求,而佛教推"平等性"以极致,泯除了阶级的分化。印度最古时代(就《梨俱》而言)阶级尚未形成,后来社会分化,"分二、成三、加四",四是"戍陀",所谓"四姓沙门,皆称释子",可见其早已超出寻常的平等性了,但社会大势又如水下堕,

---

① 1981年第3期。
② 《世界宗教研究》,1982年第4期。

力不可挽,即人心不可收拾,于是佛教大士不免悲观,说"无常",说"空有",虽然它为一绝大的智慧,又不免是负极的一端,乃至消极的影响逾两千余年。徐先生非常遗憾地认为因着内部的冲突,印度现代的情况并不是很好,并且所有的宗教都似乎有害无益。但是,在评价一个民族真正的价值的时候,还要看到她的过去和未来。他在其英文著作《唯识菁华》①的序言中说:

> 人类既应该回首于它漫长的历史,又应该放眼于它无限的未来,正如古诗云:"欲穷千里目,更上一层楼。"无论如何一个民族可能暂时被世人所忽视,但是他们过去的光荣和对人类的贡献是不能被否认的。对于一个伟大过去的认识意味着对一个伟大未来的希望。在经过火的洗礼之后,一只新生的凤凰从它前身的灰烬中腾空而起,它甚至比过去更加美丽。印度次大陆的伟大希望就在于此。

这《唯识菁华》与《安慧〈三十唯识〉疏释》是一什么关系呢? 其中有解读在,小结在,暂不论。就《安慧〈三十唯识〉疏释》而言,有昔年的一个"小引",有1984年跋和1987年跋,前者只有千字,中者不足三百字,后者稍过三百字,极简,提示性的三言五语。这就是徐先生的风格,说话简单平实,若不留意,未解处一下就会滑过,其实在一个观点之后有着很大的背景。此《安慧〈三十唯识〉疏释》问题较重,故放在本文末节讨论。而在此前,让我们先来看一下他未做完的工作——《佛教密乘研究——摄真言义释》。

---

① 新世界出版社,1990年。

这工作笔者是见过的。徐先生译出咒语,每一句占一纸,分四行,梵文、拉丁文注音、华文古代音翻(如"唵"om、"泮吒"pha等)及译文句。笔者曾对他说:"现如今全世界恐怕就您老人家一个人在干这差事了。"当时他回答:"可能的——"随后他告诉笔者他的翻译要力求达到这样一个原则:既要求出真言的本义,又要照顾到信仰者的心理。这工作时断时续,到了也仅做了"少分",后连译稿都"不翼而飞"了。好在《佛教密乘研究——摄真言义释》有一序言,提前发表了[①]。徐先生将其发端与我们娓娓道来——

首先,从发生学上说,他指出:无论取何种态度,人生观的确立总与宇宙观有关。也就是说,与人对自然或"天"的看法有关。人不论如何能耐,他也只能做"先天而天弗违,后天而奉天时",即是观察到了许多规律,并依此作出了一些有利于人生之事。于是人类从自身的社会经验中抽绎出两大生命原则:生存与繁衍。两原则合并为一,成就了他的本能,即是其自我求占空间与时间。在进化之初,求存在为多体,而合为集体,发展了群性,其中人与人必然交通,当然需要语言。而语言又属"有情声"(与自然界之"无情声"如风声水声不同),有情则直接心理,又是一个生命力的问题,这生命之"能力"是否影响到物质或环境,如有作用,到了何种程度?如宗教领域内的颂赞和祷告,便是这可提供研究的材料,属"声教"的范围。

其次,与"声教"对举者,是"文教",于此分中分印,皆是地域条件使然。"文教"甚依于物质,凭藉思智,较复杂和久远,从来都重视人为,也即"自强不息"。而"声教"更接近自然,"声成文,

---

① 《世界宗教研究》,1991年第2期。

谓之音"，印度天气炎热，动植皆易繁荣，然人们喜阴厌动，又器物不易保存，所以犹重"声音"之传，密乘三事（身、语、意）中之语密，即念诵真言或咒语，便能反映出其民族的心理特质。语密所立之主旨，是"声从于字出，字生于真言，真言成立果"[①]可谓真言被认为是原始之声，因而生字，再生字之声，总之是"一"衍出"多"，"多"又归于"一"。"声音"无长驻，"器物"也无长驻，后者如"瓶"之碎。韦陀之终教或韦檀多学派，谓声音之知，表义，可由之直知，则当入现量一类。然此"现量"稍瞬即逝，故佛教"诸行无常"的宣传，是将其法印印在"声音"上，亦顺理成章。况且，"声音"中自有其能力之所在。比如，他与晚辈谈咒语之事，"他用梵文很有韵味地念了一段，说：'这就是渡，渡，大家都到彼岸。是出自《心经》。'我说：'就这么简单呀。再说说。'他回答：'不能说，越说越不明白。'"[②]我们说，欲作求解，"渡，渡，大家都到彼岸。"只是说明了一个意思，表述了一个现象。设若身临其境，且在命悬一线的危难时刻，那么"渡，渡，大家都到彼岸！"就会产生巨大的力量，因为那是"上天"或"大梵"或"上帝"的声音。徐先生告诉我们，若依古婆罗门教的传统研究真言，则许多问题不难迎刃而解，只是佛教和密宗信仰者不肯从这方面入手，于是其视景不免隘限了。就制作而论，真言远比不上梨俱诗颂，因为后者是上古之见道之士即"见士"和诗人所作，与中古之佛教徒不同，径直可说，他们立足于精神源泉的混辟处。

再次，徐先生说，入华之后，真言多只存音翻，虽原文有义而不出其义，则更难以思议，为秘密中之秘密了。菩提留支说"真

---

① 见《大日经百字真言法品第二十二》。
② 《徐梵澄传》第445页。

言"亦名"密言",由此可知"真言宗"亦称"密宗"故,原是师徒间之秘传,不轻授外人,已是秘密了。何以"秘密"?是为信仰。玄奘译场有"五种不翻"之例。人类由好密而信仰,可以说是本性使然,《奥义书》中有"天神皆好隐而不好显"之说,人类亦然,有时竟可说为了秘密而秘密了,因其相信秘密中有神奇的力量,便更不肯轻易公布于世了。其实有些字并无深意,也只合音翻,如惊叹声——夥颐等,如韵语声——些、兮等。除了因习性之自私而好"秘密"之外,尚有信神而畏祸、好文而掩陋、分别而尊本教等原由。译出的咒语其实并不"秘密",皆是明明白白、朴朴实实的话语。也许"秘密"只与"明白"对言,设使换一种态度呢?即"敬畏",则与"神圣"对言了,那可能是"放之四海而皆准"的达道。而"秘密"本身却极易外附种种仪法、迷信,从而被封裹,透不出光明来,终至成一"黑法"。这么说,徐先生的工作是有意义了,他要还真言"本来面目"。

下面我们谈徐译《安慧〈三十唯识〉疏释》,稍加笔墨。

唯识《二十颂》、《二十论》、《三十颂》为世亲(约4、5世纪)所作。据说世亲作此三书时在晚年,未予疏解,后十大论师纷纷疏释,其成果为玄奘所得。奘师在其译经的最后阶段,曾打算将十大论师的注疏全部翻出,以总结瑜伽一系的学说,然又采纳了窥基的建议,改用编纂办法,糅合十大论师的学说为一书,并由窥基一人独任笔受,编译而成《成唯识论》。据史料记载当年还有一小情节:玄奘为窥基讲唯识,圆测(613—696)设法旁听并抢先著述,窥基很有意见,玄奘安慰窥基说,圆测虽为唯识论作注解,却不懂因明,遂将因明秘传给窥基。我们说,窥基"很有意见",一定是闹了小脾气,大师也如常人,仿佛邻家的小孩子一样。此事以常人的眼光看,无可厚非,但从出家人的角度看,基师的心眼儿未免小了一点儿,心眼儿不大,所持必会有所偏好,这乃是心理经验之事,如建议奘师以护法(约 6 世纪中叶)疏释为主干杂糅各家,此举或与本门本派(慈恩宗)有功,而于学术史却是大大的缺憾。徐先生有诗《慈恩寺》不无揶揄,短句有云:"舌诵青莲讲法华,基师从谤有三车。空门惯说无生忍,难止心兵讼角牙。"①"无生忍",安于无生无灭之理而不动也。

《安慧〈三十唯识〉疏释》,梵文原本久佚,然存藏文译本。1922 年,法国学者莱维(S. Levi)在尼泊尔发现梵文本,遂就藏文译本和玄奘所糅以校订,修正有十数处之多,出版于 1925 年。"其书旋由德国学者雅各比(Hermann Jacobi)译成德语。后法国普桑(Poussin)氏又将华文本《成唯识论》译成法文,由是唯识学乃彰于欧陆。""吕氏(澂)则据藏文古译,成其《唯识简译略钞》,刊于支那内学院志。"②"发稿之次,又闻香港有霍韬晦氏译本,亦愿读者参稽之矣。"③吕澂译本全名曰《安慧三十唯识略钞》,他在"引言"中说:"梵本与藏译最近""独与唐译时相径庭终不可合",因此他将"颂文对校梵藏翻译,释论多依藏译,以其译意更明畅也。"吕澂对安慧评价较高,与欧阳大师的态度不同,他说:"安慧论释不繁,坚守家法,如释识变则从中边,释心所则从集论五蕴,释三性又从摄论,理解一贯,古义之说其在兹乎。"此与徐先生不异:"安慧笃守师承,蔚为'古学',与我国汉时经师守家法相似。"④"古义"、"古学"与"今义"、"今学"(护法)对言,实则一流,分前分后,而区别呢,"要之不若玄奘博采多家,裒成新

---

① 《蓬屋诗存》卷四,社科文献出版社,2009 年。
② 1987 年跋。
③ 1984 年跋。
④ 《安慧〈三十唯识〉疏释·小引》。

制;譬若醍醐,则此犹然酥酪。"①吕氏译文发表在《内学》杂志1926年第三期上,而另译本,香港霍韬晦先生的《安慧〈三十唯识〉原典译注》则发表在 1980 年,由香港中文大学出版。霍氏在 1969 年秋由业师唐君毅先生的举荐,获哈佛燕京学社的资助,前往日本专攻佛学,历时十年,译书终于出版,且是书译文晓畅,注释详细,予门者以很大的方便。他在序言中写道:"至于梵文原典,则据莱维校订的天城体字本易写为罗马字体而成,其中曾参考日本学者荻原云来、宇井伯寿的订正表,亦有一些是我自己所作的改正,大概可以成为一个出错较少的本子了。"徐先生"于三十颂则存唐译而翻其安慧疏",霍韬晦则一并自己翻过,因为他认为"若干重要概念若前人的翻译不能恰当表达其原义的",要"予以重译或重新定名",如 prinama 译为"转化"(旧译"变"或"能变"),诸如此类。

　　徐先生于安慧疏之旨趣提撕甚短,仅有几句:"其说我法,皆是别无依于总无;而谓自证离言,唯佛所证。斯则截断三分,归于一体,非若护法之别立证自证分,可与梵道之'自我'相混者也。然则谨守绳墨,其功亦巨。"②"别无"者何? 别无"我法";"总无"者何? 总无"相见",此乃安慧一分说,又可称为相见遍见说;而"自证离言,唯佛所证",是说"转识成智",或曰"神知",或如康德所说的"知性直观"(牟宗三译"智的直觉"),或如阿罗频多所说的"超心思";又"三分"者何? 见分、相分、自证分,由之连结下句"非若护法之别立证自证分";两句中有"归于一体"者,"一体"者何? 自体,赖耶,或韦檀多的术语曰之"心灵"。而欧阳

---

① 《安慧〈三十唯识〉疏释·小引》。
② 同上。

大师与此相反，对安慧不免苛难，他说："然安慧别义渊源性宗，以相见为遍计无，不可遵信。"又"安慧八识皆能遍计，所据理教不能精确，犯过重重，护法破以十义，会以三事，而计度分别惟摄属第六、七心品乃定。"①安慧"谨守绳墨"，玄奘"衷成新制"，欧阳大师尊奉后者，即护法、玄奘、窥基一系，唯识学之妄心系统，不承认华严宗也即性宗脉络往真心（如来藏）上发展，而贤首之说从真谛（499—569）之《大乘起信论》来，真谛也正是安慧的学生。更有甚者，大师说："自天台、贤首等宗兴盛而后，佛法之光愈晦。"②可是，历史的情势恰恰相反，倒是慈恩一传即没，故牟宗三先生说大师："此真颠倒之见也。"③若果跳出妄心系统的门墙④，安慧有些说法并不违理（此可为"纵贯系统"——借牟宗三语，属精神论[一元或一元包摄二元及多元论]——笔者），如"八识皆能遍计"，依韦檀多，八识皆一"知觉性"（"力"），不过层级或说"能级"不同而已，譬如波浪与海水，海水表识体自身，波浪表功能差别，两者"不一不异"。也就是说，诸"识"皆有其功用，皆在"动静"，亦可谓皆在"遍计"（其一也一，其不一也一）。

自来以安慧为一分家、难陀为二分家、陈那为三分家、护法为四分家为古说。但徐先生说安慧"截断三分，归于一体"，似安慧并未"分"。依霍韬晦先生的研究，《成唯识论》解"识变"（霍译为"转化"），无异将识转化划分能所，再二分化为相、见二分：

---

① 《欧阳竟无集》第104、122页，中国社会科学出版社，1995年。
② 同上，第90页。
③ 《佛性与般若》第466页，吉林出版集团，2010年。
④ 此可为"横摄系统"——借牟宗三语，属知识论[二元及多元论]——笔者。

义虽严紧,然亦失之质实。由此遂再追问此二分产生之根据,属同种出抑异种出,更有一分家、二分家、三分家、乃至四分家等各种主张。其说如下:"安慧解云:变,谓识体转似二分。二分体无,遍计所执。除佛以外,菩萨以还,诸识自体即自证分。……"(《成唯识论》卷一,页三二)……但今查对安慧释文,并未发现安慧使用相分,见分,自证分等名词,亦无上述一般之议论。因此把安慧列为一分家的看法很可能是后人总结此一问题的讨论时加上去的。不过,若从内容上推导,则后人有这样的看法亦自有据。①

何以徐先生又说"截断三分"呢? 大概的意思是说安慧未有给"二分"、"三分"乃至"四分"留有余地。而"归于一体"者,大约是说"体"无由"分",但可以"转化",也即"生",如一人之身体由青少变为("转化"或"生")壮老,从事相上看便有了分别,然仍不碍能所为一,体用为一,主客为一。"这是安慧'识转化'的重要观念,由此可见其立场是更接近于主观观念论(精神论——笔者),而与成唯识论承认有'疏所缘'不同。"②由此联想到阿罗频多的话:"'本体'经过知觉性自见为客体上的主体,及同此一'本体'向它自体的知觉性自呈为对主体的客体。"③

"一体",在安慧,或指阿赖耶识? 依霍先生的解释,于阿赖耶识自身所蕴含的价值意味,即识心是否有一纯粹形式,在安慧

---

① 《安慧〈三十唯识释〉原典译注》第 22 页。
② 同上,第 114、115 页。
③ 《神圣人生论》第 648 页,商务印书馆,1996 年版。

本人尚未厘清,这一带有价值意味的纯粹形式,可以保住"法"或"德性"。然而,他把烦恼视为外来的东西(客尘),这便有一个暗许,即"阿赖耶识是一非烦恼性的存在;但亦可以说:阿赖耶识自身清净。这就分别与成唯识论及早期大乘经典如来藏清净心说相通"了。① 再向上推之,"则世亲之学说中,亦含有绝对的普遍的真如识变说之意味。"②所谓"自身清净"、"绝对的普遍的真如识变",是在说一纯粹的"观念"、"理想"或"精神",徐先生谓之"真我",他说:"后世治法相学者,辄曰五法三自性皆空,八识二无我俱遣,既空既遣,必证必得,上方犹大有事在。斯则依他实依真我,非如芦束相交,镜智自镜圆成,有照双栖同树。"③"真我"者乃"真心"也,"真心"者乃"清净"也。而对此"真我"有无之认肯,事关重大,这也是新旧唯识学的分野。但是"真如"与"清净心"并非一事,正如"道"与"德"的概念有所区别一样,说"真如心"或"心真如",似乎有些难解,其中有承认"有"、"我"之嫌,所以,"世亲晚年的思想,只阿赖耶识受熏持种,不言自性清净心,而真如只是理,……既不能熏,亦不受熏,故内学院(欧阳大师)依奘传之唯识学即批评《起信论》之'真如薰习'为不通。"这是牟宗三先生的话,他认为"如是真净,则受熏亦能熏;如不是真净,则只受熏,而不能熏。"这就是说,如果阿赖耶识为真净,那么《起信论》为对,这样,"人人可以成佛"的主观原则(正如"人人可以成雷锋"),便有了形上之依据;而依妄心一系,因为没有这绝对观念(如"由人而圣而希天"的人极者),所以"成佛"只为偶然。④

---

① 《安慧〈三十唯识释〉原典译注》第58页。
② [日]佐伯良谦,见《和译安慧唯识三十颂释论之考察》一文。
③ 《薄伽梵歌·译者序》。
④ 《佛性与般若》第224页。

不错,护法、玄奘、窥基皆天才人物,然其头脑特偏析理,未重或蔽于"真净"之域,则原始精神有失。可能,他们想把对于有关人生的问题的解释用律法思维的形式确定下来,但人生的问题,终要还原为人性的问题,而人性的问题又要通过人的心理活动来表现,于此我们不妨一问:"刹那刹那"的"心理活动"之"瀑流",能为"五十一心所"所厘定吗?回答:当然不能。唯识知识难以建基于心理活动之上,正如楼房不能盖在流沙上一样。而心理之"根",乃至人性之"根",在上不在下,在上者"天根",而"天根"本"清净",或曰"本善",如孟子言。

　　徐先生的话还有一句要注意:"可与梵道之自我相混者也。"前句是"非若护法之别立证自证分。"此"梵道",指数论或僧佉。数论的特点是什么呢?即长于分析程序,且立足于二元:一曰"神我",为心灵,为静者,一曰"自性",为能力,为动者;前者不动不变,自体光明,后者属于机械者,于前者只有反之映,没有反之动("回还"),也就是说,"自性"为被动知觉性,而"神我"则是宇宙因,设若要反(返)之动而进至"神我",那么,"自性"必得止息活动,以归于不变的止寂而消除。此"自性"也即"自我"。上说妄心系统之阿赖耶识"只受熏"、"不能熏",如此与"机械者"或"被动知觉性"有多大的分别呢?另引霍韬晦先生的分析,以加深理解。他说:

> 护法思路,前面已多次提及,是长于组织,成唯识论随处都可以看到他对问题的分解能力。对于三性(遍计执性,依他起性,圆成实性)关系,他以真妄、性相对列,目的即在显体,……必须承认,这样的分解是清楚的,但却很容易造成三性壁垒。尤其是后二性的相、

性分裂,更难会通,所以近代学者批评唯识家是二重本体(二元),即缘于对此关系误解而来。护法的语言,不能不负一点责任。其实依世亲的原颂,只要我们对识转化的世界(依他起的存在)不加以分别心的执取,就是圆成实性,也就是唯表别(识)状态的存在;世间上并非另有一独立的真如。①

徐先生指出:唯识学盘根错节终不离佛陀之宗,与近代哲学不同。释迦于初时传教,汲汲于人生之苦,未尝着意于思辨哲学,但其思想中并非没有深湛的道理。在后来的两千多年中,"才智辈出,立同立异,渐汰渐纯,去故取新",各成系统,各具规模,而唯识之学便是有萃于此者。虽然,"迨体系圆成而旋就萎落,与佛法而皆亡"。他又说:"观其通用因明之楷式以免堕负,密接中观而不堕两边,明我、法之双空,破实色之执著,而远绍般若之鸿绪,将求有得于'无为'者也。至若其新熏种子之说,亦有助于蒙养之功,暗与近代西洋潜意识之说有合。"②至于对待唯识学的态度呢?他告诫我们:"虽然,其有未尝窥此学者,愚且将委婉而告之曰:'此固当研治者也。'其有耽嗜此学者,愚必正色谓之曰:'置之!斯得之矣。'"③

其实,就于唯识如此,推之,就于佛学亦然。还有一小问题,就是他在使用"梵道"与"梵学"时的不同,在后者,是指韦檀多学,即一元论或一元包摄多元论,那才是印度民族的本经本法。

---

① 《安慧〈三十唯识〉原典译注》第139页。
② 《安慧〈三十唯识〉疏释·小引》。
③ 同上。

徐先生曾有拟题"如何从梵学的背景研究佛学"者,于此我们可以明了,因为他把诸《奥义书》和阿罗频多的学说介绍入中国了。

(待完成出版)

读 书 篇

由人而圣而希天

"薄伽梵"(Bhagavat)一名,出自 Bhaga,本义为"太阳",引申义为"光荣","尊贵",对上之尊称义。《薄伽梵歌》(以下时有简称《歌》者)为婆罗门教和今之印度教经典,其地位犹如基督教之新、旧约《圣经》和伊斯兰教之《古兰经》。《歌》之首部汉译本,是由徐梵澄先生于 1950 年在印度贝纳尼斯译出的,1957 年出版于南印度琫地舍里的室利阿罗频多学院。与最早卫金斯(Charles Wilkins 1749?—1836)的英译,相去近 170 年。据笔者所知,还有两部汉译本,一为张宝胜先生所译,由中国社会科学出版社于 1989 年 12 月出版;一为 A·C·巴帝维丹达·史华米·巴布巴的注释本①,由中国经济出版社于 1989 年 10 月出版。三本汉译风格不同,徐译取骚体,古雅;张译采白话诗,晓畅;另译藉散文体,平易。三者参读,可加玩味,如《歌》之第二章第三节,徐译:"毋自陷于孱弱兮,此于尔非洽适!去尔心卑下之愁积兮,起!起!克敌!";张译:"不要屈服于软弱,帕尔特!这

---

① 因前页有缺,华文译者不知为谁。

对你的身份很不适合,敌人的惩罚者!站起来吧!快抛弃你心中的卑微怯懦。";另译:"琵莉妲之子呀!不要自委于优柔。这跟你的身份不相配。抛开心里猥琐的脆弱,站起来吧惩敌者!"

《薄伽梵歌》记婆罗多大战,古信有其事,史诗作者名维耶索,平生事迹与时代不详。考史者大致推定诗成于公元前五世纪。印度古有大部落曰句卢,以贺悉丁那普为首都(今德里所在地)。国王名曰逊多罗史德罗,目盲,其子朵瑜檀那失德,逐其叔班卓(已故前国王)之五子(皆贤,义当分国之半)流放于外,十有三年。时五人乞五邑以自安,朵瑜檀那不许,遂不免一战。句卢族好友雅达婆部落之君克释拏(Krsna),欲解一家兄弟之争,愿以自身和自家军队作为两条件,为示无所偏袒,规定对峙双方只能任选其一。朵瑜檀那择军,克释拏遂尽委之;本人乃从阿琼那(Arjuna)(班卓三子,善射;张译为阿周那,另译为阿尊拿)为御者。大战在即,阿琼那不愿意看到"至亲骨肉同室操戈以相剪屠之流血"的场景,故临阵忧伤而萌生退意,克释拏竭力劝说,阿琼那遂受鼓舞而奋勇作战。双方大战十八日,尽投四百余万人皆灭。最后阿琼那取胜而复国。《薄伽梵歌》为克释拏阵前说词,然皆托之于盲君御者桑遮耶之口,末章(十八)末节(七十八)有云:"彼处有克释拏——瑜伽主,彼处有帕尔特——神臂弩,是处即有吉祥,胜利,安乐,永恒大法兮!我思兮栩栩!"其说不外五言:正义者必胜!

关于这一神话故事的精神主旨,徐先生指出:"撰者之意,盖假一历史事迹,以抒其精神信念与宗教思忧。要其涵纳众流,包括古韦陀祭祀仪法信仰,古奥义书超上大梵之说,天主论之神道观,僧佉之二元论,瑜伽学之止观法,综合而贯通之。"① 一段历

---

① 《歌》序。

史传说,几乎涵纳了全部古印度文化的价值信仰。我们知道,印度文化传统有着超凡脱俗、极求向上一路的精神特质。由此,提出了一个尖锐的问题:如此之广大超远的"精神信念与宗教思忱",何以要凭托世俗政治极端的形式——"战争"来表达呢?且别有意味的是,徐先生还视其为一阕"庄列之寓言"。我们如何来理解这"寓言"即托事(物)寄意的思想符号呢?其答案或可到先生对室利阿罗频多著述的另译中去寻找。

先生曾在《玄理参同》①的"疏释"中表达了对"战争"背后之形而上的理解。阿氏为阐说"生死一体"、"永恒与暂时不分"的理念,引用了希腊古哲赫拉克利特的两句简言,曰:"战争为一切之父,一切之王";又曰:"天神皆有生死,人则永生。"阿氏坦言,知晓赫氏此语的纯全之意已不可能,然而将其放到古印度神秘派,如《韦陀》的知识语境中也许可解其意。于此,阿氏得出两点看法,一为"永恒者与暂时者不可分解",永生者只存在于"争冲与变易中,即一继续着的死亡中","死亡"是世间一切生命和存在的前提;二是只有人,才有可能成为永恒的存在者,因为"永生的原则在人中内在"。在这里,战争是"死亡"的符号,而死亡则是生的前提,或生的另一种形态。即阿氏所说:"宇宙底存在现似为一'生'之进程,而实是一'死'之进程。""生与死"是困扰人类根质性的问题,因此,我们还须进一步追问:何以"死"是生命与存在的前提?为什么只有人得天地之独钟,而可能成为"永恒存在者"呢?对此,若不找到形而上的终极依据便不能予以回答。此回答,阿氏原文不过五百多字,而徐先生的"疏释"之文字足有他的七倍之多。

---

① 1973年出版于室利·阿罗频多学院。

徐先生着重"探讨"的仍是赫氏之"简言"。不过,先生将其放到中、西、印更广大的知识背景中去解读,在相互比照发明中见其人类"心同理同"的超上性和普遍性。关于"何以人才有可能成为永恒存在者",先生将阿氏的韦陀之喻扩大到佛教。佛教保持了韦陀"天神有生死"的信仰,认为"诸天"("天神"通常在佛经中译为"诸天")若要成佛,便须加入轮回,在人间一道降生,经过修持才能获得解脱。后世瑜伽学亦同此说,想要与"至真"或上帝合一,必须在此世界或人间完成。这种只有人才有的特权,来自一个信仰的前设:"因为唯独人有此圣神性灵与至上神合契,而诸天则未有",由此推定"与至上者合契或同体为一,即是得到永生。"从宗教人类学的角度来看,这种信仰性的前设,自有其发生学的原因,是无法用知识与逻辑求证的。所以先生说,这种信仰"在东方人看来是常语,因为惯熟此说,不以为奇,而纯用思智的西方学者,便以为绝不可解了。这是任人怎样去思维是思维不出结果的。"

但是,《薄伽梵歌》是托事寄意,"抒其精神信念与宗教思忱"之作,因此,仅凭信仰前设是无法传达这一深意的。于是,借助其他民族的思想文化系统,在比较中相互阐扬,进而证出终极性的价值理念,以作为普适性的人类精神资源,也就成为必然之途。先生将中国孔夫子所言"未知生,焉知死"作为话引,指出孔子之意"不是教人不要知死,只管知生便够。这暗许生死是一体。"接着,又引《周易》、《庄子》为据,把"一体"推释为"本体",这么,在崇高的形而上境界的观照之下,前设各问便一一有了答解。

关于生与死之关系,先生指出:"《大易》哲学是'通乎昼夜之道而知'。因其'原始反终,故知死生之说'。后儒释此为明此

'本体'。'本体既明',则一切皆通。《大易》于昼、夜、幽、明、刚、柔、生、死等,皆统之以阴阳,阴阳则归于'太极',所谓'易有太极,是生两仪'。后儒释'太极'即此'本体','本体'是一,庄子所谓'通于一,万事毕'者,谓此。此之谓'道。'"在"本体"的层面上,"死"便不仅是"生"的开端或"生"的变态,而与"生"构成"原始反终"的一体关系。

在中国传统哲学思想里,人有着特殊的地位。这种"格位"(status)与印度韦陀哲学不同,它不是信仰层面的"圣神性灵",而是本体层面的中天地而立的"三才"之一,即所谓"天地人三才"。由于人处在本体"格位",因此鬼神既不能超出本体之外,又无法与人同等。人与天地万物同为一体,意味着他完全可以知晓"幽、明之故,死、生之说,鬼神之情状。"于此,先生不无幽默地说:"古人未尝说鬼神能与天地万物同体,而说于人则能。"正是在本体的意义上,希腊、印度、中国——赫拉克利特的名理"天神有生死,人则永生",室利阿罗频多的"永生的原则在人中内在",与中国儒家人之本位的信念,获得了"理之相通"。

把战争作为"死亡"符号,推导出"生死一体"之哲学。如果我们的理解活动到此止步的话,那么它对现实的人生就不会发生任何意义。诚如先生所说:"生死或死生,是一常理,或者说是一常事,或说是一通常现象。牒述这一通常现相,或说'生死事大'等,实没有说明什么,是指此一常理而已,亦不足以感人心。为大为小,皆可由人说,若强盗土匪等视死如归,亦不算一回事。"那么,究竟应该将"战争"这一符号的深意追至何处呢? 先生认为,赫氏所说"战争是世界律则",实质上提出了两个原则,即"战争"与"和谐",此对反两说构成了人类通则或世界原则。以《周易》阴阳观念读解,即对反双方既相互争斗,又相互融合,

"阴阳互相争战,亦彼此相需,相成。……推之于五行,则皆相克相生。……宇宙不息,万化不停,基本落入一简单公式,曰相战斗,相成全。"

但凡有些哲学知识的人,都可以理解"相克相生"之理。令人不安的是,将其归为"一简单公式",莫不是人类的宿命不成?倘若以此为终论,那么中国、印度、希腊之先哲,便不为"明智之相通",而为"愚蠢之相类"了。梵澄先生的睿智在于将这"一简单公式"推向历史,落入人生。就历史而言,先生以略带沉重的口气写道:"治《易》者好言'气数'。'数'且不论,'气'字涵义实觉混茫,似乎无由界说。姑译以近代常语曰'力',或者较易了解。宇宙间多少种力量,何可胜穷!玄学上分为两汇,稍成其系统,总归是两方面各在扩充,扩充至极,势必相并吞,相毁灭,亦相成就。小至于人事之微,大至于可能毁灭全世界的战争,最后分析竟皆落入这一公式。这是生命的理实,自有人类以来便是如此。"在先生看来,"相毁灭,亦相成就",这一深埋在人类历史命运中的悖论,也是人类重新认识自身价值的重要契机。《薄伽梵歌》所叙战争故事,"出于骨肉相残之际,亦人生由外转内之机也。"①

所谓"人生由外转内",就是重新理解和搭建人生的意义世界。《薄伽梵歌》成书时间,除先生推定的年代外,还有其他说法,如公元前500年到公元后300年,或公元后四世纪等。然而,无论何种推定,都有一个共识,即此书形成于印度历史上的一场社会大变革,传统婆罗门教三大信条("韦陀天启"、"祭祀万能"、"婆罗门至上")遭受严重挑战之时。为了重新建立新的价

---

① 《歌》序。

值信念,一些颇具历史远见的婆罗门教领袖,将当时数论、瑜伽、胜论和佛教等派别的理论观念加以整理、融汇,丰富了《薄伽梵歌》之思想,至八世纪经商羯罗注释而成为印度教圣典。于此,先生有言:"仪法之教,至韦檀多时代浸微,迄佛出世千余年间,婆罗门之法席几于尽夺,举往昔传承之繁文淫祀,阶级,迷信皆加以变革,以印度社会史观之,未始非一大启明运动也。"《薄伽梵歌》虽是印度教经典,却对整个印度人民的精神生活和社会行为产生了深远的历史影响。"独尊而光大,薄伽梵歌之学,遂盛行至今,其中原有耿耿不可磨灭者在也。"①

那么,这"耿耿不可磨灭者"究竟为何者? 在先生的深度诠释中,就是人生的意义世界,或精神哲学的价值取向。之所以称之为"深度诠释",是因为我想区别于其他有关诠释《薄伽梵歌》的文字,他们或偏重知识,或偏重信仰。而先生却指出,于《薄伽梵歌》当"极深而研几"之处,在于"略其形式,重其精神",进而贯通"儒、释、道、印、耶、回"等各种文化形态,以"人心觉悟而循乎大道"之理念欲得世界和平。② 这种精神哲学的取向,既合乎印度文化传统的特质,也是在今天全球化进程中,各民族进行对话的思想平台。先生早年(25岁前后)即翻译尼采;老年时又明言:"我所锲而不舍的,如数十年所治之精神哲学。"③;《薄伽梵歌》为先生中年所译,于此可见先生心思企向的一贯脉络。

《薄伽梵歌》之精神即为印度传统文化之精神。为开掘其深意,先生又于1953年(时先生已辗转至南印度)译出室利阿罗频

---

① 《歌》序。
② 同上。
③ 《跋旧作版画》。

多之《薄伽梵歌论》(下简称《歌论》)。据先生说,此为阿氏狱中读《歌》而"见道"之书①。在此,须稍加赘言。先生诗集《蓬屋诗存》卷三有诗云:"缥缃贝叶栖心地,红叶秋灯照眼时。解识治平持半部,鲁论犹可压千悲。"《歌》之译成,先生有"盖挥汗磨血几死而后得之者也"之叹。又见"题旧稿"小引曰:"发箧得旧稿未出版者,纸墨皆蔫,怅然题句",云:"神物宜呵护,尘封祗黯然。早吹新凤管,重拭旧龙泉。显晦有时及,安危并世传。咨嗟莫腾去,光气已摩天。"南国湿热,不宜保存,既为"神物",猜想先生是如何之"呵护"有加的。阿氏之《歌论》译出,迄今,整50年矣!99年春天,先生托我向商务印书馆催问此稿,后送回清样,由先生亲校。先生临终(2000年3月6日)时,床头仍摆放着此稿本,只可惜进行未过半矣。此商务本《歌》与《歌论》双珠并出,可谓全璧,也了却了先生身前期望已久的心愿。

  先生之心愿,固因此二典于了解印度文化传统最为重要;然而,我读先生之《歌》序和《歌论》小引、案语,觉其深意更在于举世界文化之视野,扬中华文化之光辉。先生在《歌论》案语中写道:"阿罗频多氏之学,可谓大矣。独于雪藏以北中华五千年之文明,所言甚略;若使大时代将临,人莫我知,无憾也,而我不可以不知人,则广挹世界文教之菁英,集其大成,以陶淑当世而启迪后人,固有望于我中华之士矣。"在先生的视野中,世界文化并非仅指西方文明,而是各民族文化中的精华之汇合。对于各种文化形态,先生指出,应该"就其所长,自求心得,不议优劣,不画畦町,开后世文明运会之先端,祛往古异教相攻之陋习,则大之足以淑世而成化,小之足以善生而尽年。"然而近代以来,中国人

---

① 见《歌论》手稿之小引。

放眼世界,多眺望西方,"乃瞠乎欧西后尘"。对于世界三大文化中坚之一的印度,则自"奘、净而后,吾华渐不闻天竺之事,几不知佛法以外,彼邦原有其正道大法存,而彼亦未知吾华舍学于释氏者外,更有吾华之正道大法存焉。"中、印之"学术参证,文化交流"亦为中国走向世界的重要路径。那么,中国与世界,或曰中国与印度之文化汇合的内在根据,亦或精神契合点何在? 先生言:有之! 为"由人而圣而希天者"!《歌》序之开篇,特见先生之大境,故摘录如下:

> 五天竺之学,有由人而圣而希天者乎? 有之,薄伽梵歌是已。世间,一人也;古今,一理也;至道又奚其二? 江汉朝宗于海,人类进化必有所诣,九流百家必有所归,奚其归? 曰:归至道! 如何诣? 曰:内觉。六大宗教皆出亚洲,举其信行之所证会,贤哲之所经纶,祛其名相语言之表,则皆若合符契。谅哉! 垂之竹、帛、泥、革、金、石、木、叶,同一书也;写以纵行、横列、悬针、倒薤之文,同一文也;推而广之,人生之途,百虑而一致,殊途而同归,可喻已。

这是何等的哲思独运! 何等的气势开合! 然而,先生绝非空有宏理大言,于中又见深邃的理性洞见。从形式上说,先生贯通东西、中印之文化,可划属于比较学之方法一类。但是先生以精神哲学为学理基点,于是便构成上达形上之"大体",下通历史社会之"大用"的"广大无边"的精神世界。因为篇幅有限,不便展开叙说。概括而言,印度《薄伽梵歌》之学与中国儒释道之学相通,即"合于儒,应乎释,而通乎道矣。"(《歌》序)于儒家,先生论说尤多。

先生明确指出,儒家内圣之学,亦为"薄伽梵歌所修也"。《歌》学所追求的"我",与儒家所谓"天"相通。如果将《歌》中所涉的神话或神秘成分剥除,其所追求的"皈依于我",与儒家的"希圣希天",同为价值源头的符号。在儒家这里,圣与天通,"心之精神之谓圣",此心,诚则为理。依此,便可"下尽乎人情,上达乎天德,道无不通,明无不照,宇宙造化之心也。"在《歌论》中,"我"亦为"天德",人们可通过"瑜伽"的修持,与"天"合一。在《歌》序与《歌论》之案语中,先生特别解说了瑜伽学中的超上境界及所内涵的道德理性精神,这是特别值得关注和研究的。简言之,中、印其同者,皆为"体天而立人极"。其异者,先生言:"必不得已勉强立一义曰:极人理之阃中,由是以推之象外者,儒宗;超以象外反得人理之阃中者,彼教。"①

在梵澄先生的思想维度中,"内圣"之学绝非空有热情的道德主义和肤浅的理想主义。读先生文字,可体会其中深隐的历史理性的忧虑和充满期待的文化信念。先生说:"今若就其外王之学求之,则祖述尧舜,宪章文武,有非后世所能尽守者也,后世典章制度礼乐文为无一不变,然其内圣之道,终古不变也。"②康德之普遍的历史观念,即历史的"合规律性与合目的性"于此见焉!在康德那里,人类通过冲突而达到和平,历史在吊诡中实现它的最高目标;而在先生的精神视界中,文化终大于政治,历史的乱治分合皆托依文化理念的消长隐彰。先生在《歌论》第一系十一《神圣行业之原则》后所加案语,读来虽不免感伤,但却增人

---

① 《歌》序。
② 同上。

以信心,先生之所依重的儒家文化,实乃吾民族生存发展的基底:"保世滋大,吾华之所重也。……唐尊佛法,而五季之乱为史所罕有;元崇密乘,亦八十余年而止。皆其明验也。汉尊儒术,成光武之中兴,其末犹成蜀汉鼎峙之局,宋彰理学,其能保偏安,且二百余年。保世滋大之效也。"(见手稿)先生与前贤所忧所寄,实为一脉相承已。

先生译《歌》与《歌论》所作文字,譬若富矿,尚俟采集。然先生之"存其大体"以至"大用无穷"[①]的精神企向,却应领会在先。

载于《读书》,2004年第6期

---

① 《歌》序。

玄理一脉赖遥契

梵澄先生是20世纪中国兼及中、西、印三大文化圈之思想学术研究的屈指可数者——这似乎在人文学术圈没有异议。但是,问题在于:先生是在什么层面上的兼及?其学术研究的取向又指向何方?大概是由于先生的经历(20世纪70年代末才由印度返回祖国)和性格(不喜显扬,不接受媒体采访,不为自己祝寿或开学术研讨会之类),甚至连学术界对他了解都不多。谈到他时,常听到的话是"学问厉害","学问了得"之类。稍熟悉者,便是"翻译尼采","翻译印度经典","小学功夫深湛"云云。这些,都是局限在"学识"层面上的说法,那么,真是如此吗?

通校几番先生重要的文字,涌起的最大冲动便是要脱出这常识的"栅栏"。固然,先生的文字,大多为翻译和经典的章句注疏,他也曾亲口对我说过:"我自己的文字不多,主要思想都在序、跋里了。"可是,依我现在对先生的了解,深切地感到在他的翻译与注疏背后,苦苦地同时又是振奋地沉隐着一份文化命运的期待。我时常想到他的工作行状:一个孤独的文化或学术的劳作者;譬如盖房,从设计到小工,从拖坯、烧制、垒筑,皆由他一人完成，仿佛这起步时的材料和工序一经他人之手，就会影响到整个工程质量似的。我们可以看作他就是在做源头的工夫，这好比疏浚河道，加固堤岸，为的是让上流之泉顺畅而下。而梵澄一生的追求，如他所云："我所锲而不舍的，如数十年来所治之精神哲学。"①天若再假以"而立之年"，那么，他定会完成自己的浩大的精神哲学的工程。因为，他的致思路向和基本构图都确然在立了。

先生的学思企向，比较集中地融贯在他的专著和对经典的疏释中。《玄理参同》即为代表作之一。笔者在反复的校读中，形成了一个看法，即以为是书虽为印度近世"圣哲"室利·阿罗频多之作，但先生在翻译时所作之"疏释"，不仅字数倍于原文，而且文化视野的广度和哲思独运的深锐，更有进于前者，从而完全可以视为一部独立之作，故笔者把它编入第一卷。不过，笔者在表达心得之前，需要交待一些相关背景，以助我们对梵澄几十年治学之心路有一个大致的了解。

先生早年翻译尼采；中年自放于域外，翻译并研究印度古代文化经典《奥义书》、《薄伽梵歌》等，以及阿罗频多思想经典；晚年回到祖国以后，撰写《老子臆解》、《陆王学述》等。这其中始终贯穿着一条精神哲学的理脉。谁都不能忽略的是，梵澄在青年与中年时期的主要学术活动都与鲁迅的影响密切相关。上一世纪 30 年代初，留德回来并寄寓上海的梵澄受鲁迅之嘱开始翻译尼采，第一部译稿就是《尼采自传》，为使该书尽快出版，鲁迅还包揽了校对、提供尼采像等工作。1935 年 5 月上旬，凝结着师生二人心血的第一本译自德文的尼采著作面世了。此后，在鲁

---

① 《跋旧作版画》。

迅的建议下，梵澄又陆续译出《苏鲁支语录》、《朝霞》、《快乐的知识》，皆由商务印书馆出版。鲁迅评说梵澄"既有旧学根底，又精通德文"，"颇有点尼采气，不喜欢混入任何'丛'中"。关于《苏鲁支语录》，老年梵澄回忆道：这本书"甚为鲁迅所欣赏。……后下鲁迅嘱徐梵澄将全书四卷译出，交给郑振铎出版，时在1935年。书名乃鲁迅所定，郑振铎作了一页序言，便是书端这序。……这使我的心情回到少年时代了。倘现在让我翻译这书呢？我必然迟疑而又迟疑，谨慎到不敢轻易下笔了。但少年时代不同，那时仿佛是'笔所未到气已吞'，学肤而气盛。不到半年，便已全部译完。"①这样清醒地评价自己的学术初步，是达至淳厚清通之境的学者之人品和学品。当时郑振铎于是书序云："这部译文是梵澄先生从德文本译出的，他的译笔和尼采的作风是那样的相同，我们似不必再多加赞美。"

中年梵澄在印度时，其工作之重点，就是翻译并研究作为印度民族文化精神源头的韦檀多学。这又与鲁迅的影响有关。1909年，章太炎曾有意率弟子周氏二兄弟，共同学习梵文，以图翻译诸《奥义书》，后因故未成。从价值的关怀之角度来看，这种文化"拿来主义"，实则为精神建设而作，而鲁迅的目的就是"立人""改造国民性"。"立人"本在"立心"，"改造国民性"旨在民族精神的新塑。如果联系写于此前（1907）的《摩罗诗力说》，那么，学习与"拿来"同中国精神重构之间，就有线索可以解读了。鲁迅的《摩罗诗力说》及其相关文字，思想内涵相当丰富，笔者只能择要说三。第一，各民族源头文化的根本意义，在于其永久的精神活力，"人文之留遗后世者，最有力莫如心声"，此活力的行为

---

① 《苏鲁支语录》缀言。

外化,则为人的反抗与创造,所谓"立意在反抗,指归在动作"。鲁迅明言:"凡是群人,外状至异,各禀自国之特色,发为光华;而要其大归,则趣于一:大都不为顺世和乐之音,动吭一呼,闻者兴起,争天抗俗,而精神复深感后世人心,绵延至于无已。"第二,痛感"华国"之子孙的"本根剥丧,神气旁皇","心夺于人,信不繇己",鲁迅要借大力以立人,进而富国家强民族。"生存两间,角逐列国是务,其首在立人,人立而后凡事举;若其道术,乃必尊个性而张精神。"所借大力于何方?即天竺古国之"世界大文","今且置古事不道,别求新声于异邦,而其因即动于怀古。新声之别,不可究详;至力足以振人,且语之较有深趣者,实莫如摩罗诗派。摩罗之言,假自天竺,此云天魔,欧人谓之撒但,人本以目裴伦(G. Byron)。"第三,中国民族精神之重振,必在走出自家藩篱,充分吸融世界文化之后方可实现。"欲扬余邦之真大,首在审己,亦必知人,比较既周,爰生自觉。自觉之声发,每响必中于人心,清晰昭明,不同凡响。……故曰国民精神之发扬,与世界识见之广博有所属。"

上述之论,实为提供一个背景,以便联接几十年以后梵澄在印度的作为,即翻译并完成了鲁迅心仪的印度古代之基本经典。据此设想,梵澄与鲁迅之间有着一种渊默的心契,或曰年轻梵澄曾默然立志,时至中年,已作完了鲁迅"交付"的一份伟大的作业。这不是很自然的么?是矣。

1950年,由于国内时局之变,先生的资助被中断,他离开泰戈尔国际大学,前往贝纳尼斯重新学习梵文。他曾回忆:"到印度之后我才知道我初学的梵文很不对路,不得法。于是我重新学习,按印度人的土方法学,跟小时候读经书一样,靠熟读,背诵,然后理解。……人家教我梵文,每日半天,死记硬背,学得苦呀！这样一年下来，我才运用自如。"学习的同时，他着手翻译婆罗门教与印度教的"圣经"《薄伽梵歌》，之后又译出《行云使者》》①。结末，有"稿之译成，盖挥汗磨血几死而后得之"之叹。1951年，梵澄来到了地处南印度海滨的琫地舍里的室利阿罗频多学院，在此继续他的研究、翻译、讲学和著述，直到1978年底。其实，在1952年至1954年，《奥义书》50种已由梵澄译完，鲁迅生前之遗愿，至此有了满意的交待。

不过，应当注意的是，20世纪初叶的鲁迅与20世纪中叶的梵澄，所处的历史之情境毕竟已有不同了。因其不同，故梵澄对于鲁迅之"立人""立心"的民族精神之建设方向的继承，更要以对精神哲学"锲而不舍"的深研，去支撑并推而进之。明确地说，梵澄做了鲁迅顾之不及的精神建设之学理建构工作。这便是另一件伟大的工程。鲁迅要借天竺之大力"以振人心"，然只知"古典"，不晓"今典"。梵澄到南印度以后，将阿罗频多主要著作译出。阿氏被冠为"圣哲"，是西方三圣之一。阿氏早年曾为印度民族解放运动的领袖，后退隐琫地舍里，以精神建设支持民族的独立。他的思想学术成就不仅大大提高了印度民族在世界哲学思想领域中的地位，而且对印度的近现代历史及未来的前途，都产生着重要的影响。印度的独立建国日（8月15日）就是以他的生日为定准的。阿氏与鲁迅是同时代人，因此鲁迅不知阿氏之"今典"，这是再自然不过的事儿了。置身于印度的梵澄在翻译诸《奥义书》的同时，交叉并进地译出阿氏的多部著作。

梵澄于阿氏系列"今典"译述始于20世纪50年代初，至1973年《玄理参同》出版，中历20年，时梵澄已逾花甲。将"疏

---

① 鲁迅所提到的《迦黎陀萨》者即迦里大萨 Kalidasa。

释"细细读解，可揣度先生之深意。《玄理参同》，原名《赫那克莱妥斯》（Heraclitus 通译赫拉克利特）。阿氏在这部小书中，以印度精神哲学的眼光去照察赫氏的哲学，以期通过印度和希腊思想的比较，找到两家文化源头之共契处。而梵澄在自己的"疏释"中，将吾华之《周易》《老子》《庄子》等传统思想纳入其中，从而形成中、西、印三大文明系统的比勘与会通。依我的看法，先生之所以选择这本小书，为的是要借助阿氏的印、希思想对话的平台，把中国传统文化的伟大精神推向世界，并参与构筑人类最高极的文明形态——精神哲学。梵澄是书序言："世界古代五大文明系统今余其三；三者各自有深厚底精神哲学。——通常说精神哲学，总是与物质科学对举；但从纯精神哲学立场说，不是精神与物质二元；而是精神将物质包举，以成其一元之多元。主旨是探讨宇宙和人生的真理，搜求至一切知识和学术的根源，其主体甚至超出思智以上。那么，可谓凡哲学皆摄，即一切哲学之哲学，它立于各个文明系统之极顶。"

这是一个结论，一个回答，其出发点，是鲁迅所指出的精神方向。然而，这不是一平面一单极的延长。鲁迅之出发点，基于这样一个价值设思，即立个人之"自我"，实现"大群"之自救。如在其《破恶声论》中所言："吾未绝大冀于方来，则思聆知者之心声而相观其内曜。内曜者，破黯淡也；心声者，离伪诈也……盖惟声发自心，朕归于我，而人始有己；人各有己，而群之大觉近矣。"所谓"心声者"，"离伪诈"，在人生则为"真实"之存在；在人心则为"诚理是己"。"真实"与"诚理"，是以挣脱或"意识形态"、或"公式定律"的"权力话语"为前提的。这是鲁迅的清醒意识，因此他呼吁国人不论怎样，当须先舒"心声"；希望青年能"将中国变成一个有声的中国"，"大胆地说话，勇敢地进行"。但是，鲁迅感到困惑乃至焦虑的是，在当时的中国，找不到能够表达这种"心声"的文本载体。这种疑虑，王国维也有类似的表达："哲学上之说，大都可爱者不可信，可信者不可爱……今日之哲学界，自赫尔德以后，未有敢立一家系统者也。"

　　王国维的批判虽然偏重学理，但他说到的"可爱"与"可信"，却为人文学术所应承载的生命性状提出了极高的标准。鲁迅的批判则超出学理层面，直指"不久就弄成一团糟"的学说理论，担心它们非但不能帮助人们在现实抗争中创造，从根本上为"华国"立心，反而以"光怪陆离"的"学问"，似是而非的"大言"操刀进毒，斫伤"自心"——"寻其立意，虽都无条贯主的，而皆灭人之自我，使之泯然不敢自别异。"对当时学术界在民族觉醒和精神自救中的功能和作用的质疑，也许是我们解读鲁迅自隔于学界圈外，而选择"文学"作为文本载体的原因，因为，文学具有着"学说"所不能跳跃出的"灵感"。《摩罗诗力说》云："盖世界大文，无不能启示人生之閟机，而直语其事实法则，为科学所不能言者。所谓閟机，即人生之诚理是已。此为诚理，微妙幽玄，不能假口于学子。"为什么？盖科学知识不能获"人性之全"，相反，"人性之全"却应该摄科学知识。鲁迅深知若要新塑"人心"，必应是一个理智与情感的最佳结合。那么，科学与艺术，学术与文学当同时激响："盖使举世惟知识之崇，人生必大归于枯寂，如是既久，则美上之感情漓，明敏之思想失，所谓科学，也同趣于无有矣。故人群所当希冀要求者，不惟奈端已也，亦希诗人如狭斯丕尔（Shakespeare）；不惟波尔，亦希画师如洛菲罗（Raphaelo）；既有康德，亦必有乐人如培得珂芬（Beethoven）；既有达尔文，亦必有文人如嘉来勒（Carlyle）。凡此者，皆所以致人性之全，不使之偏倚，因以见今日之文明也。"①那么,这种可以引领中国民族走入"今日之文明",而又"不使之偏倚"的"人性之全",当如何建立?或说能够兼及"可信者"与"可爱者"的文本载体又究竟在哪里?这是鲁迅的一个极大的苦恼,乃至落在现实的境况中,他无奈地发出"或者死心塌地地教书,或者发狂变死地写东西,一个人走不了方向不同的两条路"之慨叹。

也许鲁迅不曾想到,"默然立志"的梵澄在之后40多年的治学历程中,自西方的尼采,经过印度的古典,最后落在阿罗频多的思想平台上,以中、西、印各自"深厚底精神哲学"汇统了"方向不同的两条路",为兼及思智与性灵的"人性之全"找到了精神的支撑。笔者的这个看法,或许会受到两点质疑。第一,没有文字明示梵澄所治之精神哲学是出自于鲁迅的焦虑。但是,设若我们细心体会师生二人的心思企向,并照察梵澄的学术轨迹,就不难发现这其中的脉络;从鲁迅"立人""改造国民性"的精神建设,到梵澄"参同"中、西、印三大文化的精神哲学,这其间有着一条文化逻辑线索。我只能说,心灵的神会与遥契是无需多言的。第二,精神哲学的文化功能未必能使"人性之全"得到体现。的确,如果将其还原到学理形态,它仍可视作是一套知识系统,因为,任何思想的表达都不能不借助于文字概念。然而,在《玄理参同》中,作者却思致邃密,潜至更深处去探研人类"真实存在"的根质性的问题,在这里,知识性的学术语言并没有成为阻断人生达至"人性之全"的障碍,如鲁迅所担忧的"归于枯寂"云云,反而帮助人们去悟解"宇宙和人生的真理"。因此,我们可以适度地肯定,梵澄所治

---

① 《士文·科学史教篇》。

之精神哲学,既是一条文化学术的探索之路,又是一份为民族建构精神家园的理性担待。如是书序言:"立于文明系统之极顶"的精神哲学,"其盛、衰、起、伏,实与各国家、民族之盛、衰、起、伏息息相关。"

而在上述之种种背景下,作为在印度最后译出的《玄理参同》,其价值也自然被凸现出来。翻译,尤其是"疏释",有着三重意义:第一,它是接引鲁迅到梵澄的一个思想的路标,促使我们思考:作为中国现当代思想重镇的鲁迅,他的出发点,是否能逻辑地走向精神哲学,成为"存在于现今想要参与世界上的事业的中国人"①的精神支撑和动能。第二,梵澄对中、西、印之精神哲学的比勘、创通,为鲁迅的理想铺垫了更为积极和更为可能的思想平台,诚如梵澄所云:"以三者而比勘,思惟,值得我们警惕、振起。学术生命实与民族生命同其盛衰,互为因果。"由于有了这种学术生命的参与,鲁迅对中国传统文化之弊端批判的锋芒,进而被梵澄折射为对中国传统文化菁华弘扬的光耀。第三,"疏释"是梵澄融会三大文化综治精神哲学的一个总结。他自己说:"一小册子而三大体系精神思想之宏纲具在,可以袖珍,乃此作原意。……是亦犹如撷集几束花草,庄严一尊精神真理造像,使其姿态愈生动,愈高华。花草可弃,造像无改。虽未必与原作全融,相得益彰,形成一有机底整体,尚不至于龃龉而不相中。总之是于此一非常之文,附加一非常之疏。——这疏释亦曰非常,谓其异于寻常而已,则无好、坏之可言。"②

就本文题目而言,梵澄说明将原名擅改为《玄理参同》,指出

---

① 《而已集·当陶元庆君的绘画展览时》。
② 《玄理参同·序》,室利·阿罗频多学院,1973年。

精神哲学之理可简称"玄理",而参考和参会三派(中、西、印)学说之相同可曰之"参同"。就阿氏文字的内容而言,他的价值取向在于精神真理的确立,即"深沉视见"宇宙人生的真谛,因此他在希腊和印度之古代思想的比较中,便以重灵感和直觉的印度韦陀和韦檀多学为鉴照。"精神哲学",是梵澄在对阿氏文字的深度诠释中,依据其思想特质,经过洗炼和升华所得出的自己的(一系)术语。先生说阿氏"是综合自韦陀以下之精神哲学而集大成者,超出了韦檀多学的范围,度越前古。"①实际上,先生已试着小心翼翼地在构建自己的精神哲学的系统了。

在原作首章,阿氏指明希腊哲学思想的智识性特点,其高度发展的结果是"严格合乎逻辑,爱好固定性和体系,势欲成一种思想的几何学。"这些特点"决定了后代欧洲思想的整个性格和原野"。阿氏这个观点在今天已成为共识。我们注意的是他的价值判断。阿氏直言体悟人生和宇宙的真理,要靠直觉的视见,而以智识见长的希腊哲学显然不具此"权能",能担此重任者是印度哲学。他说:"印度哲学,在其萌蘖期原属直观,却能刺激起对事物的深沉视见,——较之韦陀与韦檀多的诗颂(mantra),即神圣而且出自灵感的语言,如人类所曾经怀有的,无有逾其崇高与深奥者,无有逾其能启示高度和深度,无有逾其雄强而擅能开辟无尽底视景者。"②而阿氏之所以选择赫拉克利特来作比较,是因赫氏"保持了也加添了一点古代'神秘者'(mystics)的古老的心灵底和直觉底视见和语言。"③

---

① 《玄理参同·序》。
② 《玄理参同》第12页。
③ 同上,第13页。

梵澄在接下来的"疏释"中,将中国哲学汇入其中,然而这并非是简单的地域文化之扩展,而是在精神哲学的高度上,对中、西、印哲学进行"视界融合"。诚如先生所言:"……三者之比勘会通,……比勘以观其异,则重分析,分析不厌其详;会通以见其同,则重综合,综合不妨其略。综合不是强将多个事物聚置一处,或颟然成一大笼统而为混沌,而是宜成一和谐底有机底整体。"①这个整体,就是梵澄倾心所治的精神哲学。显然,梵澄是同意阿罗频多的学理分判的,并指出在华文的语境中,希腊系统为哲学,印度系统为玄学。而将印度哲学定性为"精神哲学",这一术语在阿氏尚未有明确。因此在与"Philosophy"一词相比勘时,梵澄说:"在印度的,可谓玄学或精神哲学,性质又迥乎不同。在玄学是纯凭灵感和直觉,在哲学是虽在高境上凭灵感,然重概念。重概念则重分辨,重方法。玄学不然。它只能以较高底灵感代替较低底灵感,其所出的概念也是多象征而少直指,多概括而少分析。顾其目的虽同为求宇宙之'真理',而玄学重直观,重体验或实践,论到精神上的证悟和受用,则竟可谓实际底了。"②

于此可设一问:梵澄所治之精神哲学是否只为印度哲学的研讨? 不是的。他是在"视界融合"中,"创通"(见"译者序",此二字甚有深义)出自己的一系精神哲学。但是,困难之处在于:既然不是将中国哲学简单地加入到西、印的行列中去,那么作为任何形态的理论学说都必须遵守的"学术纪律",梵澄也必须提供三者对话的基点,亦即展开自己学思理路的逻辑性原点。先生以希腊哲学的"Philosophy"和"metaphysics"为参照,比较了

---

① 《序》。
② 《玄理参同》第14页。

中国哲学中的"玄学"、"道学"、"形而上学",以及印度哲学的特点,指出三方的交叠处与歧义处(详见原书首章"疏释"),提出对中、西、印三派哲学,应采用"不妨忽略形式而专求内容"的"创通"原则。因为"东西方之人性,古今代之智慧,没有什么差异,在其出发点是相同的,则其所立之义有不二者。"[①]依照这个原则,所能找出的那个"所立不二者"之义究竟是什么?于是,笔者的疑惑也被提出了:以"玄学"表精神哲学,就是先生论说的那个"不二者"?"只能自精神哲学立场,用了玄学眼光。"[②]然而先生又说中国的"玄学"与西、印哲学相比较,又不同于二者,即使在自己的历史语境中又自有其定义。为了求其"统同",先生说"我们只求其内容之同似,求其义理之会通"。依我的理解,这能够会通的"义理"就是"玄理"。以"玄理"表重直观,重体验的精神哲学,则可以找到中、西、印三派哲学的会通之契合点。因为从价值方向上说,精神哲学就是"诉于理智,诉于情心,更有当于整个人类精神追求"的道理。[③]而"玄学"却容易产生地域性的误读,造成理解上的偏差。可是,先生在文字表述中却多用"玄学"。何不以"玄理"一以贯之呢?我猜想,也许从"辞气"上说,"玄学"比"玄理"更谦虚一点儿吧?其实依我之见,只要不是"玄教"就可以了。

在《玄理参同》中,梵澄涉及到相关的现代学术研究方法,诸如心理学(以至精神分析学),文化人类学,社会学,历史哲学等,这些方法不着痕迹,被先生融贯为"一和谐有机底整体"。在通

---

① 《玄理参同》第18页。
② 同上。
③ 同上。

篇的"疏释"中,梵澄始终对各种学理、方法、思想、观点的表述和使用保持高度的警惕,防止它们越过自己有效的边界从而被异化。(先生说到三大文化的比勘、思维时,用了"警惕"的字眼,甚有深意。)如他在分析印度与希腊的"神秘道"的历史衍变后告之,无论何道何派,其正当性标示"似乎其分别在于由道德或伦理或反道德反伦理而入乎精神境域之辨。……神道超人道以上,但神道亦在人道之中。人道应当超出,若道德与伦理成了拘碍,则左道可济右道之穷。神道原不离人生,若其奔轶放荡有害于人生,则右道正所以救左道之弊。通常两派是互相水火,于精神造诣已深,方可见其等平,因为人性中本来有这么两个趋向。其为流弊亦同然,总归是忘却了主旨或原来的指归,以小术小数为大道,忽略超上的精神境域了。"[1]

为了不迷失这超上的精神方向,梵澄对阿罗频多的"判学",即对印度哲学所作的"无有逾其崇高与深奥者,无有逾其能启示高度和深度"的断言,作了清醒的提示。的确,印度哲学"对事物的深沉视见"与希腊哲学"对事物的深沉思维"不同,从直达事物的真实性状来说,主张"心灵底内视"的韦檀多哲学确有优势,"以实践而论,思惟不如观照,观照不如体验"。[2] 但是,这不能作为判学优、劣的标准,故而对于阿氏之"高"与"深"的问题,梵澄指出"这是学术上一般底说法,其实颇为相对,因为这甚属别相。"[3]这"相对"的说法,其实贯穿着一种"自组织"的历史理性精神,先生认为,中、西、印"三系统特色判然,各自有其原始性和

---

[1] 《玄理参同》第29页。
[2] 同上,第20页。
[3] 同上。

独到处"。因此,他相信一个优秀民族有能力在历史的进程中弥补精神与心智的不足,不断完善自我。他指出,对于智识思维的有限性,古希腊哲学家们是自知的,"诸识之不足信,并不是全不可靠,而是说其记录或证据之不可尽据。"然而在"流动性"的历史中,希腊文化影响下的欧洲学者自会克服这些不足,使自己的一系哲学精神"通贯"不绝。因此,梵澄肯定"流动性即是通贯。这归功于民族的优秀,其文字语言之精密。"[1]不过,他同样依据历史,告之"初期实颇高明"的希腊"智论师"(Sophists)将"思想之明晰"、"思想之优良"学术品格导向了相反的事实,"到末流是任凭人立一主题,他可寻出论证,则已离乎推求事物之真理的本旨了。"[2]我们看到,先生的警惕、清醒,早已超出方法论的层面了,他的苦心,实则是忧虑在人类精神进步的轨道上,"离乎真理","失之流弊",他殷殷告诫人们要负责任地进行精神和心理的建设,既不要"成了拘碍",又不可"奔轶放荡转有害于人生"。

说到建设,我们再回到鲁迅。"立人"、"改造国民性"其价值指向是建设,然却以批判为其先导,其中最尖锐处是对学术界的不信任并导致对学术功用的质疑。然而在他身后的半个世纪中,梵澄却以学术实实在在地支撑着鲁迅所倡导的吾华民族精神之建设。他指出"学术生命实与民族生命同其盛衰,互为因果";并以中国春秋时闵子马盛倡"无学"之说,以印度韦檀多学与佛法之"无学果"为例,阐明学术虚无可能导致的危险,"由是一切推翻,舍弃了世法,自然结果是'上陵下替'。由此可见到一

---

[1] 《玄理参同》。
[2] 同上,第21页。

偏之弊了。"①梵澄于学术的功效是自信的:"求世界大同,必先有学术之会通;学术之会通,在于义理之互证。在义理上既得契合,在思想上乃可和谐。……然后此等现实界的理想,如种种国际性的联合组织或统一组织,方可冀其渐次实现。那非可一蹴而至,但无论道路多么悠远,希望多么渺茫,舍从此基地前进,亦别无其他途径可循。"②那么,从思想的批判到学理的建设,是否能得出从鲁迅到梵澄之间确实存在着一脉精神的遥契呢?

其实,梵澄身前对自己是很不满意的。前引先生"锲而不舍"语,实则还有文字在先者,完整摘录如下:

> ……最不成功的最是我所锲而不舍的,如数十年来所治之精神哲学。

载于《读书》,2006 年第 6 期

---

① 《序》。
② 同上。

阿罗频多真懂历史吗？

1972年，值室利·阿罗频多诞辰百年，"神圣母亲"密那氏（Mira，1878—1973）为其一生之著述结集，煌煌乎成之于三十巨册矣。徐梵澄先生曾感叹于前，谓："阿罗频多之学，可谓大矣"，并这样评价他的思想体系："网罗百家之学而无遗，一一皆究其极，然后从而比较抉择进退抑扬于其间，立定主旨方案，一以贯之而发其和谐。"①对于阿氏之学，梵澄以为大有裨益于吾华现代文明之建设，"若使大时代将临，人莫我知，无憾也，而我不可以不知人，则广挹世界文教之菁英，集其大成，以陶淑当世而启迪后人，因有望于我中华之士矣。"②此议论发表于20世纪50年代上半期，其时，他译出了阿罗频多之四论，即《神圣人生论》（五印度固视此书为当代唯一宝典，而欧美亦殊尊重之也——梵澄语），《薄伽梵歌论》（为阿罗频多狱中"见道之作"——梵澄语），《瑜伽论》（六部）和《社会进化论》。四论皆谈

---

① 《薄伽梵歌论》第7页。
② 同上。

精神哲学事。或者我们可以把这一综思想比喻为一座山峰，峰顶为其指归，然上山之路，入径可有不同，于是四论可依次为：世界观、人生观、修为观和历史观。

这里需要提及，不少学者认为阿罗频多是宗教哲学家，唯梵澄定其位为精神哲学家。那么，何谓精神哲学？梵澄指出，精神哲学是研究"心灵"与"性灵"的学问，其主旨和目的在于变化人的气质，并"终期转化社会和人生"。这末句是关键。我们说，如果仅就研究"心灵"与"性灵"来说，精神哲学与宗教哲学没有不同。然而，前者是要落入历史的，在历史中转化人生与社会。进一步讲，精神哲学不能只停留在纯粹的精神领域，而必须通向历史，说明自己在历史中如何可能，及其有效性。亦如黑格尔之绝对精神在经验世界或历史中如何辩证地实现自己一样。于是，我要借何兆武先生的一句话——康德也懂历史吗[①]——来提问了：作为精神哲学家的阿罗频多真懂历史吗？

显然，梵澄的回答是肯定的。他在南印度译成《社会进化论》（1960年版），旨在于昭显阿罗频多的思想深意。请注意，此书的写作，恰值第一次世界大战的中后期。梵澄这样介绍当时的阿氏，说他虽已退隐到南印度著书立说，"脱离革命的秘密运动了，仍然时时系心祖国，谋求其独立的初衷无变"。又说他"是未直接指挥暴动暗杀了，更不在自己家里装配炸弹了，但其与大革命运动，在精神上仍未尝一刻分离；虽居法国的属地，实际上也未尝一刻脱出政府的秘密监视，英政府的，与法政府的密探，无日不在近旁活动，阿罗频多未为所动"[②]。关于一战的结局，

---

① 《读书》1992、8。
② 《周天集》序。

梵澄在《社会进化论》之《译序》中提醒读者："论撰于世界局势之成败利钝多所预见，然其时轴心国家及苏俄尚未崛起，故读者宜约略回溯时代思潮及世界局势，然后于书中之理可更了然。"所谓"成败利钝多所预见"，这实在表呈了阿氏的历史智慧或洞见。梵澄曾援引多例说明，在此举一：印度独立前夕，阿罗频多作了一件他自称为"无愿望之行事"，派了一位大弟子，前往新德里向国大党人进言，劝他们接受英国的"克里蒲斯"方案，即暂缓独立，先由英人牵头组织联合政府，待条件成熟，英人撤出，完成独立——由此可避免印度国内教派的冲突。然而，诸人不听，酿成后来之矛盾与分治之局。梵澄惋惜地评说："倘使能听用其说呢，必不致因突然一解放而起印回两派之分裂而互相屠杀，以致甘地亦因此殒命。此之谓'失计'，未能听用老成谋国之言。"①

当然，这种智慧只是经验性的证明。阿罗频多作为世界性的哲学家，我们还需深一步地提问：在他的理论畛域中，他的精神观念，与人类的整个历史有着怎样的关联？这观念，是否具有普遍的适用性？如果回答是肯定的话，那么，它又以怎样的方式来影响人类命运的健康发展呢？我们说，如同其他优秀的人文主义思想家一样，阿氏要将自己的思想落入历史领域，必须具备三个要件：一、需言明解读历史的方法及由此延引出的理论线索；二、要预设用以观照人类历史活动的精神理念；三、要明确立论的问题背景。而这三者，在阿氏的《社会进化论》中是有机地联系在一起的。

理解阿罗频多之理论，最忌刻板套用西方之框架，如借用沃尔什（W. H. Walsh）的两分法。那么，阿氏对于历史的解说，既

---

① 《周天集》序。

不属于思辨的,因为他并不凿空立论,欲悉心打造出一套思想体系来;也非属于分析的,因为他从不讨论历史认识的性质是什么,更不对历史学的命题进行逻辑的或语言的分析。可以这样说,历史对于阿罗频多,不是系统的知识学谱系,而是诸多朴素的事实,由此他的关注点自然就落到人类在时空中发展的命运之上。就这一点来看,阿氏与罗素有几分相像,不过,罗素的内心深处有一种幻灭感,他希望以东方文明来救西方之弊;阿氏则不同了,他对于现代世界文明及未来的命运,保持着足够的警惕和审慎的乐观。

就对人的解放而言,阿罗频多肯定现代化的历史不仅"是欧洲文明的臻极底运动",而且"曾经是人类社会的个人主义时代之成就和胜利"。这个肯定,是基于一隐然的预设前提,即人类的历史应该是人的"真实自我"得以不断圆满实现的过程。那么,何为"真实的自我"呢?笔者未寻到阿氏给出的一个定性的概念。但是,阿氏指出了,从"心灵"的自我知识来看,人有形式的、表面的自我,这只为"似是的自我",而真实的自我往往隐于其后。人们最容易犯的错误,就是将"似是"当作"真实"。因为人有着追求外用,即现象知识的本然需求,从这个角度说,这只是一个"普通的错误"。但是,这个错误一旦放入人类历史,问题就严重了——它是"一切其他错误的根源,我们一切颠踬和痛苦的由来"。据此,我们可作一个反问:如果人类回到了"真实的自我",就可以获得幸福了吗? 阿氏承诺:人类懂得并实践了"真实的自我",才是发现了历史的"真律则",也就能够把控自己的命运了。由此,他把自己的理念作了历史文化的功能性的表述,提出回转到"真实的自我",也就是人类的主观时代。此时代既超越又包摄现代文明的个人主义价值,因为它符合人类的"社会生存之全目的"。所谓"全目的",大致有三个内容,一,它完全能够掌握先进的知识,"像现代'科学'一样,发现了人在他过去的物理和情命进化中是什么";二,认识了人之精神生命的真价值,即"发现出他将来的心思与精神的命运";三,明白人在"自然循环中的地位"。阿氏说,"回转"到主观时代,就是人类回到了创造美好历史的源头,而那本然蕴于自身的创造潜能也会完善地展开,"他发现他在'自然'中的真地位,张目见到他的命运之伟大了。"这,何不通于康德之"物自体"(牟宗三译为"物之在其自己"[thing in itself])理念,以及"历史的合目的性之发展"的期待呢?

这里应注意:梵澄用"回转"一词来诠释阿氏之历史观。在阿氏本意,原采用"人类循环论"(The Humam Cycle)来表达自己的思想。但是,"循环"一词,较呈被动性与机械性,而"回转"一语,主观意味则鲜明多了。它刚好为阿氏所采取的历史心理学之方法来做注脚。选用此方法,是基于对19世纪以来西方史学出现的偏向之反思和批评。这种偏向主要指科学"一层论"——以为随着科学的进步,人类的一切问题都将迎刃而解。如实证主义代表孔德,曾构想按照物理学的模型来建立一套社会力学,以期在社会的发展过程中,找出如同物理运动规律那样的社会运动规律;又如有依据经济动机和需要的思想家,试图"发现了现代资本主义生产方式和它所产生的特殊社会运动规律",亦有类于前者。阿氏认为,无论是"迷惑于其物理发现之伟大",还是"迷惑于唯有'物质'存在的理念",都忽略了一个至关重要的问题,即人是作为"一个心思底,情感底,理念底生存体而活动的"。道理并不复杂。因为文化价值的要求,是要提出为善为恶的标准来,而这一点,科学是无以能为其伎的。

很显然,阿氏的思考是与世界的大趋势和大问题联系在一起的。具体来说,他借用了德国历史学家蓝浦列希德(Lamprecht)的历史心理学方法。蓝氏把历史分为几个心理学的阶段:象征的,典型的,成俗的(又可称为因袭主义的),个人主义的和主观的。阿罗频多认为,蓝氏的心理循环论,把复杂的社会生活和曲折的历史"自然",过于简单地处理成"一心思底直线",特别是"未尝告诉我们其相续诸表相的内中意义是什么,或其相续的必需是什么,或其所趋赴之程期和目标是什么"。因此,他要"舍置"蓝氏的"理念之处理",而借用其"有提示性底名词",来阐述他自己的历史心理学观点。[①] 于此,需稍作说明,此处之"心理"概念,非是现代心理学意义上的,毋宁说是人类的心灵史或精神史。

阿罗频多认为,所谓"象征期",是人类社会历史的"原始发端或最初阶段"。在此阶段,"不论那民族是比较开化了或野蛮,或在经济上前进了或落后",都会孕育出永远影响本民族之"思想、习俗和建置"的精神气质和价值理念。阿氏称其为"强烈的象征底理性"。如何理解"象征"? 或说"象征什么"? 这里需把握两层含义:一是文化发生学意义上的。"原始发端"时期的人们,以极为活泼的"宗教想象或直觉",去猜测支配他生命和行为的"那些神秘势力"。对于那时的人们来说,"他的一切宗教和社会建置,他的人生之一切时分、一切事态,对他皆是象征"。在这些象征背后,隐藏着"活着底、神秘底自性",或曰"浩大而深沉底不可名相者",即"神圣者"或曰"天神"。[②] 这一叙述,我们现代

---

① 《徐梵澄文集》第 7 卷,第 90、91 页。
② 同上,第 91 页。

人会以为不过是原始宗教的一般知识,即在远古时代,人们对于"神秘势力"的祭祀,是出于祈福和保佑的现实功利需要。然而,阿氏却表示,这是"后世人类的一种误解,后世人类已深为智识底和实际底心思倾向所影响,甚至在其宗教,且甚至在其自体的神秘主义和象征主义皆实际化了,所以未能重入古代精神"。显而易见,阿氏不同意那些已成定见的一般结论。那么,他要诠释的"古代精神"又为何者?这要涉及第二层意思了。这种理解"神圣者"或"天神"的古代精神,被保存在《婆罗门书》和《奥义书》等古代经典之中。于是,经典作为文化符号,其所蕴涵的象征意义就有待于人们的解释了。

阿罗频多以"遥远底韦陀时代"作为印度社会之开始。对于记载那一时代精神的经典,阿氏认为,它与任何民族的经典一样,必然"包含二种元素:一属当时者,变灭者,以其所出生之时代国土之理念为限;一属永恒者,不变者,放诸古今内外而皆准"①。所谓"古代精神"就是"永恒者",也即经典中"所涵清新活泼之真理"。"永恒"之为永恒,意味着它能够有效地影响整个人类的精神生活,当然也包括现代人的精神生活。从一般的意义上说,传统的文化精神要进入现代社会,必然具有与后者相适应的内在思想逻辑(所谓"分析合理成分"的方法)。然而,阿氏对于印度古典精神的自信,恰源于一个与现代性背反的逻辑——这是一个颇要深研的思路。我们知道,西方的现代化历史,是以人的理性能力取代神的绝对权威为思想启蒙的。这实质上意味着,具有理性能力的人类和神(上帝)处在同等高度。据此,现代人的潜在信念就是:既然理性解放是现代历史的先

---

① 《薄伽梵歌论》第3页,商务印书馆,2003年。

导,那么,在此历史过程中出现的一切问题,也完全可以凭借理性(此指康德所说的理论理性或知性)加以解决。但是,阿氏却明确表示:这绝无可能;走出现代文明所遭遇的困境,就要回到"伟大经典之精神",即《韦陀》的"神人分"原则。进一步讲,就是"人是'神圣者'的一低等表相和形相。这一分别,标出上古理性和我们近代的事物观之差异"。① 此处甚为要紧:"人低于神"的基则,怎样贯穿到以科技和知性为主导的现代世俗生活中去呢?

其实,在阿罗频多的语境中,所谓"神圣者"、"大梵"等具有普遍性的终极概念,实质上表达的是宇宙和谐的"神圣原则"。他举例:一,印度古典的"男女关系的理想",是"神我"与"自性"的关系,在《韦陀》中则为"Nri"与"Gna","是宇宙中的阳性和阴性两神圣原则"。这就是说,虽然"女子甚为男子之配偶—如为其附丽者",但是,她所象征的"阴性原则与阳性原则处于一平等地位"。在此后的历史发展中,"自性"逐步隶属于"神我",女子"遂全然依赖男子,唯独为他而生存,甚至几乎没有一分别底精神存在"。② 从而远离了经典的和谐精神。二,《韦陀》时代的四族性(Chaturvarna)之组织。"四族性"分别出自"大梵"的肢体,其社会功能的意义是,"婆罗门是知识中人,刹帝利是握权中人,吠奢是生产者和社会的支持者,戍陀是其仆人"。③ 后人把四族性理解为阶级系统,是"经济的进化,掺杂了政治原因的结果"。阿氏认为,后人之见,非表"真实"。因为我们所使用的"精确底智识文字,仅适用于逻辑底或实际底思想,或表白物理事物,粗

---

① 《徐梵澄文集》第七卷,第92页。
② 同上,第92页。
③ 同上,第93页。

浅事物",而我们的远祖,却是"见道者"。所谓"族性"(varna),其原初是表达一种"象征底、宗教底或心理底意义",它实质上要"表现一种神圣真实性"。所谓"真实",是说人的天生气质和禀赋,又称"心性典型"(Guna"功德"),是各不相同的,因此,应根据这些不同,来辅之"相应底伦理训练",并成就其应有的"社会底和经济底功能(karma 即"业")"。阿氏在《薄伽梵歌论》中有更明白的表述:"如说四族性,其所说乃精神真理,而未泥乎社会形式等分。有适当之个性,乃成就适当之事业,有其天性之禀赋,乃足成其自我之功能,原非拘泥于阶级之不可废者"①。

那么,这人性的"真实"如何与"神圣"相关联呢?阿氏在此作了关键的提示:"神圣者"、"大梵"实质就是宇宙原则,而人从其("创造主")身体的不同部位生出,因此,"这四分体与宇宙原则相应:智慧——孕育着事物的秩序和原则;权能——认可,保持,而且迫出之;和谐——造成其诸部位之位列;工作——即实行凡此所指挥者。"②如此,人低于"神圣者"而又分有"神性";这么,"神人分"就不是扬神抑人,而是给出了一个成就人之生命价值的可能,即按照天性禀赋(即分有的"神性")来不断地完善自己,成就应担当的社会责任和功业。阿氏之思路,实与中国古代《周易》之"乾道变化,各正性命,保合太和,乃利贞",及宋儒"天道性命"之论多相契合。他显然是预设了"上古哲人"对宇宙自然的完全的信任感和由衷的亲近感,因此,他说,象征期的特点"主要是属于宗教性质和精神性质"。阿氏把按照"宇宙原则"来安排社会生活的智慧,称作"上古理性",的确极有深意。也许他

---

① 第4页,商务印书馆,2003年。
② 《徐梵澄文集》第7卷,第94页。

的思路与现代史学知识多有不符,但是,却与历史哲学的一个基本要求相呼应,那就是:价值理念与历史经验当有机地结合。

阿罗频多认为,象征期之后,"上古理性"经历了一个逐步退化的过程。先是"典型期"。此时的人类对于宇宙自然,已不是发自本然内心的信任和亲近,而是以智识性的"心理理念"和"伦理理想"来行动了。阿氏指出,作为理性的成果,"典型期创造了伟大底社会理想",然而,却失去了神圣"本体"或宇宙"原则"在人身上的直接体现,即失去了"真实性"与"神圣性"的天人合一之境。此后的"因袭期",则意味着那些"伟大底社会理想"落入现实的社会秩序之后,逐渐地被外在的物化形式所消解。他说:"社会的因袭时代之倾向,便是要规定,要稳妥地安排,就要建立一严格底品次和等级制,而加以形式化,要将宗教规范化,要将教育和训练系于一传统不变底形式上,要将思想隶属于必无一失底权威,要将对他好像圆成了的人生,加上一终极的铃印"。① 阿氏自信,他的历史解读是建立在"显而易见的事实上的"。以印度四族性为例,"一婆罗门之子,在成俗惯例上常被目为婆罗门,身世和职业,是遗传习俗的双重联系"。在这一时期,"四族性"完全没有了"上古理性"的"和谐意蕴",一切都以职业和利益为追求,于是,"在族性制的充分经济期,祭司和学究,虚擅了婆罗门之名,贵族和封建爵人,则充作刹帝利,商人图利者,则充作戍陀"。欧洲的中世纪,也属阿氏所言的因袭期:"我们见到了这,在教会制度和公教的僧院制度之上,所重复底道德悲剧"。②

当然,阿罗频多绝非历史虚无主义者,他认为,无论是"典型

---

① 《徐梵澄文集》第七卷,第96页。
② 同上,第98页。

期",还是"因袭期",都有人类文明的成果。然而,也不像某些文学家、艺术家和思想家们所说的"黄金世",至多不过是"似是之黄金",但"仍是合金,不是真底'真理世'(Satya yuga)"。对于这两期的价值判断,阿氏尝言:"常是形式居优,而精神消退,减损"。那么,阿氏是历史悲观论者吗?亦不是。他把由西方发端的现代化历史,视为"反叛"旧时代和开创新时代的重要契机。对于由"文艺复兴"和"理性启蒙"为开端的近代历史,阿氏称其为"个人主义与理智的时代";而对于将要开创的新时代,也是他的社会理想,称之为"主观主义的时代"。他指出:"当成俗与真理间之分隔使人不堪忍受的时候",那些伟大的"吞灭公式者",试以个人的理智,道德意识,或情感愿望,去寻求社会已失去的"真理"。在阿氏的历史期待中,个人主义时代既非理想的,又非终结的,而是通往"主观主义的桥梁"。之所以如此评价个人主义的历史地位,是因为阿氏对于现代人之理性能力的运用怀有十分的担心,而此隐忧基于一个判断,即人类的不成熟。如其在《薄伽梵歌论》中之言:"就人类进化之历史循环观之,和平善愿之福音,实未尝须斯胜利;盖各民族之道德,社会,精神,皆未尝准备成熟,而进化中之人类'自性',尚未容许有此种超上性立即成熟也"[①]。不成熟极有可能导致"理性的误用",而这对于人类来说,"是一危险底实验"。对于现代人的"误用",阿氏的分析,详尽而深刻,则要有二,一是把作为"工具"的"科学的理智"误置为解决人类困难的无所不能的最高价值,"'科学'对'西方'思想,好像是毫无缺点圆满了那个人主义时代的无上需要之寻

---

① 《薄伽梵歌论》第19页。

求"①。然而,正是这种"圆满",诡异地为人类设下了陷阱:它在泛用知性的或"证实底科学"价值观念(它们被机械地误用到一切社会生活)的同时,又使得个人自由地发现的那些"普遍律则",成为压抑和统治个人自由的工具。换言之,人成为普遍律则的"副产品"。二是对"自我"与"私我"概念的混淆。阿氏认为,健康的"自我",不仅实现个人的自由,圆成自己的人生,而且也同样尊重他人的自由和权利。作为个人主义时代的国家观念,是这一原则的扩大。然而,在"事实上,个人和国家的私我主义,是不愿安处于这种约束中的"。他们从近代科学知识中找到社会依据(如生物学上的进化论),"建立了一类新奇理论,耸起为一福音,人有权利不但利用他人而过自己的生活,甚至且消耗他人而生活"②。后来确有极致者,如法西斯的意大利和纳粹的德国。

那么,如何避免人类"危险底实验"呢?阿罗频多认为,应该"有效能地将理念和事物的价值重新估计"。由此,他主张回到古典,重新理解那"原始真理"中所蕴含的人生智慧;当然,是"必转变且超越它"。阿氏古典语境中的"人",是宇宙"大全"的一部分,"是那浩大有机体中一微小细胞:他的质素是由其质素取得,他的生命律则是由其生命律则所决定所统制的"③。这个蕴含着他苦心的天人精神,是要表明,人所禀受的宇宙精神,才是"他的最深沉底精神","是他的真实自我"。同样是回到"人"的基点,但阿氏主张放弃现代"批判和分析底理性之力"意义上的

---

① 《徐梵澄文集》第 7 卷,第 104 页。
② 同上,第 138 页。
③ 同上,第 112 页。

"人"(因为历史已经证明,它只能"试行一时,但不会很久"),而要主动地"自我知觉",从"真实的"人性出发,去构筑社会生活环境。这种意义上的"回转",就是"从个人主义所创造的理性主义、实用主义的人类发展期,过渡到一社会较大底主观主义时代"。其实,阿氏所言的"宇宙大全"精神,实与中国古典之"天道",康德之"大自然"(providence)有意通之处。关键是作为承载体的人,其内在的"神圣而真实的自我",如何良善而有效地组成人类的社会生活?与儒家的"内圣外王"和康德的"自由的外在使用"(即法理观念)之表述有所不同,阿罗频多认为,主观主义时代的价值基点,要从客观论的向外发现律则,转到对人的真实自我的"深深凝视",也就是以成就人的生命价值为历史和社会的真正目的。因此,一切社会举措和制度安排,都要依此进行。阿氏还认为,社会、集团或国家也是一个有机体,因此,其"本原律则和目的",亦为"寻求其自我的自体圆成",故而,也是宇宙"精神"的自我显示,像个人一样,"它真本即是一心灵而不是具有一心灵,是一团体心灵(国魂)"[①]。不过,我们要问:那体现着宇宙"精神"的个人和国家的"心灵",究竟为何者?阿氏告知,就是蕴含在印度古典中的大梵精神,即"一"与"异"("多")的两神圣原则;其落入人类历史,就表现为"自由与和谐"的运用:"个人的,人群的,民族的自由;个人之种种力量,与人群中个人的,民族中各人群的,人类中各民族的一切行事之调叶底和谐——这便是健全底进步和成功底臻致之两个条件"[②]。

[①] 《徐梵澄文集》第7卷,第119页。
[②] 同上,第148页。

末了,回到题目:阿罗频多真懂历史吗?回答是:设使我们认为人类的真正进步乃精神的进步,那么,这答案就是肯定的。

载于《读书》,2008年第3期

阿罗频多之学在中国

在上一世纪80年代以前,室利·阿罗频多的名字在中国鲜为人知。1984年,侨居印度33年的徐梵澄先生出版了他的两部译著,一部是韦檀多学古代经典《五十奥义书》,一部是韦檀多学现代经典《神圣人生论》。于后者,梵澄先生尝言:阿罗频多这部巨著为当代印度"唯一宝典"。为什么此书被视作"唯一宝典",因为阿氏是彼民族近现代韦檀多学最权威的阐释者和最伟大的精神导师,他可以引领我们进入该民族的心灵深处,若无他的指导,我们可能多半只是在其文化的外围用力。后下金克木先生说:"两书一古一今,相隔两千多年,但是一脉相通,其中奥妙总是关心世界文化思想史的人不应忽略的吧?"① 然而,人们对阿罗频多的认识仍属陌生,这其中有两个原因,一是《神圣人生论》和1988年出版的阿罗频多另一著作《瑜伽论》(四)都没有序言,对于他的生平大家无从知晓;二是《神圣人生论》卷帙浩繁,通读颇多困难,盖因彼邦与吾华写作和阅读习惯多有不同,

---

① 《读书》1987.9。

且需印学与西哲之知识背景,故入门者少,评论者几无矣。

之后,梵澄先生在《老子臆解》(1988)和《陆王学述》(1994)二书中,对阿罗频多的思想有所提示。值得一提的是1991年出版的《周天集》,他在译者序中对阿氏的生平做了一个完整的勾勒。此后,除了在徐先生的零星文章中见到阿氏的名字以外,尚未闻之有他人的提及。2000年3月6日,徐先生殁世。笔者开始收集并整理他的书稿和手稿,这才看到了由室利·阿罗频多学院在1971年出版的《南海新光》,此中梵澄先生对阿罗频多的介绍,更为详细、具体。后来,2006年,16卷《徐梵澄文集》出版,徐先生译出的阿氏著作,除了《超心思的显示》佚失之外,其他悉数收入,有:《神圣人生论》、《薄伽梵歌论》①、《瑜伽论》、《社会进化论》、《由谁书》、《伊莎书》等。但因数量衷大,仍是读者不少,言者寥寥。笔者在整理徐先生遗文的过程中,尝试着对阿罗频多思想作一介绍,分别写出:《由人而圣而希天》;《玄理一脉赖遥契》;《阿罗频多真懂历史吗?》(2008.3)。2009年10月,值徐梵澄先生诞辰百年,笔者推出专著《徐梵澄传》,其中对阿罗频多的思想又有勾连。《徐梵澄传》受到读者普遍的好评,这是与人们对印度这位圣人的尊重与兴趣分不开的,因为,我们共同的感受是,阿罗频多之学,与我们呼应,与我们相关。

阿罗频多所治之韦檀多学,相应于我国古代的玄学,宋儒称之为心学、理学,今天我们称它为精神哲学。精神哲学是研究心灵与性灵的学问,其宗旨是变化气质,其目的是"终期转化社会与人生"。其实,阿氏几乎所有的论著,基本都是围绕着这一主题阐奥义、畅玄风的。梵澄先生所译,经过精心选择,实则已高

---

① 单行本有商务2003年版。

度概括了阿氏学术的面貌。我们可以把阿氏的学术思想比喻为一座山峰,峰顶名之为"高上心思",设若"百尺竿头,更进一步",那么风云大通,可跃入"超心思"之境了。但是,上山的入门却有不同,以上徐译四论,可分别为世界观(《神圣人生论》)、人生观(《薄伽梵歌论》)、修为观(《瑜伽论》)和历史观(《社会进化论》)之路径。然而,愈上趋,道途愈交叉,最后打成一片,已不分彼此,也就是说,四者是一而四、四而一的关系。

《神圣人生论》,讨论的是人类与世界的关系,其题目叫做"人生""神圣论"亦可。人生何以神圣?盖因人有心灵,能醒觉,发现并憧憬最高者,这"最高者"是"上帝"是"光明",人类向"它"而冲动,就是对完善化和幸福的追求。人类通过自己深沉的心理经验,而这些经验对普通生活来说为非正常,它肯定只能由一革命性的个人努力,才能在有限的生命中去实践不死的生命。这"实践"属神圣,是"上帝"的隐秘计划,"它"要在这"时空"界、"物质"界呈现一进化的目标。在"上帝"那里,一切生存问题,原本和谐问题,而"自然"已解决了人之"心思""情命"和"身体"的调和,但"上帝"要求高的调和,即人与人、人与社会、人与自然的调和。这是一个上升的系统,我们把它叫做"文化";这亦是一个进步的旅程,我们把它叫做"历史"。在这一"系统"或"旅程"中,有"超人"出现,有"圣人"出现,引导大众转化,这就是"精神"的展开,在"上帝"为必然,在人类为可能。

《薄伽梵歌》所说行业瑜伽,亦是工作福音。但这"行业",这"工作",非是现代人所理解的,如社会事业,人群福利,而是超凡入圣之道,从低等法则的束缚进至高上律则的自由。此步骤有三:第一,舍弃内中的欲望,由绝对的平等,成就其行业,在积极作为中,牺牲奉献于"上帝"、"光明";第二,不但要捐弃业果之望,而且要自明个人非事业之工作者,悟入一至上原则,然后明了世间一切行业,乃宇宙"力量"的活动;第三,在行业之有为中,证知超上"自我"为统判我们"自性"者,我们各自的心灵,是其一分之显示,我们的一切行业,是为了敬爱、奉献并皈顺这"超上自我"、"至上者"、"彼"。于是,我们的知觉性上跻而入乎此神圣知觉性中,此时"行业"已超,人类的作为已在完善的精神自由中了。行业瑜伽反对遁世无为,而《薄伽梵歌》亦重智识瑜伽与敬爱瑜伽,以为二道亦行业,只是在顺序上,初重行业,次重智识,而知行合一,末重敬爱,实三道合一,充满新力,得其圆成。

《瑜伽论》的原则,是将我们人类生存的某种能力或一切能力,化为达到神圣"存在"的一手段。在普通瑜伽中,能力只是手段、工具,我们这综合瑜伽,将其不同瑜伽的能力合并,从而在精神道中发挥巨大的作用。每种瑜伽在其程序上,有着不同的性格:"赫他瑜伽"是心理生理的,"罗遮瑜伽"是心思和心灵的,"智识瑜伽"是精神的认识的,"敬爱瑜伽"是精神的、情感的、美的,"行业瑜伽"是精神的、行动的,"密乘"则是重神经能力的。大致说来,这瑜伽是三一道即智识、行业、敬爱之综合,并取其他者之菁华。它要达到三个目标:第一,人类心灵的个人解脱,享受与"至上者"的结合;第二,在这结合中自由地体会宇宙的一体性;第三,即与一切众生结为神圣一体,由同情到参与,为着人类中之"神圣者"的精神目的。这样,个人的瑜伽,就离开了他的分别性,与"神圣者"结合,从一个自然有体,变成了一个自我完善化了的工具,使人道中的"神圣者"完善发华。

《社会进化论》指出:人类应回到"真实的自我",也就是人类的主观时代。"真实的自我"是对"似是的自我"而言,后者意指由心思驱使人类知识之外用,此"外用"原本只是一"普通的错误",但一落入历史,便成为我们一切错误的根源和一切痛苦的由来。而发现"真实的自我",便是发现了历史的"真律则",从而人类才能把控自己的命运。这"律则",这"时代",既超越又包摄现代文明的个人主义价值,它符合人类的"社会生存之全目的":第一,它完全能够掌握先进的知识,发现人类的过去的进化中其物理、情命和心思的转变是怎样的;第二,认识到人的精神生命的真价值,即看到了他将来的心思和精神的命运;第三,明白了人在"自然循环中的地位"。这一智慧,是我们人类远古理念的昭示,它的价值基点,是要我们从客观外发转向主观内省,从而发现"心灵",发现"精神",发现两个神圣原则。这两个神圣原则蕴含在印度古典的"大梵"思想之中,就是"一"与"多"两原则,落实到人类历史中,就是"和谐"与"自由"两原则的运用。

梵澄先生曾谈到《神圣人生论》,指出其:

> 内容几乎收摄印度哲学全部而成其抉择,撷其菁华。于《黎俱韦陀》一下直至《奥义书》阐释无遗。标宗在"超心思",期于人生之转化。其间分析心理,远驾乎近代心理学而上。于因明逻辑皆有批评,而谓其多有不足也。观其大事功,(释明神秘者之不复神秘)即有精神哲学之启明,扫除宗教之部执,如破商羯罗等古师之偏见。指出佛法大乘诸说未圆;拟之西洋近代哲学,则康德、叔本华所止之处,在此乃其发轫之端。宜乎其美国学林,有"近代柏拉图"之誉。盖其欲起沉沦之学术,救印度之衰颓,用力至深且远。[①]

---

① 《徐梵澄传》第329页。

于此,我们说室利·阿罗频多,是印度现代韦檀多之学的集大成者。他弘扬其学之胜义,教示人民:以行业而求自我圆成,在世间成就真元自体("大梵"),其条件乃在"化除私我,化除个人私欲",从而与"神圣者"相结合。此举示与宋儒之"体天立人极"同义,又与大易"天行健"的精神同符。阿氏贬抑负极智慧之阴霾而彰显正极轨道之光明,赢得了世界有识之士的高度尊重,同时也大大提高了该民族在哲学思想领域中的地位。对于南亚次大陆而言,他的学说,不仅是争取独立与解放的理论武器,而且是未来光大复兴的精神旗帜。故梵澄先生着重强调:"我国若有新精神哲学之建立,当藉此书(指《神圣人生论》)为蓝本矣。"[1]

克实论之,徐译阿罗频多的学说,对我们至少有三个方面的意义:第一,博我学林,此韦檀多学之经典,正好与儒、释、道藏籍媲美,可说是中外学术交流史上的一桩大功事;第二,通过阿氏思想,我们走进了彼民族的心灵,触摸到彼国度的脉搏,这是以往佛教研究和印度文学研究所未达至的境界;第三,为我国精神哲学的建立预备了"蓝本",这意思是说,为精神理想奠定理论基础,而这理想,就是鲁迅提出的"立人""改造国民性"精神方向。

"立人"本在立心,属个人,盖因一人一"心灵";"改造国民性"旨在民族精神的新塑,属整体,盖因一族一"心灵"。而"心灵"是"一"。此种表达是以主观唯心立论,或许为我们的古人所谙知,却为我们的今人所隔膜。其实,这内中的道理是深刻的,即是:只有良好的个人才能结合为良好的集体。而我们寻常所理解的集体,只是"个人"与"神圣者"之间的一个中介,并且极易

---

[1] 《五十奥义书》第三版"后记"。

腐败、溃散,只有把它放到"个体"或一个"心灵"的意义上去衡量,才能看到人类社会的真正进步。而这"个人"或者"个体",冠以"主义"自不待言,只是前面要加上三个字"崇高的",这就是"主观主义"或"主体主义"的确切含义。这"主义",是显豁"内在的主体性"(Inner Subjectivity),即"心灵",因此,这一"主观"或"主体",就是一纯粹和绝对的概念,它意味着"自由",或说"主体的自由"(subjective freedom)。此"自由",犹如一粒先天的"种子"("仁"gene),是一真实,它要生长即是要客观化(Real objectification),最后与"神圣者"相结合。那最高的境界,诚如阿罗频多所言:"在斯世所影像者,在彼处可得;在此世为不完善者,在彼处圆成。"①

我们不禁要问:难道有了这"主体的自由",客观化的过程就能实现了吗?这个问题可以从两方面来回答,第一,观念的东西或逻辑的东西,是客观现实的方向和可能性;第二,所谓"客观化"不离"主体",这主体亦是"真实",如上所说"真实的客观化"。因为一切客观存在,都是主体的存在者,主体的变化者。这个"主体"的概念要在"同一知"("心灵知")的境界上来理解,不能在"分别知"("心思知")的层次上去理解。这样,我们来看人类历史客观化的进程,可以说正广大无边,其中包括政治制度的、经济建设的、文化生活的,及方方面面的事业。我们拈出政治制度一维略示,有人说,合理的制度是最不坏的制度,在此似不宜申论,我们只引鲁迅在 1925 年 3 月 31 日给许广平信中的话:"所以此后最要紧的是改革国民性,否则,无论是专制,是共和,是什么什么,招牌虽换,货色照旧,全不行的。"这意思很明确:价

---

① 《由谁书》第 39 页。

值理念大于制度形式,这在理论上无甚可说。我们可以设想,一个圣人或贤人,比如孔子,他在任何位置上都可以做到中庸的境界,他是一个好官吏、好商人、好教师,等等,这是我们生活中的典型、楷模。当然,不可否认,我们也从未见到过这典型和楷模的普遍化。于是可问:在理论上正确,在实践上是否可行?回答这个问题也不算困难:第一,确立"主体",并使之客观化,就是人们常说的"从我做起",也即是夫子之道:"吾欲仁,斯仁至矣。"①第二,就人类命运而言,尝如阿罗频多所说:"有了目的,便有旅程。"②这是"天人合一"的目的,我们把它称为在终极意义上的目的(the end purpose)。

38年前,梵澄先生在南印度出版了他的《玄理参同》,他在其中谈到对未来中国文化的展望,云:"目前为俱收并蓄时代,一皆取之域外。""将来似可望'精神道'之大发扬,二者(哲学与宗教)双超。""精神道"即"主观主义"。"将来"为何时?21世纪。由外转内的精神运动似乎隐隐地已有迹象了,人们在呼唤"和谐",可望"自由"。我国本有道德实践之主体自由的传统,而开出其他的客观伟业,是我们理想中的应有之义。我非常高兴地看到了李泽厚与刘再复二先生的对话,李先生说:"21世纪将会出现一个否定之否定。还会重新强调人的哲学。""对人生意义的哲学探索,……也可能是……哲学主题。"③我也注意到了杜维明先生的一个说法,他指出:21世纪,将是一个"新心学"的世纪。我理解:所谓"强调人的哲学"便是"精神道大发扬";所谓

---

① 《论语·述而》。
② 《神圣人生论》第45页。
③ 《读书》2010.1。

"新心学的世纪",便是"主观主义的时代"。或许,阿罗频多的理想,先是在古老的中国大地上实现吧。其然?岂其然哉?毕竟,21世纪才刚刚开始,正有其漫漫展开的未来。

载于《读书》2011年第6期

"如果":历史可以这样书写

徐梵澄先生在1987年初冬为《异学杂著》撰写短序有言:"梵澄无似,少学外文,长治西学。自华夏视之,异学之徒也。其居域外盖三十有七年,居域外不能无故国之思,所撰孔学、小学,及中土所传唯识之学,出以西文者,自欧西视之,又皆异学也。自惟皆犖然不紊,各还其所是,类无所发明,未敢辄言会通达其同归也。"——"故国之思",是梵澄那一代海外学人的"乡愁"。酬藉这文化的"乡愁",大要在复兴自己的文化传统,使其精神得以弥新发煌,从而有益于世人的合理生活。其工作如自己所言:"犹如撷集几束花草,庄严一尊精神真理的造像,使其姿态愈生动,愈高华。"① 梵澄自觉的学术路径是将中、西、印三大文化传统"比勘"、"会通",最终"达其同归"——尽管他真诚地表示"未敢辄言"。

用英文写作,或"出以西文者"有五部。其中,《通书》与《肇论》本有中文可参考;《小学菁华》讲给汉语初学者;而余下的"宝

---

① 《玄理参同·序》。

什",便需提要钩玄,拣择菁华,且以清明晓畅的表述,方可收效了。我想,先生对西文读者"说话",一定还是那么从从容容的风格,深入浅出,娓娓道来,设使英文译成汉语呢?那便大有价值了,尤其是《孔学古微》。

大约在6年前,我曾把《孔学古微》的"序言"(还有另外四部著作的序言及《易大传——新儒家入门》一文)译成汉语。一如我所料的,其内容的精彩自不待言,读之,大有"沛然而不能御焉"之感。徐先生指出:儒学中的一些重要问题,"被人们常常涉及但却没有充分的探讨",因此他"准备用历史的观点,并在世界其他文化的广泛参照下来考察它们",他说:"为了不让读者背负音译中国人名的沉重负担,以及避免干巴巴的概念和迂腐的定义来增加阅读的难度——因为这样并不能抬高古典学说,我决定使用一种简单而灵活的表达方式,来阐释它们,并使它们更容易理解。"我们知道,徐先生的学理平台为精神哲学,而于孔子(儒学)采取历史的(非哲学的)阐述方式——这引起了我的兴趣。史华慈有一句发人深省的话:"关于孔子我们还能说些什么呢?"不错,谈论已多多,起伏亦不定,囫囫囵囵如一生命体,心智似未成熟,机体却已衰老;或者换一个说法,我们还未充分汲取里面的菁华而探索的热情却已在降温了。也许,还不至于这么消极,因为大多数热爱自己传统的人都会认为:儒学,对现代人的生活是有着重大意义的。但问题是:这意义如何发生呢?——近百年前,鲁迅的质疑在今天看来仍是尖锐的:"要我们保存国粹,也须国粹能保存我们";"保存我们,的确是第一义"。① 总有学者提醒,如何使儒学在现在社会中保存下来。其

---

① 《热风·随感录三十五》。

实,要倒过来想,儒学怎样裨益于现在中国人乃至世界人的生存。

顺着这一思路,让我们来看《孔学古微》。感谢李文彬君把它译成中文了,我有幸先睹为快,并征得他的同意,拉杂写出了一些文字。

"用历史的观点探讨儒学的问题"——我们须问:徐先生所持何论呢?关于历史发展的样态,古今中外大致有两种观点:一是循环论,一是直线论。后者甚与科学革命和启蒙运动有关,经达尔文的进化论淬火磨砺,庶几统治了全世界,成为现代所有主张富国强民者的信念。而徐先生,是坚持循环史观的,这在他的许多文字中皆有明确的表述,如说人类精神的进步,"譬喻是一条蛇,口可衔接尾巴。"[1]室利·阿罗频多的《人类循环论》(The Human Cycle),徐先生径题为《社会进化论》,此"进化论"非直线论,而是螺旋上升的"进化论"。如其所言:"就文明进步作历史观,则其过程也不是直线的,而是螺旋纹之圆转,所以人事上常有历史重演之说。其实是循环纹上之同一垂直线上一点了,则也可见事物之回还,视景与前者相同,然而据点提高了。"(同上)对于直线进步观,他明确表态:"人类的进步,绝非沿着一条无限的直线前进。"[2]

又提鲁迅了。为纪念鲁迅逝世50周年,徐先生撰文《略说杂文和〈野草〉》。他指出:"'进化论'是先生一生所信仰的,建立于科学(医学)基础。其次是尼采思想,颇憧憬于'超人'的出现,然亦非全尼采所说的'超人'而是'战士'。其次是托尔斯泰的人

---

[1] 《苏鲁支语录·缀言》下简称《缀言》。
[2] 《孔学古微·序》下称(《序》)。

道主义,这又融合了中国传统的人道观。最其次到了晚年,乃倾心于马克思主义。四者,参会了实际人生经验,铸于深邃的思想熔炉,出之为一'鲁迅精神'。"尼采对鲁迅精神世界的影响,为学术界众所周知。诚然,二人各自所处的"事境"和"语境"不同,尼采身处19世纪末叶,彼时欧洲工商文明的内部,已呈现出种种危机的迹象,如徐先生所说:"在尼采当时,欧西之病态尚未如今时之明显,然抽象说,他已主张将其已经破敝而充满虮虱的织锦外衣,一加焚弃,诚如所谓凤凰的新生,使新生壮健的雏凤,出现在焚去老凤的灰烬上——一律弃去,再生一类雄强的'超人'。"(《"超人"论衍》)鲁迅所处中土,当时正值进入现代社会的大时代,需要焚去的是前现代传统中已衰朽的糟粕,然而,"培物质而张灵明,任个人而排众数"[1]的精神,与尼采是一样的。因此,徐先生说:"鲁迅生当大革命时代之前端,其时可反对而当推倒者太多了;如主子道德,奴隶道德之说,所见相同,乃甚契合。"[2]

尼采、鲁迅、梵澄——这之间大有可说者。三者相比较,见其理路,既有同贯,又有错综。就精神的方向而言,三者不异,就各自的史观而言,三者有别——鲁迅的信仰大致是基于生物学进化论,他称之为"生物学的真理"(《我们现在怎样做父亲》);尼采以达尔文进化论为基础,却不主张直线进步,而持"永远回还论";梵澄的历史观,则双超前辈,即亦进步亦循环。梵澄未尝直接评价过老师的历史观,只是温和地说:"是先生一生所信仰的。"但是在论及尼采时,有一段甚需会心的话:"在19世纪,达

---

[1] 《文化偏至论》。
[2] 《缀言》。

尔文的进化论震荡了全世界。由低等动物进化到原人最后乃到高等人（homo sapiens）。然则终有一日必至于'超人类'，这是一新理想。于此，论者谓尼采在学术上犯着方法的错误了。科学的进化论，是回溯的，由今返古，就古史之痕迹而建出理论。不是由现在推测未来，作凭空的预言。固然，进化至今，重心总是在本类型以外，要转变，或渐变或突变，然未尝示出有何固定的目标，适者生存，弱者淘汰，所谓'天择'，仍属偶然，人类无从知此'天'之旨意；只能知自然界之变，不能知所将变是者为何。——最近时科学上有'遗传工程'的实验，亦不是能预定必产生某一结果的人，合于想象。"①这思路是明确的：科学意义上的进化论，只能说明人之生物学的由来；而有史以后，各种文明的文化的出现和发展，则表示出人类社会的"进步"，徐先生也称之为"社会进化"，实则也是"社会转化"。我们说前后二者，迥然不是一回事吧？前一个问题已解决，无需人类考虑，诚如阿罗频多说："活动底'生命'与一形体的材料相调和，其中活动本身的情形似是惯性了，乃是'自然'已解决的一矛盾问题"，后一个问题需强调，乃是"她常求在更大底复杂性上解决得愈好"②，而"更大的复杂性"是指社会。

但是，此须进一步追问：人有这一能力吗？回答是：有！因为人有"意志自由"。尝如康德说的，既然她把"意志自由赋给了人类，这就已经是对她所布置的目标的最明显不过的宣示了"③。阿氏之"她"与康德之"她"一样，皆是指"天道"，或"天

---

① 《缀言》。
② 《神圣人生论》第4页。
③ 《历史理性批判文集》第5页。

意"(providence),其目的在于"必产生某一结果的人",而人类应知晓自己"所将变是者为何"。康德给出的是"道德"的人,阿氏给出的是"超心思"或至少是"高上心思"的人,皆表一整全的精神能力。在尼采则比较"茫然"了,徐先生很委婉地说道:"而今兹却定出了一个目标,名之曰'超人',是这样那样……"①,这里是否也已隐隐地透露出对老师的批评了呢?因为,生命的强力还属于"精神"的基层,且强弱替代,盛衰轮转。

"天道"或"天意"何为?那是"用"来让我们信仰的,设若没有这一维度,我们人类的能力可能就会妄使或误用,而只有能力的善用和正用,才能保证人类社会的良性存在,这"良性存在",也称之为"常",曰正常、平常。因此,"道也者,不可须臾离也。"这"道",康德也把她称做"大自然",徐先生在《缀言》中有云:"若说到大自然的目标,这里便是精神哲学的转捩点,归到信仰了。信必有'内入作用'(involution),然后有'进化发展'(evolution)。信仰有太上者在,则前进只是转还,进化终极是要与太上合契。""太上者"即"道"、"上帝"、"大梵"、"太极",异名同实,也是说:"信必有'内入作用'",则为"天命之谓性"之意。天地生人,赋之本性,期与生长,完成使命,终合于天——"终极要与太上合契"。在此一境界中,人当然是超上了,说之为"超人"也未尝不可,但却不是在尼采意义上的,而是在阿罗频多意义上的"超心思"之人。盖因尼采之"永远回还",是依凭其"勇猛"的生命力的,如说:"所谓勇猛将'死'也击杀了……'这便是人生么?好吧!再来一趟!'""再来一趟",便是重复,"回还",非如直线一去不返。这理思有其根据,尼采生前有一则笔记,大致说"时"无

---

① 《缀言》。

限,"力"有限,"力"所创造之可能性既穷,势必重复,"于是曾一度发生者,亦必重复至无限度。"(《缀言》)于此可见尼采的思想并无"太上者"的"内入作用",因为"上帝是死掉了"。

尼采的"超人",在阿罗频多看来,只是"高出普通知识水平一头地",但其能力如果妄用,则会变成"金色兽的统治",这不是进化,而是"归到古代底猛力底野蛮主义的退化"。① 然梵澄仍作同情的理解,就"权力"一说,不论其"误用","在学理上细究其说之本来,实是启露了人生的真实一面。'权力的意志',无论在强者弱者。皆是生存上的一事实,无由否认。"② 只是它要有所安立,不然,就得永远在走,不能停息,"他并一女孩所给的小布片也不能受,感到这爱太沉重。只能走,那么'我只得走。我还是走吧……'——这几乎是尼采精神的画像。"③ 于是梵澄说:"人必得在某处安立一个一体的原则,倘若不在事物的基础上,或在其秘密有体上,便得在自己的动作上。佛教徒安立了业(karma)的原则,倘若你加以细想,这终究可以达到一宇宙能力的本因,不变的度量之一创造者和保持者。尼采否定'有体',但不得不说一宇宙的'是为意志'(Becoming),这并不外乎'大梵'即意志能力的翻译。"④

这"一体"或"有体",是"道"是"理",而"古今,一理也",又"世间,一人也"⑤,也就是说,从超上义讲,一个人,一集体,一民族,乃至一人类,都可以被视作一"个体",而个人的"全般转化"

---

① 《神圣人生论》第1056页。
② 《"超人"论衍》。
③ 《略说杂文和〈野草〉》。
④ 《玄理参同》。
⑤ 《薄伽梵歌·序》。

不为功,只有集体的进步才算"社会进化"。徐先生说:"尼采是个人主义者,持论是必健全的个人,然后可合为健全的集体。室利·阿罗频多是精神哲学大师,'超心思'的转化是自少数的个人开始,大众呢,只合任其为大众。"①虽然,"只合任其为大众",但归旨仍在"大众",欲使"大众"成为"健全的集体",在尼采、鲁迅与阿罗频多则同是。然前两人批评群众似激烈了一点儿,盖因其哀之不幸,怒之不争,有时竟绝望了,如鲁迅说自己"或者是人道主义与个人主义这两种思想的消长起伏罢。所以我忽而爱人,忽而憎人;做事的时候,有时确为别人,有时却为我自己玩玩,有时则竟因为希望生命从速消磨,所以故意拼命的做。"②阿罗频多呢?却教众人以"崇高",个人主义不假,但是崇高的个人主义,此乃"后觉"者的目标,"先觉"者的任务。这"先觉"者,阿罗频多称之为"精神的英雄",徐先生称之为"精神的巨子"。我们不妨想一想,这类人物在何处能发挥他最大的作用呢?当然是中心位置。于是再假设:如果在传统的社会中,他是一个人君,或在现代社会中,他是一个至高领导者,那么,他实行的就一定是善政,良政,此乃百姓之福,天下之福。这里问题出来了,我们看待历史,能否按照这一句式"如果……那么……"来解读?我们可走进《孔学古微》。③

徐先生问:为什么孔子编订《春秋》从公元前722年的鲁隐公作为起始,又以公元前481年麒麟出现作为结束?——这在学术史上有多种说法,关于后者,他认为,此事发生在孔子殁世

---

① 《"超人"论衍》。
② 1925年5月30日致许广平信。
③ 以下称译稿。

前两年，依孔子之明觉的心思作判断，以新奇事件作为历史书写的句号，极为自然，并无特别的深意；后世有评注家，言其悲伤或不祥云云，皆可不论。有重大意义的是"隐公起始"。在诸多注释中，徐先生采取杜预说，但不赞成这样的看法：若隐公为君，"西周之美可复"。他指出这是误判了当时的情势，"过于夸张了"。就历史现实而言，隐公实为一悲剧人物，然这悲剧的内中却是德行与非德行的较量。试想，如果隐公接受了公子挥的建议，杀太子，由摄政登国君，那么命不但可全，而且政亦可成；但他谨遵承诺，恪守履责，末了却丢了性命。我们说，在现实中，的确是卑鄙把良善"撕毁了"，但是，卑鄙虽一时得势，却并不表明它永远胜利，因为历史还有更高的提问，这就是"天道"的"应该"的原则。

从常识上说，权力的中心，是最容易衰变和腐败的地方，古今中外概莫能外。徐先生说："无论东方史还是西方史，我们都会发现，王宫是世界上最不幸的地方，是一切阴谋诡计、堕落和杀戮的温床。为权力、王位和宠信而进行明争暗夺，一天都没有停止过。任何明智的君王都会意识到达摩克斯之剑时刻悬在自己头上。"① 面对这样的现实，准确地说，是政治现实，似乎对待可有两途：一是服从并顺势而为，在权力的角逐中一路摸爬滚打下去，或升或起，或沉或伏，终有了结，但是这了结也常常是人生之无奈的"死结"；一是翻上一层看问题，导之以合理的观念，则视景全变，正所谓："百尺竿头更进一步，径路绝而风云通，这才是问题的关键。"② 于是，关于《春秋》以"隐公起始"就可以这样

---

① 译稿。
② 《玄理参同》。

解说:"引导以正确的精神,应是值得赞许的。朴素人性中总是含有退让、自我否定和自我牺牲的元素,对我们行为的影响可算是巨大;即使在日常生活中,我们也能在礼貌的举止中见到其踪影。这是野蛮与文明社会的分界线。如果将这一德行发展至极,那么,许多战争和冲突都可以避免,中国的二十五史或许要重写了。这一定就是孔子编订的《春秋》以隐公为始的微言。如果在《春秋》中寻找大义,这就是第一大义。"①

"如果隐公接受了公子挥的建议,……那么,……"——这是负极或缺德的"如果……那么……"我们现在是说正极和德性的一面。常听到一种斩钉截铁的看法:"历史没有如果",这么说来,"已经发生的皆是宿命"。这也是事实,即过去不可挽;然而立足于今天的人们,绝不可能只是回首过去——所谓"没有如果"、"宿命"之论,仅在这个意义上有效——还须放眼未来。这样,"过去"就成为提问者,问:"你愿意你这样的生活重复以至于无数遍么?若已知自己的生活不正当,或知觉自己的错误、过失,则答复必然是不愿意。必然会觉到一误不可再误。亦如偷盗,是不可'重复化'之事。在个人时复可为,在大众亦必人人可做。"②"在大众亦必人人可做,"是说能"普遍化",当然,这个"普遍化"不会一蹴而就,还需引导与等待,这就是对群众的正确态度,而非把他们看成"庸众",不可救药。——笔者前时在中央电视台看到一栏节目,嘉宾说:千百年来人性之贪婪、虚荣、控制欲望等不曾有变,此乃历史的轴线。主持人问:该当如何?他回答:不要抱以希望,只能依此设计对策。这是十足的马基雅维里

---

① 译稿。
② 《缀言》。

式的态度,视群众为"末人",予历史以"死结"。——在此,"如果"给出了新的希望,新的可能。徐先生说:"这里便是精神哲学的转捩点,归到信仰了。"①

信仰是什么呢?"上帝"、"大梵"、"天道",或说"大自然隐秘的计划"(康德)。这"计划"又是什么呢?"一切生存""皆是和谐"(阿罗频多)。就人际关系而言,"和谐"必出自以善意,从道理上来说,善意人皆有之。于是有乐观论者认为,人性中的善性,终将会自动地发展出来,末了社会便可以步入"地上天堂"了。但是我们看到的现实却多有不同,人性中的恶意与自私犹如杂草,芟去又生,或者,它们又把自己"矫扮"成"善"的形象(伪善)。这都是人性中的质素,阿罗频多皆予以承认,并把他们视作精神提升的基础。于后者("伪善"),哲人与我们的看法是不同的,徐先生指出,中国古史有尧舜禅让的记载②,司马迁在《太史公自序》中以美德嘉赞二十"世家",此后禅让便成为新君主继位必行的套路,他接着说:"凡是有新王继位,都会做正式的推辞。即使野心勃勃的雄杰,乃至冷血的篡位者,表面上也要再三推辞,如此几番之后,才会行祭天之礼,宣布承续大统。这确是伪善无疑。但是我们可以在这种形式中,看出传统礼俗之内的德行力量。没有人敢像拿破仑那样,在加冕仪式中,直接冒没地夺过王冠。"③

"伪善",在常人眼里为非常,在哲人眼里与之对反为非"非常",再上推一层,至"大自然",则为正常、平常了。将人与生俱

---

① 《缀言》。
② 《尚书》。
③ 译稿。

来的弱点理解为历史进步之可能性的"工具","这种天人合一,
才真正名副其实地是一幕'理性的狡猾'。"①"伪善",当然是有
违道德之纯粹性的,但是它在哲人眼里却是"文化",也是一"自
己本身的迫使而在约束自己"的艺术,"并且通过强制的艺术使
大自然的萌芽得到充分发展。"②"大自然的萌芽"是指"文化"。
阿罗频多则把"大自然"看作"宇宙精神",他的说法更彻底:"物
质世界,这土地,这人生,皆是'精神'的自我表现的一部分,皆有
神圣底可能性;那可能性是进化底,其中包含一切其他世界的可
能性,未尝实现,然是可实现的。"③一切一切,包括人性负极的
质素,它表现为人性结构的"低板",多显于"群众"之中,但这个
"群众"不全是在世俗义谛中理解的,而是需在精神义谛中度量
的,即"后觉"者;一个马基雅维里或韩非子式人物,乃是一个"泯
觉"者,一个"魔"。

　　"心"魔起,受挫的是个人,只要不至于灭亡,便可"回头是
岸";"人"魔兴,乱离的是社会是历史。但值此危机之时,亦是人
重新思考人生目的和设定生活方式的契机,精神哲学在此"登
场",即徐先生所说的"重要转捩点"。他说:"于史事观之,道之
显明,乃常在据乱之世,载胥及溺,民不聊生,典章沦丧,制度破
坏,分崩离析,朝不保夕……出于至亲骨肉相残之际,亦人生由
外转内之机也。"④"由外转内",于"心灵",于价值,于内中之"天
道",却也是为了"由内向外",于集体,于社会,于整个之人类。
这一图景也展示为目的论的过程:人类通过"交易"之争冲,生成

---

① 何兆武论康德语。
② 《历史理性批判文集》第 9 页。
③ 《神圣人生论》第 679 页。
④ 《薄伽梵歌·序》。

力量之平衡;进而达至"互易",此为"人的第二努力";凭借这一努力,可能升至最高理念"通易"。阿罗频多说,这是人类"自我给予的一种相互依倚",由此生长出"爱"的权能,"代替争斗,超出理智的冷酷平衡,这是一神圣极乐之门。"① 我们也可以这么看:在"交易"中,一人一"心灵";在"互易"中,集体一"心灵";在"通易"中,人类一"心灵"。设若这"心灵"的概念移入社会模式的中心,可譬喻为"首脑","主导者",如形而上学中所说的"太极",一切绕之旋转,一切赖以支撑。

徐先生特别指出:"太极"在中国的宇宙论起源中不是"混沌",而是最高的理性,可与希腊语中的逻各斯相对应。传统的理解是,一个圆圈包含两半,一黑一白,成蝌蚪形的半圆互为倒置地连接在一起。他说:这种"平面"的解说"是非常具有误导性的",正确的理解是,它为一难以表象的"圆球"。接着又说:"太极"的原意是屋顶之栋梁或屋脊,在一更高的层面上,它意味着"任何最高的东西"。② 阿罗频多的"超心思知觉性"与"太极"思维相同,他继而又落下一层,提出"高上心思知觉性",并说在认识上它也是被看作"圆球形"的,"能够在一调协着的视见中",把握事物既分别又结合的整体。③ 阿氏仍是在玄学上运用这一比拟,而梵澄却将"球形思维"这一"模型",直观历史,径入人生社会。

在《孔学古微》中,他指出:尽管古今有不少人(包括智者)对孔子的学说提出过质疑,但没有任何一个人怀疑它的精神性。

----

① 《玄理参同》。
② 《易大传——新儒家入门》。
③ 《神圣人生论》第285页。

何谓"精神性"？阿罗频多有一个定义："神圣的完善，在我们上面长存；而在人，在知觉与行为中化为神圣，彻内彻外过一种神圣生活，乃是所谓精神性。"①再问："神圣生活"又是怎样的？徐先生举出《新元史》中生动的事例：元文宗问其祭酒大臣：儒、释、道三教，哪一个最为优秀？答曰："佛教像黄金，道教像白玉。而儒家可作稻谷。"又问：如此，儒家是否太廉价了呢？答曰："人的生活可无有贵重的黄金和白玉，却不能一日没有稻谷。"文宗感慨，说："真妙！"徐先生就此评论说："它阐述了儒家文化对维护生命的重要性，它甚至包含着我们生活问题的全部答案，无论是对于个人还是对于民众来说都是如此。现代世界的文明已经发展到了这样的程度：生存问题已经变得如此复杂，以至于找不到任何令人满意的方案；而人类的痛苦也变得如此剧烈，似乎任何药方都已失效。然而从本质上看这些困难与问题，就会发现，它仍然是一个如何获得正当的与幸福的生活方式的问题。"②精神哲学语境中的内在与外在皆过"神圣生活"，落入历史情境中，便是如何获得合理的"生活方式的问题"。这实与古希腊哲学"爱智慧"、"爱生活"的归趋一致。

那么，如何"合理"？旨在不偏。天地无所谓偏与不偏，能"偏"者，人也，因为人是天地的"中心"。徐先生解说《易经》：宇宙有三个根本权能——"天道"、"地道"、"人道"——组成；"天"与"地"合，为"自然"；"人"为两者间之一极；进一步可引出这样的信仰，即人是天地的圆成，可以影响天地，所以在某种意义上说，人是宇宙之主。也可以说，人处于"圆心处"。《易经·文言》

---

① 《序》。
② 同上。

曰:"(夫大人者……)先天而天弗违,后天而奉天时。天且弗违,而况人乎!"这道理不难理解,但其中有一深刻的思想,易为人们所忽略,他说:"这里有个微妙的地方需要注意,犹如圆心处的细微偏差扩展开来,其与圆周上的点的距离会发生极大的变化。"①人居天地之间,是唯一能依据思想去行动的生命,在这个意义上,人禀赋天德的目的,就是管理好包括自身生活在内的天地间的一切事物,即"能成天下之务",如朱熹所说:"人者,天地之心,没这人时,天地便没人管。"其实,球形之思与圆心之论,皆是哲人于我们日用而不知的寻常生活中所洞见到的。如果一个人食得了恶果,那么得到他的发心动念处去找原因;一个群体也是一样,其主导者的心思,以及由他做出的决策和行为,其影响都是整体性的。徐先生以宗教组织为例,说:"倘若精神权能实有可操,这犹如武器,操之者必不免于误用或妄用,也是情理中的事情。大致古今中外的宗教组织尽皆如此,'白法'、'黑法'原同是一法,用之不当则为'黑',往往最初分辨在几微之间,而结果的分殊则是异常浩大的。"②

"合理的生活方式"不仅需要以人群或曰社会关系为实现基础,而且还要求其进步与转化。这样,我们又回到了阿罗频多的命题;即"转化,自少数个人开始"。徐先生甚为肯定这个"起点",因此在解说《大学》之"格物、致知、正心、诚意、修身、齐家、治国、平天下"时,说:"这是几近于球形的儒学,通过培育完整的人格,扩充全世界的和平之治,得出包含八个条目的实践哲学体系。我们可将这一体系视为八层球体,层层相套,犹如镂空的象

---

① 译稿。
② 《玄理参同》第37、38页。

牙球。个体之内中有体处在中心,向外发出照射的光穿透心思和身体,照在外部环境上,如家庭、国家或天下。现代人或以为这不是实践哲学,因为个体与社会之间的鸿沟太深,无法逾越。但是,我们知道,个体与社会之间还有另一纽带,即家族。如果将家族理解为部落(或如老子言"修之乡"——笔者),那么这纽带便容易理解了。"①

显然,徐先生将"个人"深推了一层,落在了权力者身上,因为他处在社会政治关系中心,借用现代语言来说,乃公权力中心。徐先生认为:"即使良好的社会体系也需要合适的人付诸实践,而合适的人又必须有赖于相应的知觉性状态,才能使自己忠于特定的原则。在古代,政府由诸侯掌握,所以要先正他们的心。在现代民主体系中,取而代之的是领导者,……(而)能在某种程度上成就和谐的集体生活,则有赖于充当领导者之个体知觉性的高等状态。"又说:"少数领导者或统治者,如果他们能成为仁人君子,那么,他们在国中所行的政策和原则自然是合宜的,社会便可进步、繁荣,无论国人知或不知,皆可安足。"②——又是一个"如果",显然其指非是"球面"上的"大众",乃是"球心"中的"领导者"。确切地说,正是他们的"知觉性"之高或之低的状态,成为是否能解决社会问题的"根本"。这里应注意,徐先生所说的"知觉性的高等状态",不可理解为狭义的"德行",毋宁说,与康德的"整全的精神能力"相同。其实,中国的学问皆有这一指向,如"老氏之道,用世之道也。将以说侯王,化天下。"③

---

① 译稿。
② 同上。
③ 《老子臆解》第3页。

由"神圣生活"而至"正当幸福的生活方式",由"个人"而至"人君"、"侯王"、"领导者",是"超心思"哲学落入经验世界的达道,亦是具有普遍意义的历史书写,其价值预设早已蕴涵在"如果"的提问中了,而接踵之"那么"呢?——也必是一良好的开端。

鞮译篇

小学菁华·序

在过去的60年或更长的一段时间里,中国知识分子通过对语言的简化,以及去除方言土语的非规范影响,从而为民族语言的标准化及最终消灭文盲的目标做出了很大贡献。但是,由于中国人口众多,且语言自身又非常复杂和深奥,因此,即使取得了重大的成就,也只是漫长旅途的第一步。

在《小学菁华》的序言中,我应该就学习语言的问题说几句话。近些年来,由于汉语知识被大量需求,很多外国人对在学习中遇到的困难发出了许多抱怨。据我所知,中国学生在学习外语时对所遇到的困难,也有类似的抱怨。实际上,学习语言从来就是不容易的。即使学习英语(这一语言已被广泛地运用,并在当今国际上确立了重要的地位),也是不容易的,特别是对于我们中国人。因为每一种活的语言都是随着时代的发展而变化的,所以,它对任何人来说,学习起来都是困难的(除了那些完全掌握了自己母语的大诗人,散文家,剧作家或语文学家)。希腊语和拉丁语或梵语这类古典语言,学习起来更为麻烦。甚至在一开始,名词的变格,动词的变位,还有梵文的长长的复合词都使学生陷于困境。

在印欧语系的家族中，不同的语言彼此之间仍有某种相似性。虽然，在过去实际上并没有一个印德语言的存在。但是，在它们的基本结构中，都有一个语音系统，一个语法体系和一个句法结构，完全可以视为如同旅行者们循其前行而开辟和铺就的一条道路。英语和法语就是这样的例子，它们彼此是这么的相像，在它们之间有近6000单词或多或少是相同的，只在拼写或意思上略有不同，因为它们大多数都起源于拉丁语。自然，一位英国人能够轻而易举地学会法语，反之亦然。尤其在今天，两者都得到了普遍而又广泛的应用。世界上大约有上亿人把法语当作官方语言，这一事实使人回想起它光荣的过去。从17世纪开始，除了高层的文化领域外，它主要被运用于外交领域。但是，当今的趋势是英语越发地扩展并占有压倒性优势。根据最新的统计数字，除了汉语普通话以外，在世界上，现在使用英语的人口比使用任何其他语言的人口都要多。

现在，虽然汉语被世界上最多的人口所使用，但仍被局限在它的王国之内。与印欧语系的任何语言不同，汉语既没有一组字母，又没有形成文字的语法，实际上，关于它的方方面面都是不同的。可是，没有任何人能否认它是一个有五千年历史的高度文化的语言，而且，它仍是一门活着的语言。那么，让我们合理地问一句：如果在现实中它是这么难学，它还能延续如此之久并得到如此广泛的应用吗？

学习汉语所产生的困难，有许多原因，这是一个十分复杂的问题，而且从根本上说，它甚至关系到现代的全部教育体制。一般来说，作为第二语言，人们并没有用正确的方法学习它。就心理而言，困难并不完全在于语言本身，更重要的在于我们自己的思想态度。在某种意义上,我们无一不受自身成见和习惯的束缚。形象地说,几乎没有任何人能像一个容器那样,倾尽原有的溶液以便为注入新鲜的水流而腾出空间。为什么儿童学习东西比成年人更容易些呢?就是因为他一无所知而且是自由的。如果"上议院"①是拥挤不堪或阴云密布的,那么,来自外边的阳光怎能照射进来,或者内中的光亮又如何透射出去呢?

现代社会已经发生了很大的变化,生活变得非常忙碌。我们无闲暇也无耐心深入并沉浸到其他国家的文化氛围中去,即使我们已经学会了它的部分语言。然而,撇开其文化背景,学到的语言是很容易丢失的。一棵吉祥的橄榄树——一份来自雅典的礼物——栽种之后30年才开始结果,它的果实可以延续100年。但是,我们今天在对普遍知识的追求中,即使对它的果实不是希望值太高,也是经常过于焦急,希望加快获取它的过程,并使这一过程像获得日常物品那样地容易和便捷。当然这个现象是可以解释和理解的。因为讲求效率是现代文明的基本原则之一,它也是把事情变得更加容易,更加快乐和幸福的动力。然而,学习语言就不能完全按照这个规则去做,因为我们学习一门外语,目的在于了解这个国家人民的生活习俗、心性、文化,以及他们在物质和精神领域所取得的全部成就,以便与他们共同走向更完美的生活,并且最终能够为全人类创造一个更加幸福的世界。凭借语言工具,我们能够学习和吸收其他民族最好的东西,当彼邦人民落后时,我们可以催促他们的前进步伐。正如室利·阿罗频多在关于未来的诗篇(The Future Poetry)的评论中

---

① 指大脑——译注。

所说:"去了解其他的国家,并不是贬低我们自己的国家,而是扩大我们自己国家的视野,帮助它变得更加强大。"对于所有这一切来说,语言当然是关键。然而,有一个我们永远不应忽视的重要因素——时间。科学家通常必须把全部的生命,奉献给特定的研究和一些实验,如在植物学中,这种研究必须一代接一代地进行下去。学习任何外语也是一样,从一开始我们就必须准备花上若干年的时间,很可能还得做好一无所获的准备。就汉语而言,尤其如此。

学习外语的另一个困难与教学方法有关。大部分现代教学方法在很大程度上是成功的,但其结果,又从来都不是尽善尽美的。现今的教学方式,一般都是一批年龄大致相当的学生集中在一间教室里,由一个教师传授给他们知识,如果能用一个课本的话就使用一个课本。录音磁带和电影资料是作为特殊题目的辅助教学手段。老师要求学生自己完成大量的作业,写论文,阅读课外书籍等等。在经过定期的学习之后,进行一次考试。考试通过,便可得到一张证书或文凭,这门课程就结束了。这就是现代民主的方式。这种方式在教育普及方面所取得的功绩,以及制定的某种学习标准,是令人敬佩的。然而,不幸的是,它也是一张普洛克路斯忒斯之床(希腊神话中的强盗,以床之长短齐睡者之身)。假定那位教授是相当有能力的,他的影响力是催人奋进启迪心灵的,他的教学方法是理想的,那么,许多学生可以达到考试的标准;但仍有一些学生会掉在水平线以下;而最好的一些学生本可以冲刺出水平线以上,由于标准尺度所至,却不能前进得更远。有经验的教授会认识到,这种情况的发生,仍然是在一定方向上有无的放矢的问题。就好比只能期望许多箭会中的,也明知一些箭不会射中。然而,他们会说,没有更好的方法了,这是教育制度的性质所决定的。事实上,不仅仅是标准化,连考试的方式也不能避免缺陷。但是好像也很难发现更好的方法了。这是一个事实,即每年都有这么多的学生接受这样的教育。

说到这一点,人们不禁会想到古代中国的教育方法。古代中国的教育体制确实不适合现代,但是就它的民族语言的教学来说,确实是一个好方法。在古希腊—罗马世界也必定是如此。在那些文化繁荣的时代,学者或文人多得数不胜数,因为历朝历代或长或短都必有这类繁荣期。然而,他们从来不是出自工厂的批量产品。集体主义在一定意义上总是存在的,但是每个人的个性也得到了尊重。这一教学方法的特点,是一位或几位老师连续或同时各别教授每一位学生。它像开垦一片为学生所不知而为老师所熟知的荒地一样。而且,通过这种手把手的教学,学生能够在一个不易计量的时间里尽快地进步。在学习的过程中,不需要任何的竞争和奖励。和大师在一起,学生和门徒也许成百上千,然而,每个人都分别和单独地接受他的教授,或者他根据学生的选择把他们安排在小组中。对于新来者,他指定一些年龄大的学生做新生的私人老师。考试由国家主持。隐退的阁老,政府的高官,通过或未通过国家各种考试的著名学者,都可以是显贵和富人家的一个或更多孩子的私人塾师。这与罗马世界的希腊家教不同,塾师的社会地位是崇高的。在一个村庄,塾师可以带领着一群学生建立自己的私塾。这与印度的婆罗门教教师一样,受到普通百姓的高度尊敬。在每一个城市中都有政府设立的学政,在每省也有一个,最高级别的在中央政府(国子监,太学)。大城市或风景优美的地方都普遍设有学子进行深造的学府(书院),在这些学府中,学生有作为他们私人教授的指导老师，虽然他也可以求教于别的老师。他可以参加普通的课程，但必须进行独立的研究，而且还得不时地写文章来检测他的进步。他在这个或那个学院的学习时间是没有限期的，他学术上的荣誉，在于他是这位或那位著名导师的学生，而且更在于他本人的成就。年轻人就以这种方式得到训练、教育和培养。总的来说，为了他们各自的发展，他们都分别受到单独的教育。直到 50 年前，这个体制才在中国终结。

在现代，这种教育方式几乎是不可能的，而且没有人能请得起私塾先生。在我们的人性中总是具有平民的本能，有意无意地总是倾向多多益善。即使一位百万富翁也倾向于把基金捐献给一个教育机构，以作为许多孩子的教育费用，并且把自己的孩子送到那里去受教育，而不是花费一小笔费用来雇佣私塾先生。许多著名的教授也不愿去当私人的家教，宁可同时教授许多人而不是少数几个人。这里，我们接触到了问题的核心：如果要使语言的学习完全成功，那么每一个学生就必须就教于一位好老师，这位老师使用正确的方法，单独或分别地教授他们若干年，而不去考虑一般的标准，使每个人还是他自己那个样子。这是一个相当贵族化的方法，但又是最为自由的方法。

我觉得，不必要的考试制度与附加的标准（这一附加的标准是相当任意武断的）可以一起被废除掉。国家的考试制度与学术领域的考试制度完全不同。在此，我们不必在这一问题上多作盘桓，因为许多西方的教育体制已部分废除了考试制度，而且在必要的时候求助于其他的测试方法。（当这一本书出版[1976]的时候，我们已经得知普通的考试制度在中国大陆的大学已经取消了若干年，而这似乎并没有降低那里的学术成就的水平和质量,这一做法的结果大概是相当有效益的)。* 但是,在这一结合点上,我们碰到了一个最初定向的问题:是为了一个直接实用的目的学习汉语,比如说为了它在商业领域里的应用;还是为了一个更大更高的目的学习汉语? 虽然,最终这样所学的东西也同样是实用的。如上所说,人们必须考虑到需要花费的时间。确实,一个人在年轻时学习新东西要容易得多。一般地说,要培养一个梵文学者需用 14 年的时间,对于汉语而言,因为每天都要使用它,学习期限也许短一些,但是至少不能短于十年。当然,这一历程的晚启仍然是可取的,就是说开始于完整的高等教育之后。自然,对于任何人或民族来说,学习一门外语都必须在学习本国语言之后,而且,它也必须只占第二位。它应该像一位客人一样受到款待,即常言道:喧宾焉能夺主。在学习第二语言之前,最好是已经掌握了自己的语言。因为,毕竟是通过自己的语言,才能将获得的新知识顺利地传授给自己的人民。无论如何,成人的更加良好的理解力可以弥补记忆力的不足。

某些人具有特殊的学习语言的天分,但是,这样的人是罕见的,我们不能够期待每一个人都有这种天资。所以,总的来说,他们不在一般学习方法的考虑之列。许多优秀的汉学家已经用他们自己的特殊方法掌握了这一语言。但是,就一般人而言,仍然应遵循学习语言的通常的实用方法;在这条道路上,人们必须一步一个脚印,而且必须学习每个词的发音、意思和正确的书写方法。因为中文是由单音节词组成的语言,所以在学习每一个音节的发音时,人们必须区分出五个或至少是四个不同的音调。每个字都必须以确定的方式同时也是最简便的方式书写,严格地说,正确的书写与书法相联系,而中国书法本身就是一门高雅的艺术，一个人必须经过多年的练习（通常是通过临摹一种字体或不同字体的碑刻）才能学成，但是一位外国人无须涉足这么深入。只有要求学生学会每个字正确的写法而后又不断地练习，学生才能从容地写好每一个字。如果一开始不做这种训练，那么，人们就会对如何把一堆横、竖、撇、捺、点、弯钩摆放在一起感到茫然。简单地写出 a、b、c、d，并把每个字母连接起来并没有这么麻烦。如果不知道五声的区别，对韵律只有一般的知识，不能阅读和欣赏诗、赋和骈体文，开始在书写方面没有正确的训练，不能区分相似的字，这样困难将会日积月累，有增无减，直到不堪重负，弃之了事。我猜想，大多数抱怨必定出自于这一原因——在一开始，人们未去学着掌握这两种基本的技能。然而，成年人在一个小时内就可以学会音调的变化，当然，每个字的音调可以在以后学，而写字的课程却至少需要一年的时间，在这一年的时间里每天都需要练习一个小时。难道学习汉语真是这么困难吗？汉语的语音学，特别是古代谐音，词源学和古文字学是人们毕其一生都研究不完的另外的课题，而它们却不是初学者研究的科目。

一个问题自然地出现了：如果在汉语中完全没有字母表，而且每个字必须分别加以学习，那么，我们应该学会多少字词呢？这是颇为可以变通的。在最近几年，对小学生必须学会的汉字进行了一个大致的估算。以每天学习 4、5 个字（一周 28 个字）开始，4 年以后，一般被掌握的字数能达到 4864 个，其中包括 3861 个最常用的字，574 个不太常用的字，还有保留 429 个罕见字。这对于全部的实用目的来说已富富有余了（在大陆，要求在很短的时间内，农村人口要接受 1500 字的速成教育，但是这并不太困难，因为这些人说的就是汉语）。据说备有 7000 个铅字的出版社就是完备的出版社，它只需从铸造厂偶尔补充少许铅字即可。一本叫做《辞海》的现代词典大约包含 13000 个字，但是，其中很多是少见和不常用的字，还有许多其他已经淘汰了的字。

其次的问题是语法或句法。凭借着自身的结构，每一门语言都必有它自身的一些语法。在汉语中，也存在着相同的语法要素。但是，没有一套形成文字的语法规则。汉语虽然没有名词的性的区分，名词的词尾变化，或动词的变位等等，但是，通过辅助文字的使用，我们仍可以严格地表达出名词或动词的意思。事实上，在把佛教文本从梵文翻译成为汉文的过程中几乎没有任何麻烦，而梵文是一门以其复杂的语法闻名的语言。然而，要将其重译回梵文则有些困难，因为在汉语译文中，原文的精确和严谨，经常被忽视。

在汉语的学习过程中，随着教授课文也就教授了语法，无需为它单设课程。在上世纪末（即 1875—1908 年之间），一名叫马建忠的学者被政府派遣到法国去学习。回到中国以后，他依照一个法国文本撰写了一部汉语语法，叫做《马氏文通》。他的书并非特别有名，它在借助欧洲语法的帮助，以解释古代经典和历史文本方面有一些价值，而且在某种程度上，被证明是对学者很有用处的。但是并未有人用它来教学。就整体来看，可以说汉语有一些不足，然而就语法结构来说，却没有什么缺点。英语的语法比拉丁语和希腊语，甚至比德语和法语松散得多，但是就它的使用而言，对于我们现代人来说，不仅没有障碍，而且十分便利。

在本书中，我准备给出汉字字形的一般概念，并就一些例子加以解释。本书的意图在于解释汉语的基本内容，并且范围有限。因为有时对一个字进行过多的分析,会使人更加困惑,所以许多字都没有派上用场。17世纪末,一位名叫顾亭林的大学者,开始对古代汉语进行深入研究。这一研究凭借着几代学者的努力持续了近300年。大约几十年前这种热情开始衰退。但是,人们为了学习中国古代文学,就必须先认识汉字,当然并不要求学会字典中的每一个字。关于汉字的使用,还引发了一场大争论。这对于文字学家来说是必要的。在本书中,我仅采用那些在今天最常用的字,并说明在其所属的范畴(偏旁、部首)之下,每个字的原形(篆字)及其发音和意思。在此之前,首先是对汉语史的一个非常简略的概说,书后是现代的语音符号系统。书中还给出一些书写方法的正确例子。这些字可以被当作字帖临摹以便掌握书写。

学习汉语,我们务必注意这一单音节的语言所具有的那些优点,尽管它有以上提到的那些在学习中将会碰到的困难。在使用它进行交谈的时候,它同样能像今天流行的任何语言一样从容而愉快。在一个字中,从来找不到三个或更多的辅音一起发音而不带有元音的,也找不到五六个同一元音的重复——特别是"a"的重复。甚至德文的"r"声都不存在。在其他多数语言中,当我们说出一个词时必须发出几个音节,之后只有一个词的概念被表达出来。而汉语有一个不被人们注意的最大长处,即说出几个音节,就说出了几个单字,并且陈述的是一个完整句子的概念。显而易见,这确实节约了精力,也同样节约了时间。我们注意到,在现代作品中,有一个使用不多于三个音节的词的倾向,这在文风上是被看作不高雅的。尽管如此,我们的社会关系所具有的与日俱增的复杂性加速了词汇的省略。字母本身不能表达任何意思,某些前缀和后缀只能表示词形。在汉语中,人们只学习简单和基本的词,而不学习字母表,当它们形成复合词和术语时,可以通过它们的成分识别它们的意思,这在基础教育中,是一个很大的方便,尤其是对不识字的群众进行基础教育时特别方便。因此,对于他们理解新的复合术语来说这是很容易的。如果一个人自发地通过已经知道的简单成分理解了一个术语,那么他在学习新单词时就省力多了。这一简单的语言学的化合性可以通过几个例子来说明:

火,水,河,手,口,人,牛,马,……所有这些都是常用字,对于既不能读也不能写的成年文盲而言,他们当然知道这些字。如果我们把"火"与"水"两声结合起来,构成一个"火——水"的复合词,他能很容易地明白这意味着一种可燃的液体,即:"石油"或"汽油"。反之,如果我们说"水——火",那么他稍微动一下脑筋就可以想到"不相容"的观念,因为这两种东西是彼此排斥的。"河"与"马"结为一个复合词,意思是 hippopotamus,正与它的"马"与"河"的希腊语起源一样。假如你对一个英国孩子说出这一词,如果他恰好没有学过它,那么他会感到不知所措,不清楚你在胡扯什么。但是,对于一个中国孩子而言,"河马"一词几乎是自明的。他节省了那个很长的单词"h-i-p-p-o-p-o-ta-m-u-s"的拼读和记忆,及其正确重音所花的气力,"人"和"口"合在一起意为 population,"水——牛"是 buffalo,"水——手"是 sailor,"人"和"马",两者都应理解为复数,意思是"军队",如此等等。以这一方式,非常简单的字词被扩大成大量的复合词而不致造成混乱。这一过程非常像在梵文中的复合词的构成,但是,又不像梵文那样想延伸多长就延伸多长。在这一方面,汉语比较简单和易学。它的基本原则,是在漫长的岁月中民族智慧的结晶:借用最少的文字而表达更多的意思,同时又言简意赅,表述清楚。它的一个重要的内在价值是:高度的灵活性和适应性。汉语能够成功地进入现代世界,这本身就显示了它的优长之处。新思想新术语的丰富注入以及被稳定地吸收,不仅为适应科学发展的需要和进行新词典的编纂提供了便利条件,同时也证明了汉语的灵活性和适应性。

少费气力意味着节约时间。就汉语的书面语言来说,还有另一个优点。在手写的文字中,一个汉字一般被写成大约一公分大小的正方形。我们可以用英语来作比较。一个英语单词可以由若干字母组成,其数目从1到20不等。假定每个单词平均5个字母(这当然是很低的估计),那么,单词数和字母数之间的比率是1比5。如果一个被印好的汉字只占一个英文字母的空间(情况经常如此),那么英语印刷品所占的篇幅要比汉语印刷品所占的篇幅多得多。我们忘记了这一点是因为字母是横排的,倘若我们以另外一种方式,即放置在一起而且与它们的中文对应词进行比较,例如:

English	Chinese	English	Chinese
hippo pota mus	河马	po pu la tion	人口
more	多	less	少
great	大	small	小

那么,英文单词所占的篇幅和中国汉字所占篇幅之间的差异,就变得显而易见了。

这在印刷品中就更为明显了。一般一页英文印刷品翻译成法文并被印出来差不多仍占一页,反之亦然。把同一页英文翻译成今天的汉语白话,再以相同型号的铅字——比如说 $10\frac{1}{2}$ ——将其印制出来,它占的篇幅一般会少于一页。它可以比英文所占的篇幅少到 $\frac{1}{6}$ 至 $\frac{1}{8}$。如果将它译成文言或古雅的风格,那么字数会比前者减少一半。然而,它永远不能达到 1:5 的比率,因为一个英语单词通常要用两三个字来表述。不过还是能节省不少的篇幅。当要印一部厚书时,其中包含的纸张、刻字和所有的劳动费用的节约就清晰可见了。

汉语还有另一个经常被忽略的重要特点,即它对人类知识的保存,做出了巨大贡献。汉语的书写形式几乎没有变化。字音也许会根据不同的方言发生变化,但是它的书写形式和它的意思总是不变的。在中国,人们阅读两千年之前的书籍与今天的书籍完全一样。而在欧洲,如果我们想获得关于如此久远的一个课题中的一些历史知识,那么,必须求助于希腊文和拉丁文,而这两者在经过漫长的岁月之后之所以还能苟存,这端赖于《圣经》的功绩。为了获取中世纪的知识,人们必须借助于古代的和中世纪的英语,或高地或低地的德语,除了现代英语和新高地德语之外,所有这些语言都必须专门学习。就中世纪法语和现代法语来看,情况也不会更好。西方知识分子把这些看作高等教育和文化的有机组成部分。的确,人们对于民族或种族之间的语言障碍能够给予很大关注,但是,却很少有人反思这一问题:即整整几代人在他们的母语王国之内,为了克服历史所带来的障碍,而花费(如果不是浪费的话)额外的精力和时间值也不值？未来的情形会如何呢？难道我们 20 世纪的人能被 30 或 40 世纪的人理解吗？根据过去的发展来判断，基于一种文字形体的语言，延续的时间更为长久。一个不断向前行驶的永恒的舟楫所传送的牢靠的知识——无论是物质的还是精神的——可以是人类之最伟大的保护者。我这么说的意思是：我们要赢回我们昼夜流逝的朋友——时间。

于是，在此有一个词源学上的门径。这本书不是意指一本词典或一个课本。如果人们以一种愉快的心境阅读、临摹，或琢磨这些文字，就能逐渐地在无须死记硬背的情况下掌握它们。如果一个人说他学习任何语言都是轻轻松松的，那么这只是说明他并不完全成功，因为没有什么语言是能够轻轻松松地学会的。吃透这本书将会很大地减轻记忆单词的负担，且据此可以理解汉语的精神本质。此书作为初学者的臂助，其对直接意图的说明，在这里告一段落。对于那些生性爱好图形或符号的人来说，它也可能是饶有趣味的。但是，那不是本书的主旨，也非本书之目的所在。由于从词源学作出了可靠的解释，因此本书可以作为正确地阅读古代文本，尤其是哲学文本的工具。因为在过去漫长的岁月中，人们为这些古代文本逐渐积累起许多模糊不清的注释。本书的真实价值可能就在这一方面。它只是通向崇高之路（高深的研究）的第一个阶梯，虽然，到目前为止，此路尚未见到。

最后，还需指出，本书旨在为我们的神圣母亲[①]做出一个微小贡献，在她的神助和引导下，完全凭借着她的无上权能，这本书才得以问世。但愿所有读者能够同享她的赐福。

[①] 指室利·阿罗频多学院院母密那氏。

＊本书出版于1976年,时中国大陆"文革"正近尾声,正常的考试制度尚未恢复。先生久居域外,不通消息,取此例为正面义,说明学习语言之路径。请读者予以理解。——译者注

于室利·阿罗频多学院,1963年
载于《古典重温——徐梵澄随笔》
北京大学出版社,2007年6月

孔学古微·序

几年前,我们的国际教育中心要求我谈一谈儒学的问题。当时,由于某些情况,未能进行。时至今日,这桩尚未做成的事情仍然萦绕在我心中,我突然想到与其举办讲座,倒不如写成一本小册子,以便对后来者具有更长久的参考价值。

无论如何,我们应该牢记一点:除非所说和所写的是真理,进之是一个非常伟大以致不可忽视的真理,否则,它就很难逃脱被弃置或被遗忘的命运——这是学术著作的共同命运。如果一个人撰写和阅读了数不清的书籍,发表和聆听了无数次演讲,那么,让他在老年时扪心自问,有多少东西仍保持在他的记忆中呢?恐怕只有少数特殊的聪颖的头脑能够回忆起以往大量的细节。即便如此,仍会有很多东西被忘记并消失在灰暗的虚空里。这种忘性是完全自然的,因为人类永远在进步。总之,只要过去的知识积累过于繁复,以致阻碍了人类的继续前进,那么蕴涵其中或大或小的真理就会完全被忘却。当然,这不能视为不幸,在某种意义上,还可以说它是有益的,正如一个人不能也无需在他的记忆中保留在童年时学到的每一件东西一样。然而,对于一个民族的文化传统却不能这样简单地对待。对于我们现代人来说,回顾过去,在已经丢失的文化传统中获得新的知识,并用现代眼光重新理解和评估它,将其转换为对现代生活有益的新形态,则是很有意义的。因此,大致回顾一下现在被普遍视为过时的古代主题,就显得很有必要了。虽然,我们东方世界的大多数学者对它们仍然十分熟悉。

我记得室利·阿罗频多曾与他的弟子一起讨论施本格勒的《西方的没落》,其中在涉及中国历史文化时有过这样的对话,为了说明问题,我引述如下:

> 弟子:这是很奇妙的事儿,施本格勒未尝见到这一事实,即会有民族的复苏和重新觉醒。
>
> 室利:是的,以中国为例。中国自古就有了城市。这是一个特殊的民族,总是被骚扰而又总是保持不变!如果你研究中国千年以来的历史,你会发现他们在骚乱中仍保持他们的文化。蒙古大汗试图以烧毁他们的典籍来破坏他们的文化,但是没有成功。这就是那个民族的品格。如果在目前这场骚乱之后,甚至在两千年之后,你会发现他们仍能保持自己的文化精神。对此,我毫不怀疑。[①]

对中国历史有如此清晰的观察,在当今世界思想家中很难找到,这是多么简洁的评论,同时对我们中国人又是何等的具有

---

① 《与室利·阿罗频多剪烛西窗》(*Evening Talk With Sri Aurobindo*)——由A·B普拉尼记录,PP. 112—113。

教益！如过去的历史文献所显示的那样，我们中国人非常保守，而且在某种意义上可以确有把握地说，我们之所以在每一次内乱和外敌入侵之后仍然存活下来，这主要是因为我们在过去2500年的历史中，一直遵循着儒家的道路前进。在公元六世纪上半叶，佛教对统治这样一个大帝国进行了实验，但是这一实验失败了。除此之外，道教作为一股强大的潜流存在于这个民族的心灵之中，然而从来没有非常明显地浮出过水面。

现今，我们只能考虑如何与其他民族共同进步。但是，在以上所引的对话中，谈到人类历史总是500年一个循环的学说，是孔子之后的一个大圣人——孟子的古老观点。当然，孟子的意思并非确指一个循环，很明显，他是从古代史中进行推断——500年必然出现一位真正的爱好和平的君主，他也是有能力把那一时代的每一件事情都安排得井井有条的杰出圣人，此即500年必有王者出。然而，正如孟子自己所说，从那个黄金时代算起到他所处的时代，已经有700多年了，却还未见到一个理想的国家。但是，孟子意识到他自己是那些圣人当中的一员，他最钦佩和仿效的是他的榜样或伟大导师孔子。无庸讳言，我们的历史告诉我们，中华民族总是处在动乱状态之中的，如果没有内部冲突，也会有外部入侵。这些外部入侵者大多来自中国北方或西北部的游牧部落，无论是匈奴还是鞑靼还是蒙古，他们都是在贫穷的困扰或对古代中国丰富的物质文化的忌羡之驱使下，通过反复入侵不断地滋扰中原百姓。然而，无论何时，只要和平再次恢复，文化就马上复苏并繁荣起来。最长的和平年代是周朝，它延续了800多年（前1123—前256），此后，也有相同的黄金时代。有些时代，甚至废止死刑达数十年之久，整个国家的监狱都空无一人。这些时代是没有内忧外患的时期。

在汉朝,伟大的史学家、东方的希罗多德——司马迁,进行了年代学的计算,从周文王(死于前1104年)到孔夫子大约500年,从孔夫子到他那个时代又大约500年。他在年轻时抱有这样一个信念,即他自己出生在那一结合点上或那一间隙,因此,循着古代圣人的足迹,他要为人类的需要去完成一个特殊的使命,即留给子孙后代一部能与孔子的《论语》相媲美的不朽著作。他以公元前97年为下限的《史记》被证明是一部不朽的著作,但他本人并不像圣人那么伟大。正如《史记》所载,司马迁相信:与星座相联系而且与人密切相关的天道,30年一小变,100年一中变,500年一大变。三个大变构成一个时代,在这一时代中,变化已经全部完成。在这样的信念中,一个循环也许暗示着革命的理念,而不像我们所理解的那样,是一个正圆。但无论如何,它确实揭示出人类的进步绝非是沿着一条无限的直线前进的。

无须多论,每一个民族的历史或每一个个人的历史,都有前后相继的繁荣期和衰落期。但这其中有一个共同的特征,即总是在多灾多难、希望渺茫、孤苦无助、前途暗淡的时刻突然出现了光明,一位伟大的圣人诞生了。在印度,人们称他为毗瑟挐的化身。在中国,人们称他为天生的圣人。《诗经》中有信仰神的化身的暗示,如有一首诗提到,几位神仙从高山上走下来,于是,两位伟人诞生了。虽然我们还不能确切地断定这一信仰在当时是否被普遍接受,但却可以肯定,这其中包含着古代人天或神的概念。这是一个很大的课题,在此不宜详述。而孔子就出生在这样一个时代。

孔子的生平和孔子的时代将在后面讨论。在这里,我主要说明,关于孔子所创造的儒学,其实是一个西方人并不陌生的问题。自17世纪以来,或更早,即在利玛窦(1552—1610,意大利耶稣会传教士,1580年访华,在朝廷的资助下逗留于北京多年)之后,中国文化逐步被西方所知。其中儒家文化的发展高峰和代表作品也为西方人所了解。这正如信仰基督教的东方人必定知晓耶稣基督的出生和神迹。正好在法国大革命前100年,《论语》、《大学》、《中庸》被译成拉丁文并在巴黎出版,此后不到50年,杜赫德的百科全书式的著作《中华帝国全誌》(*Description de La China*)也问世了。中国文化在西方文化圈中的译介情况大致是这样的:即当一部东方著作被翻译成他们的任何一种语言时(这是一种打破坚冰的工作),其他不同语言的翻译工作就轻而易举地相继展开了。现在这类著作仍大量存在,人们可以充分地利用它们。比如,通过同一文本之不同译文的比较,可以接近正确的理解。当然,误读也是难免的。因为在某些方面,中国学者自古以来就有不同的解释甚至分歧,况且还有学术和派别的偏见。然而,以比较不同译文的方式,人们仍然可以获得这些思想的精髓,即使他不懂汉语。本书所谈论的,是人们常常涉及但却没有充分探讨的问题。对于这些问题,我准备用历史的观点,并在世界其他文化的广泛参照下来考察它们。为了不让读者背负音译中国人名的沉重负担,以及避免干巴巴的概念和迂腐的定义来增加阅读的难度(因为这样并不能抬高古典学说),我决定使用一种简单而灵活的表达方式,来阐释这些学说,以使它们更加容易理解。

我必须指出,如果只看外表,那么儒学中就没有任何令人兴奋、使人震撼甚或让人感兴趣的东西。这不仅对于现代人是如此——在现代世界中,我们已经习惯了各种强烈的刺激,对于古人也是如此。与世界其他的伟大体系相比,儒学没有那么丰富多彩的人生具象和偏激的观念。在其中我们找不到任何作为死者灵魂去向的埃留西斯城，或涅槃或十地或三十三天的说法。就生存而言，也不存在至上神或菩萨或超人，虽然它有一个圣人的概念。就人的实践活动而言，儒学反对无所作为、苦苦修行、弃绝尘缘或禁除欲望；既没有关于点石成金的炼金术，也没有使人延年益寿、长生不老的炼丹术。关于祛魅驱鬼的魔力和教人治病的方法，更不是儒家所关心的问题。当然，儒学确实有最高存在的理念，但这既不是全能的宙斯，也不是在六天之内创造了世界并把那对有福的夫妇逐出伊甸园的上帝。在儒学的体系中，没有各种具相的神祇，如因陀罗（火神），阿利玛（雷雨之神，后衍为战神），也没有韦陀神的万神殿，更不必说阿胡拉马兹达（善神）与安格罗迈尤斯（恶神）了。与一般的理解不同，我认为，儒学在本质上既不是世俗的，也不是一套生硬的道德法典或干瘪的哲学原理，它实质上是一种最高的精神。虽然，儒学有着崇高的终极关怀和深刻的思想理路，甚至显得玄之又玄。然而，更为重要的是，它总是无比宽容豁达和灵活多变，在现实生活中无所不包又无所不在。

在现代世界中，人们对任何事物都会提出质疑，而且还要依靠科学精神，考查过去的每一件事情，并且对它们重新进行评估。依照这样的态度来看以上所说的中国儒家传统，也许就会觉得它是一个夸大的、没有合理依据的赞颂。孔夫子生活的时代，距今已经2500多年了。其实，对儒家传统的质疑，不是现代人才有的。在这样一个人口众多的国度的漫长历史中，曾有不少智者——这些智者和我们现代人一样聪明，具有绝不低于我们的智慧——对他的那些学说提出过挑战，并对他作为民族至圣先师的权威提出过争议。然而，迄今为止，还没有一个人怀疑过他的学说所具有的精神性。也就是说，无论人们对孔夫子提出怎样的质疑,却都对他的精神性加以肯定。那么,这里所说的"精神性"是什么意思呢？我认为,室利·阿罗频多给出的定义值得考虑：

> 神圣的完善,在我们上面长存;而在人,在知觉与行为中化为神圣,彻内彻外过一种神圣生活,乃是所谓精神性;一切较微小的意义加于这名词者,皆是未适合的揣摩或不实。

这一观点具有普遍的真理性。以此来看孔夫子,可以肯定他就是这一真理的代表。如果把他比作这一词的婆罗门之化身,我也请求读者允许我引用母亲的话：

> 在生成的永恒中,每一个神圣的化身仅是一个更加完美的未来的实现之先声和前驱。

我们虽然没有在儒学中找到后来时代所需要的许多特定理论,然而,我们发现,人们不仅对他的学说,而且对他本人的赞扬与钦佩也是与日俱增的。在印度,圣说被视为知识的源泉,在中国也是如此。这里有许多我们无需详细考查就能确信的学说。对他的学说重新进行评价是一件既正常又有益的事情,但是,我们必须从他那个时代的语境和历史背景中来理解它们。我们能够比前人走得更远(虽然这仍是值得怀疑的),但是,却不能把那些思想的里程碑夷为平地,因为这些里程碑是先哲作为他们走过路程的界标确立起来的。而这些路程所表现的恰是人类永恒的精神探索。

追求精神性在人类的天性中是可以找到依据的,即人的心灵总是趋向新鲜和好奇。当然,这种天性也促使了人类的进步。从佛教传入中国直到它被完全吸收同化并变成另一种形态之前,它吸引这个民族知识精英的注意力达600年之久。本土的道教也同样具有吸引力,并获得这一民族的伟大天才人物的信奉,其时间甚至比佛教还要长几百年,虽然它没有那样的辉煌和显赫。尽管佛教和道教有着如此重大的影响,然而,儒家在漫长的岁月中始终巍然屹立,从未受到动摇和损害。也许人们要问,为什么那样多的优秀人物会皈依佛教和道教这种类似"异端"的宗教呢?我这样认为,因为儒家是沉着和冷静的,它不能抓住那些具有强烈性情之人的心灵,所以他们很容易被引入其他宗教。就古典儒家而言,这也许是正确的;然而论及在宋朝(960-1277)形成的所谓新儒家,情况就要好多了。它一直到当代还占有统治地位。如果在世界上有一种类似国家宗教的东西(将其称为一种宗教,我们感到犹豫,最好称它为民族信仰),那么在中国除了儒家之外别无分号。

为了阐明儒家的特殊性,这里举一个发生在元代(1277-1367)的轶事为例。(参见《新元史》第二十一卷)我们知道,儒、释、道三教在中国从公元四世纪开始就是并驾齐驱的。首先是儒家,它在外表上是哲学,但是有一个宗教信仰的内核;第二个是佛教,它在中国被视为既非哲学又非宗教,它全然是一个"法"(达摩,Dharma),人们错误地把这一词当成欧洲意义上的宗教;第三个是道教,它有相互之间明确区分开来的宗教与哲学,或更确切地说是玄学。在中国历史上,民众中的宗教宽容精神是众所周知的,这一点,世界上的任何其他民族都不能与之相比。但是,各教也为了得到宫廷权力的重视进行不断的斗争,尤其是在佛教徒和道教徒之间，能够赢得皇帝青睐的那一方，就能得到资助，并能有一个更好的机会在百姓中间传播它的教义。在元文宗图贴睦耳(1328-1332)时期，一位重要的佛教高僧从中国西部来到首都。皇帝命令全体宫廷高官骑白马列队郊迎这位高僧。遵照皇帝的命令，宫廷大臣们都要在这位高僧面前行鞠躬礼，并且每人必须跪在地上敬他一杯。那位高僧像佛陀雕像一样正襟危坐，脸上不带任何表情。一位名叫李术鲁翀（音译 Lu Chun）的位居国子祭酒的大臣，举起酒杯对他说："可敬的高僧，你是佛陀的弟子和天下僧人的老师；而我是孔夫子谦卑的弟子和天下所有儒生的老师，所以让我们彼此之间不要拘泥于常礼吧。"在场所有的人都感到惊讶，但是听完这句话以后，高僧报以满意的微笑，站起来，与他一起将酒一饮而尽。

之后，元文宗问这位大臣，三教中哪一个最好？他说："佛教像黄金，道教像白玉，而儒家可以比作稻谷。"元文宗又问："那么儒家是否有点廉价了呢？"他回答："金和玉确实贵重，但是一个人的生活可以没有它们；然而稻谷焉能一日不食？"元文宗听了以后说："真妙！"

从这个故事中，我们看到对于一位头脑简单的外族帝王来说，这个具体的类比是可以理解甚至是具有说服力的。它阐明了儒家文化对维护生命的重要性，它甚至包含着我们生活问题的全部答案，无论是对于个人还是对于民众来说都是如此。现代世界的文明已经发展到这样的程度：生存问题已变得如此复杂，以至找不到任何令人满意的解决方案；而人类的痛苦也变得如此剧烈，似乎任何药方都已无效。然而，如果从本质上看这些困难与问题，我们就会发现它仍然是一个如何获得正当的与幸福的生活方式的问题。如果这个判断可以成立，那么我们就可以从儒学这个源泉中获得很多东西。有一个事例值得注意：一位蒙古皇太子曾说，佛教高僧向他传授佛法，他能很快明白；但是，中国太傅对他讲授儒学，他体会起来就有困难。这是很自然的事情，因为佛教的基本教义比较简单。比如，佛教的戒或道德戒律，虽然它们在极端化之后，有可能成为束缚人们活力的绳索，但其基本规则对每一个人来讲，都是简单的。"不杀生"这是第一戒。在儒学中没有这一戒条，这或许是不幸的，又或许是幸运的。世上万事万物殊途而同归。虽然这一戒条是如此基本和重要，但是最终我们发现，它也只能是一条相对真理，而永远不可能是绝对的。也许某些现代作家和思想家，在金规则（虽然在现实中很难兑现）的思想背景下，最能理解这个观念。关于如何获得合理的生活方式，或者说与金规则和佛教的思考殊途而同归的，儒家也有自己的理念，即"大道"（Tao）。

假如我们把"道"视为凭其可存，舍其便须臾不可存的精神依据，那么，也可以将其视为"神"。印度朋友就把它解释为神性或梵天。无疑，孔夫子是作为一位伟大的圣人，万代师表和神的化身而受到尊崇的。但是，孔子自己很少对"道"作神性的解释。他更多的是从自然方面，或更确切地说从人文方面来阐释"道"的内涵。因此，我们宁可把它当作一个高度发展了的和高度优雅的生活，人们可以把这种生活当作文化本身。在汉语中，"文化"一词意味着凭借人性中任何优秀的东西来改造人性并使人性变得更加完美。一般认为，在中国历史上有两个伟大的圣人，他们决定了这个民族过去三千年的命运。至今，我们仍然享受着他们的恩惠，我们也可以称他们为文化的导师：先是周公，在他之后五百年是孔夫子。只有当我们把中国的历史与其他民族的历史作比较时，如与那些西域、中亚和东南亚的人民的历史进行比较时,这一点才变得显而易见。在古代他们被称为"蛮夷",人们用这个名字称呼他们,现在听来似乎也并非全然没有道理。有两个彼此形成鲜明对比的例子,即日本和西藏。日本在古代充分并真正地接受了儒学,而且发展了她自己的文化,但是西藏在这一点上失败了。

从一个泛神论的观点来看,宇宙中的每一事物都可以被视为神。但是我们倾向于把文化视为高于其他所有事物的某种神圣的东西,也就是"大道"。当然,如前所述,它也可被视为神的人文方面。这个超越一切的"神"对我们的生死,甚至这个世界上的建设与破坏,表面上看起来是漠不关心的。但是,它仍然内在于我们的生与死以及这个世界中。这句话听起来像一个经不起严格逻辑公式检验的悖论,但它却是一个真理,一个远远大于逻辑的真理。在过去的历史中,儒家知识分子(包括孔门弟子和那些同道)都强调"道"的人文价值,以及精神文化对社会生活的重要影响。他们试图通过礼乐教化来改造人性的弱点,把所有的人都提升到一个更高的人格层次。儒家的这个努力,其影响是非常广泛、持久和永恒的。正是由于这一原因,中国文化才能得以不断发展和繁荣。从根本上说,如果没有这一发展,我们仍然会停留在原始阶段,而且有关"道"的全部内涵也不会产生出来。如果我们可以接受,也可以把它称做"神之精神"。这个精神从来不是从外部传授的,并且,几乎每一位可被尊称为圣人的儒者都对它有这样或那样的体认。当然,大众并不知道这一事实,除非我们深入地考察他们的所做所为。大师们总是不同程度地谈到这一体认,但是一说完他们就保持沉默了。

总之,儒学是一个太大的题目,以致于不能用任何狭窄的方式去论述它;尽管如此,人们还是可以尝试一番的。一般说来,从某个角度或就某个问题来对儒学进行全面阐述,而又得到广泛的肯定,绝不是一件容易的事情。但是,我们可以做到毫无偏见,心态平和,并且十分客观地进行研究,在实事求是的论述中,使自己的观点自然而然地反映出来。这样,读者就会不自觉地受到影响。当然,一个人的态度不可能是完全公正的,虽然他可能相信自己是公正的。因此,最好的方法,就是让读者去读儒家的原典,以便形成他们自己的观点。为了做到这一点,在本书中,就不可避免地要大量引证原文。然而,这样一来,又会陷入另一个困难,即在对这些文献作出解说和论述时,有可能失于一偏,有欠公允。这是本书写作的困难之一。

另外,汉语的结构一般来说完全不同于欧洲语言。因此,思维模式也是完全不同的。古代汉语对于今天的中国人来说,仍是易于理解的,当然,更易于希腊语。汉语中的某些词在英语中没有严格的对应词,这是一个非常普遍的特征,因此,只能以一种不自然的方式去翻译它们。这种方式,在人们看来也许是非常古怪和笨拙的。我自己认为,本书中的译文仅有几段是令人满意的,这几段文字的中文原意已详尽无遗地表达出来,且不带有什么斧凿的痕迹。这些文字差不多应归于箴言的范畴,值得我们高度重视,但是它们为数不多。其他的译文犹如雾中之花,它的原始之美虽然仍存,但看上去朦朦胧胧,不甚了然。这是困难之二。

这里关于撰写这本小册子的说明,也许都是一些细节小事,但为何写以及如何写却是一件大事,而且到头来还未必完全成功。因此,读者还是要阅读儒家的原著,如果有可能,通读原文最好。这意味着对中国古代文化的整体性研究。至少,必须研究孔夫子编纂的六部经典,以便能够更深刻地理解他所特别持有的那些原则。今天,人们虽然已经能够以更科学和更先进的方法来解读这些文本,但是,仍然要付出同样艰苦的努力。

于琫地舍里 1966 年
载于《古典重温——徐梵澄随笔》
北京大学出版社 2007 年 6 月

周子通书·序

湖南是位于中国南方的一个大省。那里有四条河流注入洞庭湖;它的土地含有丰富的铁质并呈红褐色,当被绿色的森林覆盖时,便展现出鲜明的对照。那来自南部山脉清纯的溪水倒映着蓝色的天空,连同河中偶见的黄色沙丘绘成了旖旎的风光。

在中国历史上,这是一个伟人迭出的地方。近百年来的多位革命领袖也出自这个省。它简称为湘,因为自古以来,域中那条最长的河流被称为湘江。周敦颐,这位《通书》的作者在11世纪建立了哲学的湘学学派。在过去的900多年的时间里,这一湘学学派对全中国的学者产生了重要的影响。

周敦颐(1017—1073)是宋学或新儒家的始祖。当宋王朝(960—1279)的权力在经过长期战乱之后最终得已巩固时,中国学者把他们的注意力转向古代典籍。因为时代已是和平年代,对于他们的研究来说,环境已变得十分有利了。在这一新的时代里(这一时代的文化繁荣程度已远远超过了前代),他们以不同于前辈的精神气质处理古典文献,因为他们再也不是仅仅为了稻梁薪俸和在朝廷中谋求一官半职而治学了。相反,他们是为了寻求启示，为了寻求真理而治学。正是因为他们如此勤勉地寻求真理，所以他们发现了真理。他们之中多数人在深层次上研究《周易》和由孔子的孙子所写的《中庸》。在这个新的时代来到之前，佛教已有很长一段时间处于衰退的状态，好像一只绽放之后的花朵一样，眼看就要凋谢了。作为一个宗教的道教也正步入式微。出于历史的必然性，某种新的东西一定会产生出来。因此，儒家出现了一个新的发展，它致使这一古代体系返老还童。

五位大师启动了这一复兴。第一个是《通书》的作者周敦颐；其次是程灏（1032—1085）和程颐（1033—1107）两兄弟，他们两个都是周敦颐的学生；第四个是张载（1020—1077）；第五个是朱熹（1130—1200），他的《四书集注》和《朱子语类》使他在当今仍闻名天下。

从根本上说，这些大师的教义是否可以被称之为哲学——虽然在本质上是形而上学的——仍是可以争论的，因为它们主要是内部认识（内觉）的知识，并不是智力层面的纯粹思想。在社会中，这些哲学家都是些学者，教育家，政治领袖，而且更重要的是他们都是称职的和有能力的官员。所有应该做的他们都有能力实施。他们之中没有一个人是宗教领袖，也没有任何一个人自称是宗教领袖。每一个人都有学生，这些学生又依次有他们自己的学生。凭着这种方式，这一学说延续了 700 多年。这些弟子连续的师承关系被清楚地记录下来，回溯并止于周敦颐。如果人们心中固执着西方的哲学概念，并以挑剔的眼光看待这一学说，那么这些学说很难被称为哲学。不可否认，这些大师比起孔子及其稍后的诸子略有逊色，他们缺乏先秦学者们的独创性。但是，如果人们也思考一下印度的瑜伽，尤其是室利·阿罗频多的瑜伽大全，人们就能看到它们之间的许多共同点。无一例外，每位大师都是把"诚"作为寻求真理（道）的起点，把"无欲"作为入道的手段，把"无我"作为更高的追求，把变化气质作为目的来传授给学生。然而，必须指出，他们之中的任何人都对印度的瑜伽一无所知。"诚"的概念，虽然至今仍然不断地被注释着，但是却不能认为他们（五位大师）有什么印度瑜伽的观念（他们必定听说过瑜伽这一术语，因为在公元七世纪中叶已有《瑜伽师地论》的译文。但是这本书只在佛教一个派别中流行，而新儒家是极力反对佛教的理论和实践的）。让我们惊异的是，被喜马拉雅山脉分开来的这些学者或圣人，在互不相识的情况下，竟然能够在许多方面沿着同样的道路为着一个相同的目的而努力。

这里，需要简约地说明一点，张子（载）形成了他自己的玄学体系，这一体系比其他人的体系要精微简明一些。在他的杰作《西铭》中的头几行，我们见到这样的表述："故天地之塞，吾其体；天地之帅，吾其性。"这难道不是《薄伽梵歌》中的"我"吗？进而又说："民，吾同胞；物，吾与也。"接着是一个对"责任"的描述，《薄伽梵歌》中也有类似对这一义务的清楚的阐述。它在最后说："存，吾顺事；殁，吾宁也。"然而，在中国，《薄伽梵歌》像《奥义书》一样不太被人们知晓（《薄伽梵歌》第一个中译本出版于1957年，琫地舍里，室利·阿罗频多学院印制。除了《伊莎书》和《由谁书》出版于1957年外，中文的《五十奥义书》还没有出版）。

《通书》虽然取自它的源头《周易》，然而这不意味着它仅仅是一个关于《周易》的注释或补充。它是一部独立的著作。在《周易》这部书中，我们注意到一个非常重要的由孔子所做的关于第一卦之第五爻的评注，"夫大人者，与天地合其德，与日月合其明,与四时合其序,与鬼神合其吉凶,先天而天弗违,后天而奉天时,天且弗违,而况于人乎?况于鬼神乎?"(见白尼斯 Baynes 翻译)

这里关于"大人"品质的描述,完全符合印度的一个伟大的瑜伽的概念。在传统中,这一段话,常被糊里糊涂地当成对统治者的具有赞美性的描述。其实这一原始的汉语词汇的意思,正好符合梵文的"Yuj"或"结合"(to join)。以一种多少带有隐喻的方式来说,它完全是"与神同在"。张载在他的《西铭》中提到这一点,并把这一特征归于圣人。邵子(雍 yung,1011—1077)不包括在五大师之列,他形成了一个被称为"先天易学"的关于《周易》的独立的体系。他的著作仍在被广泛地阅读,他的一些诗也很流行。据《宋史·邵雍传》记载,他有过人的听力,预知力和其他超自然的能力。从印度传统的观点来看,他可被视为一位伟大的有造诣的瑜伽师或圣人。

此外,程灏教授他的学生有一个简明的原则:敬。在诚的基础上,需要培养内心的"敬"。这就是排除掉自己内心的许多消极的思想动机。它与虔诚的瑜伽极为相似。这一敬的对象就是神。当长期进行这一内心修炼之后,它甚至会导致一个人体质的增强。它有时会使人坚定宏毅,远离世俗的人际关系,但这并不为过。凭借着与神的接近,因人际关系冷淡而产生的孤独感,能够得到一个巨大的补偿。不过,虔敬瑜伽中的爱的成分,在此处并没有得到强调。然而,程子总是教导他的学生去认识神圣之爱即"仁",甚至在留心于雏鸡之时也要体认"仁"。在新儒家和韦檀多的教义中,能够找出许多相同之处。需要注意的是,"变"这个术语在汉语中有一个更宽泛的意思,它不仅意味着个人的变化,也意味着大众的变化。它暗示教育和学校应多于宗教和寺庙。

在《宋史》中,有周敦颐的传记。他出生在道州营道,即今天的湖南西南部。传记又载,他是一位很有能力的管理人才,他曾历任南安军司理参军、虔州通判等多种职务,其数量多达七、八个,且政绩卓著。他在百姓中口碑颇佳,因为他力行善政。而这些善政却每每因延误和官吏的腐败而受挫。无论是谁,只要被错判,他都能马上纠正。他的全部才能在于,他既是一位学者同时也是一位活动家。《周敦颐传》进一步叙述说,他在将近老年的时候,筑室庐山莲花峰下,这是江西北部的一个著名的风景区,一条小溪从他屋前流过注入溢江,取营道故居濂溪以名之,不久以后,他在57岁那年去世。学术界的人叫他濂溪先生,他创立的学派称为濂溪学派。

《周敦颐传》对我们想知道的许多重要史实略而不述,如:他是在什么样的环境下长大,在谁的指导下他获得并增长了自己的知识。它提到《通书》,并考察了名为"太极图说"这样一篇论文的要旨,然而,这也许是也许不是他的真实著作。那些能够揭示他的真实品格,并对我们有更多教益的,还是关于他的秩事。让我来举出几个:

当周敦颐最初步入政坛时,他担任地方行政官的助理(县主薄),在那时是一个小县——分宁县官方文件的管理者。这个职务是通过他的舅父,即一个能接近皇帝的大学士的推荐而获得的。当时(在那里)有一桩案子,因案情复杂而长期拖延,周敦颐迅速查明案情,作出正确判决。当地百姓无不惊叹,说即使是精明老练的判官也不能和他相比("老吏不如也")。

当他在湖南南安任司理参军时,有一个狱囚被判处死刑。他细查了案情,发现那个狱囚罪不当死。司法长官名王逵,是一个粗鲁无礼之人,没有一个官员敢反对他。周敦颐与他争辩,但无济于事。于是,周敦颐交出官印,起身告退,他说:"如此尚可仕乎?杀人以媚人,吾不为也。"末了,王逵被说服,囚犯幸免一死。

当他在郴州桂阳(今湖南境内)任职时,百姓众口一辞,交相称誉。有一个州刺史非常尊敬他。他对周敦颐说:"我想开始读些书,您意下如何?"周敦颐说:"长官,您现在已经老了,而且也迟了一些,不如以我们两人之间的讨论来代替读书。"两年以后,这位官员达到了他曾向往的那种内在认识。

程灏和程颐的父亲是南安的一个高官,周敦颐在那里任职。他注意到周敦颐不是一个普通的人。因此,他送他两个儿子去做他的学生。敦颐教导二子"今寻颜子、仲尼乐处,所乐何事?"这样,两兄弟后来传授的哲学,就是受启于他的。程灏曾说:"第二次遇到周先生后,我还家途中,像歌随风舞伴月一样。"这显示出在与这样一个精神大师接触之后,一个人心中会充满怎样的欢乐。

当程颐开始收学生时,有一名后学就教于他。这个学生不明白他之所云,于是离开他去找周敦颐。周氏说:"我现在老了,不得不慢慢地详细地讲给你听了。"于是,这位学生受到很大启发,而且又回来了,程颐对其变化感到很奇怪,问道:"你是从周先生那来的吗?"

程灏年轻的时候喜欢打猎。在与周敦颐相识以后,他认为他不再保有这一偏好了。但是,周敦颐对他说:"怎么能这么轻易地就结束了呢?你的偏好现在仅仅是隐藏起来而已,一旦它再一次浮现出来,你还是原来的你。"12年后,程灏遇到了几个猎人,并产生了那份久违的打猎的热情。于是他认识到周敦颐的话是正确的。

黄庭坚,一个同一朝代的诗人和学者,以这样的词汇来赞美周敦颐:"人品甚高,胸中洒落,如风光霁月,……短取于名,而惠于求志。薄于徼福,而厚得于民。菲于奉身而燕及茕嫠,陋于希世而尚友千古。"①

朱熹在他的《六先生画象赞》中这样写道:"道丧千载,圣远言堙。不有先觉,孰开我人。书不尽言,图不尽意。风月无边,庭草交翠。"②周敦颐的哲学精华存于《通书》之中,这几乎是他留给我们的唯一著作。他的风格是简洁的,精练的和扼要的。也许他在当初并无写这一本书的念头,或许他试图模仿古代的经典作家。在这个译本中,不得不添加一些词汇以便使英语读者更清楚地理解原文的意思。遗憾的是,这部著作不能在直译的同时成为可读的作品。

现在,可以就新儒家在总体上说一句话了。我们能够说它始于这位大师并一直延续到清朝(1644—1911)初年。在明朝(1368—1644),它经历了大发展大繁荣的时期,这一大发展和大繁荣是由王阳明(1472—1562)带来的。自17世纪末以后,它受到了一个历史哲学学派的反对,同时又面临着西学如天文学和数学的传入之压力。它逐渐衰落了。首先,人们对几群新儒家之门徒的举止发起了进攻,他们被描绘为戴着高帽或过时的方巾,身穿宽大的长袍,踱着四方步,在不合时宜的情况下海阔天空地谈论太极、心性、天理。这些学究成了戏剧和讽刺文学经常奚落的对象。严肃的思想家责备他们没有能挽救宋朝的危亡,

---

① 《太极图详解》,清·张伯行辑,卷九。
② 同上。

而且间接地导致了明帝国的垮台。在清代中叶,历史学家,诗人和文人对他们的学说进行了大量的批评。

尽管有这些批评,新儒家的强有力的潜流还是注入到现代社会。太平天国(1850—1864)席卷中国大部分地区的革命,就是被这一哲学的忠实门徒镇压的。他们的政治和军事的伟大领袖曾国藩,在临终(1872)之时手里还握着张载的书。此外,那些取得成功的革命党人,很多都是湖南人,他们推翻满清并建立共和,全都受到这一哲学的重大影响。甚至在二战的炮火硝烟中,著名学者马一浮和熊十力还像900年前的古代大师一样,向学生们传授同一学说,并出版他们的《对话》。可以说,新儒家或宋学的长处以及不足依然存在,而且,仍然值得思想深刻的人们对其进行思考。

于室利·阿罗频多学院
1978年
载于《古典重温——徐梵澄随笔》
北京大学出版社,2007年6月

肇论·序

逻辑和辨证法都能够导致清晰的思考。以逻辑和辨证法为基础并包含修辞学的诡辩术（一种似是而非的艺术），首先是在希腊，后来又在希腊—罗马世界兴盛起来。客观地说，它在相当的范围内，促进了古代哲学的发展。在它发展的最后阶段，专业诡辩家把这个已被滥用的诡辩术发挥到极致，以致于使任何一个命题——无论这一命题对于良知来说是何等的荒谬和自相矛盾——都可以找到合理的依据。在与此大致相同的时代，即在中国的战国时代（约前475—221），也出现了相同的情形。诡辩家（在历史上他们通常被称为唯名论者）大有人在，且代不乏人，他们都是能言善辩者。争论的问题五花八门，如"白马非马"和"飞矢不动"等等。他们推理论说和遣词造句的技能，尤其是纵横捭阖又含糊其词的辩术，是那么令人钦佩。对手可以在论战中被击败，可是却没有一个人会心悦诚服。就"飞矢不动"所论辩的内容来说，今天的学者完全可以依据现代技术手段来理解，比如那静止之矢的画面很容易在一张电影胶片上反映出来，由此他们会对两千多年前的古人之玄思非常欣赏。然而，按照常识来说，这些论题却很难说通，比如，一匹白马与一匹马并没有什么区别。再比如，一个弓箭手深知他的力量是有限的，而且不能使他的羽箭永无休止地向前运动；对一般人来说，即使他们从理论上理解了"飞矢不动"的道理，但在现实中，当箭飞过来时，他也会本能地躲避。墨家是一个值得关注的哲学体系，它以"兼爱"说为核心，并富于宗教色彩，但它的历史命运却不太好。其行之不远的原因之一，是由于它所持有的那些非常规的逻辑，例如，它的箴言："杀盗非杀人！"它在中国古代文化舞台上活跃了不到一百年，便隐退了。

人类的生活实践证明，寻求真理的意义在于帮助人们合理地生活。而且，一旦发现了真理，它还必须被我们的内心所领悟并在我们的外部活动中得到实现，否则，就正如现代一位思想大师所说的那样，在生活中无法实现的真理，就只能是一个思想困惑的答案，或一个幻相，或一种已死的文字。常识性的哲学也许因其范围的有限性和狭隘性而受到某些人的责备，但是，对于人类的生活来说，它仍然是一个良好的支柱和基础。

当然，唯名论者在历史上所取得的成就仍然是不可小觑的。因为在宇宙中的任何事物都有其名和形［梵文是名色（namarupa）］，所以正确地处理名和形的关系，仍然是一件重要的事情。他们在法理学领域中，为法学家提供的服务是巨大的。但是，如果把他们的这些逻辑推理（这些逻辑推理有可能导致对真理的理解，也可能于真理无助）引向极端的时候，它们就变得无比荒谬了。客观地说，这些荒谬或可笑也只是逻辑上的，对实际生活无甚大害。值得注意的倒是现在有那么一些貌似高妙的推理，它们在性质上看来是形而上学的，思想似乎也是深刻的，其论证也严谨，对真理的表述也正确，在形式上你对它们说不出什么，然而,它们虽不荒谬,却极其有害。

也许古代的诡辩家应对希腊文化的衰落负有部分责任,因为他们的误用,从而贬低了逻辑和辩证法。然而,相形之下,自商羯罗 Shankaracarya(788—820)以来的印度的虚幻主义(Mayavada),以及早先的虚无主义(空论——Shunyavada)的发展,其消极影响更大一些。因为两者都长期迟滞了社会的进步。与佛教传入中国同步,空论的蔓延势如森林大火,而且给中华民族带来了很大的损害。在印度,这一损害更为明显。自佛陀时代以来流行的空宗和幻论,逐渐地侵蚀和削弱了民族的创造力与生命力,而且使衰老的心态潜入了其民族的心理肌体。持守这个信条的皈依者和许多剃度的信徒,曾在一个特定的历史时期,错误地理解和运用了空论与幻论的人生观,并将其推向反面,从而导致了不顾一切的世俗享乐主义的大泛滥,随之而来地又使人们径直堕入极度的悲观绝望之中。个人如此,民族也是如此。造成这种荒诞现象的潜在逻辑是:如果尘世间存在的所有事物都像梦幻或水流的气泡那样不真实或空虚的话,那么去做反自我和反社会的坏事会有什么害处呢?而取得任何确定的成就又有什么好处呢?也就是说,生活本身是空虚的,据此推论,生活中的每一个事物也都必定是空虚的。即使业报轮回信仰,也无法有效地阻止人们生活的荒诞行径和间歇性的精神沮丧。可以说腐败深入到社会的心脏,颓废潜入生活的各行各业。即使有些充满希望的事业后面也都紧跟着破坏性的失败主义情绪。虽然令人遗憾,然而,我们还必须说,所有这些人类的不幸,在目前的印度,仍旧不同程度地存在着。这不是偶然的,而是有其深刻而且久远的文化渊源的。

提高道德原则虽然不是翻译及注释《肇论》的意图。但是我们却不可否认,如果将那些高妙的玄学推理毫无界限地滥用,就会把社会上最残暴的罪行也视为"虚无",因为从他们的逻辑上说,只有现世的完全虚无才能换得来世。但是,我们深知这些理论不是无可辩驳的,而且可以根据他们自己的理由驳倒他们。这里,我的意思只是说,如果人们沉溺于高妙的推论之中,那将是何等的有害和危险。纵览全部的世界历史,它的过失远远大于它的成绩,虽然它肯定是有成绩的。公元5世纪初一位中国佛教高僧所写的几个有关玄学命题的讨论即《肇论》,我将它译成英文。在我看来,它是一个非常好的智力或"思想技巧"的游戏例证。

佛教在印度曾犹如一轮太阳冉冉升起。甚至在阿育王时代之前,佛法的种子就撒遍了北印度,它逐渐成长为根深叶茂的大树,在中亚并最终在中国达到它的鼎盛时期。历史向我们讲述了世界上的三次远征:罗马帝国的远征,佛教的远征,和随之而来的基督教的远征。那么,佛教为何不能进入非洲,而且在欧洲的传播也失败了呢?但与之相对照的是,它却成功地传播于东方,而且在中国获得了一千多年的发展。这在文化史上是一个最吸引人和最具魅力的问题。近百年来,东方和西方那些热心的知识分子都在进行着研究。

人们已经找到了许多答案,而且还会继续找到更多的答案。比如中国的现代思想家,就以历史唯物主义的观点,来分析和思考这些问题。从历史的过程来看,有些事实是不能回避的,即道教为佛教的传入铺平了道路。现在我们知道,关于物质层面的真理是普遍的,关于生活层面的真理也同样是普遍的。因为,无论是中国人还是印度人在古代都是具有高度文明的,他们中的大知识分子在其精神层面自然会有同样高度的发展,甚至在更高的层面上会有类似的体悟。当新法传入中土时,人们发现它与本土文化有很多非常接近甚至相同的方面,这样,它就不可避免地被人们所赏识并很容易地接受下来了。在某种意义上可以说,是因为土壤已经施好了肥料,所以这朵取自"西天"的新芭,就能够很从容地生根、发芽、开花与结果。

佛教与道教的比较研究是一个专门的课题。由于这是一个很大的课题,因此在这里不能详述。不过,有必要举出两者之间的几点相似来说明问题。从根本上说,它们都有一种弃世和克己的精神,而且两者都追求超越于尘世之上的高上境界。它们都信仰圣贤说教的权威性——在印度,圣说(Aryavada)被当作正理之内、甚至高于正理的认识——这是必须把它们与现代科学区分开来的关键之点,因为科学除了它自己之外并不信仰更高的权威。而且,在对真理的追求中,双方都主张:最高的真理是居于名词和思想的形式之上的,不能被表述,却可被领悟。两者都把人类所掌握的知识视为外在认识,包括它们自己的语言教义,而他们的内在认识却存在于另外的某个地方。道教中得鱼忘筌的寓言就是说这个意思。佛教有一个关于木筏的经典范例,当人们渡海达至一个新的彼岸时,须将木筏弃之不用。老子传授的"太虚"(非常不幸,它被人们严重误解,甚至时至今日仍被继续误解),能够很好地相应于佛教中的 Shunyata(空)的思想范式。根据两者重合的大致线索,我们能够想象得出,在其相会的第一阶段,这两大体系是怎样达成一个良好的相互理解的。当然,在初始,外来者遇到了某些抵触,但是很快就受到了欢迎和款待,就像兄长对待兄弟一样,而且在他们发生争执和最后分道扬镳之前,他们手携手走了很长的一段路程。

正是在这一历史阶段,即他们分手之前,佛教学者僧肇

(383—414)写下了这些根据道教义理阐释佛教教义的论文。僧肇是鸠摩罗什的学生,他帮助他的老师编辑汉译佛经。他的传记还保留着,收在梁朝(公元512年)慧皎写的《高僧传》中。显而易见,他通晓老庄哲学和当时流行的大多数佛教典籍。在三部主要的中国玄学著作中,人们猜想他精通两部,可能对于第一部著作——《易经》不太精通,因为他很少运用《易经》的句子。这也许是由于他不喜欢《易经》(因为这两个体系之间的宇宙观和人生理想有很大的差异),也可能是由于他对《易经》还不太熟悉,因为他年仅31岁就去世了。

研究宗教史的现代学者或许应该注意以下两点:第一,僧肇的作品,虽然是用一种在他那个时代日趋精致且流行的风格写成的,但是,根据他同时代人的作品来判断,它还没有达到力所能及和尽善尽美的程度。在他的笔下,人们能够发现某些稚拙的地方,这主要是因为翻译所至。因为他首先要将一门外语译成自己的语言,而这种翻译影响了他的思想表达。由于他的语言已成为某种过时的东西,这一风格上的晦涩反而使他的思想比实际上显得更为深奥和难懂;而且妨碍了诸多读者对它的理解。第二,从引文看,他的全部真实著作都基于道经和佛经这两类经典。由此可以知晓,这两类经典是被僧肇视为"权威的圣说"。德国学者W·利本塔尔(W·Liebenthal)在研究了僧肇之后认为,他的著作并未显示出任何精神大师的迹象。也有人认为,僧肇的认识论有着神秘主义或神秘之狂喜的意味,而这些东西是被僧伽所藐视的。对于任何大师所表现出的超自然力的本领,无论是在印度还是在中国,都会被加以禁止,即受到逐出僧团的惩罚。这一惩罚可与罗马天主教会的开除教籍相比拟。但是,就我们所能收集到的作品来看,在他的思想中并没有任何矇昧的东西。

众所周知,并不是所有现存的僧肇作品都是真实的。在原文遗失之后,另有他人伪造了冠有"献词"的《涅槃无名论》一文。《答刘遗民书》也许不是假的,但是并不重要。其他几篇文章仅留有标题,不过,即使原文存在的话,其真实性也是值得怀疑的。因此,在著名的《僧肇四论》中,我只将三篇译成英文。所依据的中文原本是带有宋朝僧原所做的"集注"的文献,并带有一篇落款日期为公元1058年的跋。它是在近年仿照宋版制做的一部雕版印刷本,几块木版的边角已有轻微的破损。

在这一译本之前,已流行着两个版本,一个是英文本,另一个是现代汉语本。英文本不太普及,而且仅为少数几位中国学者所知,是由在20世纪40年代居住在北京的一位德国教授W·利本塔尔翻译的,名之为"肇书"(作为第十三期专题文章收在《华裔学志》中,由北京辅仁大学于1948年出版)。现代汉语本由中国社会科学院世界宗教研究所所长任继愈撰写。他也是以三篇论文分标题发表的,其中两篇收在他的第三版的文集中①,第三篇发表在《世界宗教研究》②上。关于这两部作品我应该说几句话。

在文学领域里具有某些经验的人完全懂得,写作,尤其是诗歌的写作,在受到灵感启发,或具有高度创造力的特定时空内所写出的诗句,是很难在另一时空,以另一种形式进行重现的。即使是用同一种语言将古老的文句转换成为现代的语句也是如此。它并不比将其译为另一种语言更容易。正如鸠摩罗什曾对

---

① 1974年北京出版。
② 1979年第三期。

一般的译作所做的评论那样,两者都"原味消失"了。尽管如此,它对初学者却有很大的帮助。

关于利本塔尔的译文,应分别加以对待。首先撇开他对这本书的研究发现不论。就他所做的基础工作而言,如广泛收集词典资料,将专业词汇大量地重译为梵文原文,并大面积地参照中国古典文学等,是值得我们高度尊重的。一个中国学者很可能喜欢省略这些基础性的研究。然而正是这些基础性的工作,显示出利本塔尔为了帮助西方读者更好地理解早期的中国佛教,所付出的巨大努力。在他的研究中,如果不是全部也一定是部分地得到了已故教授汤用彤(1893—1964)的指导。汤用彤教授是一位执教于北京大学的著名佛教学学者,他有关中国佛教史的著作世界闻名。无论如何,利本塔尔全神贯注地研究了这一课题,而且他的成果受到英语读者的热烈欢迎。

但是,关于利本塔尔的译文犹有可商榷处。正如他自己所说:"它相当精确,但有时在不改变句式的情况下把原义译成英文似乎是不可能的。在一两个句子中,翻译的风格是如此自由,以致译文几乎等于一个内容的轮廓。"的确,我们发现原来的结构被完全改变和重建了,而且几乎每一个句型都放进了欧洲的"模式"(思维方式)之中。以"车辖辘话"为特征的古代推理形式(在事实上它是一种同义语的反复,而无论如何,这种反复应在一个忠实的译文中保留下来)被他抛弃,并且用他自己的一套推论形式取而代之。并且,在其推论的每一个步骤上,他所使用的术语都值得讨论。因此,需要在译文中加入一些插语——一般说来插语越少越好——和许多注脚,以使意思变得大致相近。

从总体上看,利本塔尔的译文给人这样一种印象:这位译者被一大片丛生的荆棘所缠绊而不能自拔。他的麻烦不在于他的方法(他的方法是正确的),而是在于他的观点。从根本上说,他是把原作作为欧洲哲学的一个体系来看待与处理的。他原本可以避免这么做,然而,他在此栽了跟头。因为他已经从欧阳竟无大师那里学会了在"谛"和"蕴"(它完全是在一个普遍意义上的存在与生成)之间作出区分,但是,却没有同时从大师那里学到"佛教既非哲学又非宗教"的观点。

眼前的这个译本,是以尽量不加一字不减一字的直接方式译出的,而且在不加修饰润色的情况下仍然可读。它旨在帮助读者清楚地了解佛教在传入中国的最初阶段,其理论是如何被道教接受的,正像中国僧人僧肇解释的那样。这本书的对象是普通的读者大众,而非少数几个学者。

一般来说,一个新的译本应当比它前面的译本更好。但是,情况可能并非如此,因为每一个译者都有他自己的方式。在这里,对这本小册子的内容,我想说的最后一句议论是:这种口头辩论术和论证方法已具有悠久的历史,这一历史在欧洲始于苏格拉底,在印度始于佛陀时代,在中国始于孔子之后。

1981年2月15日于北京
载于《古典重温——徐梵澄随笔》
北京大学出版社 2007年6月

唯识菁华·序

从某种历史观点来看,古代希腊、古代印度和古代中国是产生各自哲学流派的发祥地,这些哲学流派是原创的、本真的和独立的,它们决定了人类的命运。在一定意义上说,如果没有这些哲学作为基础,无论是现代的东方文明,还是现代的西方文明,都是不可想象的。在上一世纪,康德及其之后的大陆哲学的发展,被生动地描述为日耳曼民族对古代雅典之辉煌荣耀的怀念与向往。可是除了凭借一条壮丽的彩虹——它宛如一座可以连接以往两个时代的桥梁,然而人们却不能在其上行走——之外,没有一条道路可以返回那辉煌荣耀的古代雅典。倘若把这几个国家各自的历史分别加以考察,我们会发现它们各自都存在着许多空白,尽管几百年来人们做了大量的研究工作,然而填补这些空白的希望亦微乎其微。许多哲学学派与它们的重要著作一并都无可挽回地消失了,留下的只有它们祖师的不可靠的年代,以及含糊的叙述和空洞的名称。西方的情况是如此,东方的情况也是如此。而印度的情况尤其如此,因为在印度,历史从来不占有重要的地位。一个民族对于它的过去是无知的,这固然可以使它在前进的道路上没有任何心理负担或障碍,这也可以说是一件幸事,然而这一无知却总是被证明为灾难与不幸。

历史当然是重要的,因为人类的最高成就的记录就保存在历史之中。对成败得失的研究,能为人类提供有益的教训,这些教训对于现在与未来几代人具有重大的价值。根据近代新儒家大师马一浮的说法,这个世界只有两条知识的主线:一条是哲学,用他的话来说就是玄学(形而上学);另一条就是历史。① 无论现代世界所有的自然和社会科学如何进行分类,它们都不出乎这两大范畴。一般说来,印度以哲学闻名,而中国以历史闻名。在中国,我们有官修的二十五史和出自各个朝代的诸多断代史;在印度,有六个主要的后韦陀哲学学派和五花八门的宗教派别的种种学说。然而,遗憾的是,并非历史留给我们的每一件东西,都是有价值的或有用的,有时固守历史的某些遗存甚至会给我们带来危害。哲学也是这种情况。当人类要迈入 21 世纪的时候,我们看到事物以惊人的和空前的速度向前发展,而且显现出与过去完全不同的新视野。我们应该总是采取杰纳斯(两面神)的立场,即一面朝前看,一面向后看,只有这样才能极大地促进人类的进步。

如今,一个很特别的但也许不是偶然的现象出现在文化领域。近几年来,汉语中的"玄学"一词带有了贬义,甚至在普通人的日常口语中,它总是被用于指某种不诚实,虚伪,犹豫不决和轻浮的东西。这个词的通俗化好像有 30 多年了。老一代的人可能记得,当这个词最初被译成中文的时候,仍然保持着这一译文原初的表述,即来自《易经》的表述,它包含 mataphysics 之严

---

① 参看马一浮讲稿 1940 年木板印制。

格的对应词,它就是"形而上者谓之道"。当安德罗尼柯(Andronicus)第一次编辑亚里士多德的哲学著作,并且把它放在物理学著作之后的时候,在他的心目中丝毫没有贬低它的意思。"玄学"这一词在当时的所指并非现在的所指,它和中世纪的经院哲学也没有什么关系,尽管人们对后者的评价一般说来不是很高。这一误解,可能源于人们对这一词与"诡辩"的某种混淆。无论如何,我们应该恢复它的原义,并在其原义与后义之间做出区分。

这一词被误用可能不会有什么严重的后果。在此提及,是因为这一误用实际上暗含着生活中一个非常现实的观点,即放弃那高度思辨的、微妙的或抽象的、一般心智所无法把握的智慧和精神。这一观点在老百姓中颇为流行,因为普通人的生活没有多少抽象思维,甚至无须思想。这似乎是唯物主义勃兴的结果。但是唯物主义,特别是历史唯物主义,为知性的深入发展提供了空间,而它本身也是一门深刻的哲学,就它被大众所知而言,它从来都不是蒙昧主义的。我们可以说它的人生观和世界观既是现实的又是理性的,因为它如实地客观地看待每一事物,或如常言所说,它喜欢"还其历史之本来面目"。在其原有的空间观察,在其时间和社会背景中评价,同时参照它的经济基础、阶级关系和其他因素,以这种历史唯物主义的观点来观察一切事物,正是最近在我们知识分子当中大多数人所采取的方针。在这样的情况下,大众在理解一个古代的术语(玄学)时发生误会,这是再自然不过的事情了。

在一个玄学于其文化中占有优势的国度里,以上所说的误解从来没有发生过。印度就是地球上唯一的这样一个国家,在对精神真理的崇拜中,它的祭祀活动已持续了数千年以上。伟大的圣贤在它的历史舞台上相继亮相,其中有先知先觉者乔答摩·佛陀,他的伟大精神传遍了东方。这一传统时断时续,但又总是通过其他圣贤被重新衔接起来,比如韦檀多哲学的大师们就是这类圣贤——韦檀多哲学在现代是以室利·阿罗频多为其顶峰的。有时人们会自问,如果没有这些伟人,如此众多的人群之生存与延续是否可能。在印度,他们被称做(神的)降凡,或人格神的化身。对无神论者来说,这也许只是一个美名。但是,就他们的必然性与贡献而言,这两方面都是伟大的,以致于难以用语言来赞美,因而在普通人的心目中产生了对于他们的崇拜和神化。

就目前的状况来看,我非常遗憾地说,由于内部的冲突,印度的情况并不是很好,并且所有宗教似乎都对其有害而无益。然而,在评价一个民族真正价值的时候,一个人不应把他的视域仅仅限于眼前。人类既应该回首于它的漫长的历史,又应该放眼于它的无限的未来,正如古诗云:欲穷千里目,更上一层楼。无论如何,一个民族可能暂时被世人所忽视,但是他们过去的光荣和对人类的贡献是不能被否定的。对一个伟大过去的认识意味着对一个伟大未来的希望。在经过火的洗礼之后,一只新生的凤凰从它前身的灰烬中腾空而起,它甚至比过去更加美丽。印度次大陆的伟大希望就在于此。

如果学术确实意味着为人类提供某种切实的服务,那么,学者的任务就是深入地研究过去,以便为了伟大的未来做好准备。不然的话,他们所有的艰苦的研究工作就没有什么意义。随之而来的是对这一伟大宗教之过去的探索,这仅仅是对它的一个重要学说的阐述,即关于它作为一个整体的形式,它的优缺点和衰落的原因,并且是以批判哲学的观点来审视这一切的。因为受到某些限制,所以这部专著不可能是完整的,但是,主要线索已摆在这里了。在某些方面,这一研究专著给出了概要性的提示,而在更广泛的学术领域中还有待于我们的进一步探讨。

1987年于北京

载于《古典重温——徐梵澄随笔》

北京大学出版社 2007年6月

易大传——新儒家之入门

时间之车轮飞逝,将我们引至下一个世纪之新千年的门槛,它衔接着古老的过去和无限的未来。这一车轮或许是变化机制的最佳象征,因为,当它在以坚定持久的旋转跨越一段路程之时,其自身是周而复始的。人们在天体的运动中和一年四季的轮转中注意到这种恒定性。我们看到在宇宙之中的每一事物,都随着时间不停地变化,如果它在刹那间停止,整个宇宙就将毁灭。《易大传》明确表达了这一思想。

通过对自然的观察,古代中国思想家逐渐产生了永恒持续的变化概念或事物的生成概念。依靠深入的推理或更深邃的洞察,他们开始对宇宙中的所有生成变化有了一个把握,这一被把握的实体处于所有变化的核心,借此,所有变化都成为它的外在功能或作用。一个人所能看到的只能是任何客体的外在表象,这些客体的外在表象或静或动,在这有限的表象之内,必定有一个为其真实存在的无限的实体。这就是人们常在本体论的讨论中与现象相对立的那个本体,而无论是先秦儒家还是新儒家都进行了这一区分。

在文明之初，处于不同地域的人对现象世界的短暂和无常曾分别作过探索。活跃于公元前五世纪左右的伟大的希腊哲学家赫拉克利特，这样写道：

  在踏入同一条河流的时候，一个人所遇到的水流是不相同的。

正如有人用另一种方式所说：

  一个人不能两次踏入同一条河流。

这意味着，当一个人踏入一条河流的时候，他在第二刻触到的水流已不再是第一刻触到的水流了。这是对宇宙间一切事物之发展过程的一个非常生动的说明。类乎此，孔夫子曾临川而叹：

  呵！逝者如斯夫，不舍昼夜！

这表示，在世界上没有任何事物是静止的，我们的躯体、生命和精神之每一刻都在变化，我们与片刻之前已然不再相同。遗憾的是，除了一百多条睿智的箴言之外，这一以弗所的"晦涩的"哲学家没有留给我们更多的东西。他的格言："战争乃万物之父"，可根据《易经》中的阴阳这两个相互对立而又相互补充（相克相生，相反相成）的原则得到最好的解释。无论是希腊哲学家还是中国哲学家，在探寻实在的真理的时候，凭借着对自然的观察，都注意到同样的现象，并作出了类似的结论。

  在继续我的讨论之前，无论多么简要，浏览一下《易经》及其注释或《易大传》还是必要的。作为中国文化的基石,周易已为西方人所熟知。在 17 世纪,当基督教传入中国的时候,罗马天主教徒在北京研究此书。卡南·麦克拉奇耶牧师(Rev·Canan UcClat-chie)将其译为英文,其标题为"A Translation of the Confucian Yi King, or the Classic of Changes, With Notes and Appendix"此英译本于 1876 年在欧洲问世。相继问世的有拉丁文、英文和德文诸译本。著名德国汉学家理查德·威尔海姆(Richard Wilhelm)在著名中国学者劳乃宣(1838—1917)的指导下,于 1923 年译出最后的并且可能是最好的译本(最末一版是迪特里希·吉尔伯·莱赫出版社的 1987 年版,这部著作是由 C.F. 白尼斯译成英文并出版于 1949 年)。在此译本之前,至少有七个译本。

这一译本能给西方知识分子一些印象,他们理应认为它更为可读,因为它的措辞、思想形式(Denkform)和内容重组更适应于他们的心理。然而,作为中国人,我们认为任何完美的翻译都是不可能的,因为除了语言的障碍以外,它是这样的一本书,即在被研究了 2500 年以后仍有探索的余地。它的源泉似乎是无穷无尽的和深不可测的。

在此,我顺便指出,在相对之晚近的时代,像交换、互换、变位、变形这类概念在这一领域变得更加清楚。毛奇龄(1625—1715)把这些概念从这部书的内容中提取出来,并对其进行阐述。他是一位博学者,并写出了 130 多本小册子,多为对古代典籍的阐述,它对学术界牢固地建立起来的权威提出了挑战,并因为这一勇敢的精神而闻名于世。也许他想建立自己的独立的学派,就像汉代的那些哲学家一样。然而他十分谦虚,让他的著作以他兄长的名义发表,而他的兄长是一位名气要小的多的学者,于是他自己的名字就被遮蔽了。这样,他的注释就受到了冷落,即使不是如此,至少也是不被重视的。

《易大传》尝言:"一阴一阳之谓道。"又说:"是故,易有太极。是生两仪。两仪生四象。四象生八卦。"首先,我们以太极为开端。在汉语中,它叫做太极,在德文中,它称为 der Grosse Uranfang,与《约翰福音》提到的希腊语中的逻各斯相对应。这里,关于这一术语的精确性有一微小的顾虑,因为人们一般根据时间来理解开端,而太极还指向空间。我们可以把太极当作时空尚未分开的原始混沌。然而太极在中国的宇宙起源论中不是混沌,它是最高理性,有些类似于逻各斯这一理性本身。一个圆圈的传统象征包含两半,一黑一白,把它们画成在一个圆圈中的两只蝌蚪是非常具有误导性的(它的画法是把两个蝌蚪形的半圆互为倒置地连接起来,以大圆的半径作为直径),它并不是在一个平面上,人们必须把它想象为一个难以表象的圆球。太极这个术语的原意是屋顶之栋梁或屋脊。(《庄子》一书中也提到这一点)在一个更高的层面上,它意味着任何最高的东西,如空间之顶点,皇宫之正殿,甚至是一种拳术。这个最高的东西为什么不用一个点而是用一条水平的直线来表示呢?这是出自在做八卦图时画线的习惯。一条线不仅指一个位置,而且也指一个平面,一个圆球,一个整体,在占卜中,它表示一个数,一个事实,一个事件或偶然的什么情况。人们可以说太极就在八卦之中,但是,不可绘制的且人们无法直观的太极却在八卦之上。

今天中国的运动家从事一种被称为太极拳的体育运动,一些人错误地把它称之为"阴拳"。它在于肢体的非常柔和的运动,其目的在于促进体内之气的流动。老人非常喜好这一运动,因为它几乎不需要肌肉用力,然而,如果人们坚持不懈地练习太极拳,它就会使人心平气和,身体健康。如果它仅仅像一台皮影戏,我们可以把它叫做"阴拳",这是一个从来不存在的术语,正确的解释应是"最高的拳术"。在两人之间的对抗中,它不能用来进行攻击,它的卓越处仅在于自身防守。

作为宇宙之最高本体,太极在新儒家中与绝对是同义词。它还与印度哲学中的《薄伽梵歌》之"我"(Atman)相对应,它还是现代哲学中的绝对,——叔本华如此猛烈地攻击了这一绝对。自从它首次在《易大传》中出现以来,很快被道家所采纳,而被儒家所忽略。没有人认真地对待它,并且与古代玄学一起被遗忘了近 15 个世纪。是一个名叫周敦颐(1017—1073)的伟大的精神领袖——新儒家的始祖,使它重新显现出来。然而,这一思想并未完全展开,《周子通书》——笔者在前几年已将这本小册子译成英文——未给出详细的讨论,因为关于这一主题的某些不属于他的小册子是有人加之于他的。但是从那时起,太极这一概念就不再是道家的专利了,它在宋明理学中居于突出的地位。

下面,我们来看阴阳的原则,这一原则对于我们来说似乎简单得无需任何解释。在汉语语法中,这两个字既是形容词,又是形容名词,并且也当副词用。作为一个复合词,它们代表一个整体的两半,是一个显示出极性的对应原则。在英语译本中,它们被分别称之为创造(阳)的原则和接受(阴)的原则。它们代表着两个对立面,如黑(阴)与亮(阳),夜与昼,雌与雄,正与反,恶与善,山之北与山之南,一个门的关闭与敞开,等等。奇数属阳,偶数属阴。在占卜时通过计算竹签,六被视为老阴,九被视为老阳,老的事物必转化为其对立面。因为在今天我们不再笃信任何神秘的命理学,即使在困难的处境中,我们也不诉求于任何神谕的点示,所以我们完全可以把它搁置一边。为着我们的目的,我们可以仅仅把这一事实铭记于心,即:在宇宙中的每一事物都处于一个永恒的相互变化之中。

其次,我们来看这一似乎有点模糊却又是实在的问题。当我们谈及阴和阳的时候,我们把它们理解为两个形容词,然而实际上什么才有资格被称之为阴和阳呢?它就是气,我们说阴气和阳气。在词源学中,这个字是一个象形文字,它指一股上升的气流,这股气流由三条曲线来表示。它意指空气,呼吸,风,气态的任何事物,大气层,任何情绪,能量的振动,等等。在白尼斯(Baynes)的译文中,它被译为力,这也是正确的。在宏观中,它是无所不在的生命的能量,在微观中,在一个人身上,它是他生命气息。它相当于梵语的般若(Prajna),是在奥义书中被提及的十类之一,奥义书对之进行了详细的讨论,但是它仅限于人类。如以上所引证,太极生两仪(力),即凭借着分裂为老与少,两仪生四象,然后再分,得出八卦,八卦相错,六十四卦始成。我们看到在原文中,作者使用了"生"这个字眼,它说明那不是一个一分为二的过程,而是与生命或生活气息密切相关的创造和产生的过程。

复次,我们来看"道"字,在英语中它没有严格的对应词。在德文中用的是 SINN(思想,意义),这是一个被理查德·威尔海姆编造出来的词,因为没有更好的词来替代它。然而,SINN 不足以涵盖"道"的意思,而且在他之前就被普遍接受的 Taoismus 这一名字被错误地称为"Sinnismus"。在汉语中,"道"之原初的意思是道路,小径,在更高的层面上,它意味着方法,真理,存在的依据和理由。例如,如果我们说每一体系都有自己的道,这就等于说每一体系有它自己的方式、原则和真理。在这先验的理论中,我们把它理解为一劳永逸地无所不在、无所不包、无所不演化的宇宙实体。因此,太极就是道。在《易大传》中说天道在上,地道在下,人道在中。在八卦符号中通过三条线来表示,它还表示任何事件的开始、中间和结束。在生命的层面,它还表示出生、发育及其完成。换言之,就是作为太极的道包含三个实体(天、地、人),而每一个实体又同样有它们自己的道。

被想象为一个点的最高的房梁趋于一个纯粹的抽象物,并转化为道家的无。按照老子的说法,道是世界的本体,即"无",他的"无"也是一个赋予每一事物场所的"空"。庄子阐述了同一学说,他说道无处不在,甚至在蝼蚁、瓦甓之中。倘若两位圣人都被误解,人们将肯定走向失败主义和可悲的虚无主义。他们的理论坚持认为,柔弱胜刚强,其成功乃是非刻意追求的。两位圣人活跃于孔子之后,而他们在本质上几乎完全相同的哲学,也是产生于这一源泉的。儒家却没有以上这种缺点。

对于不太熟悉古代中国哲学的读者,以上所说的话也许会显得怪异或荒谬。我们可以尝试根据现代哲学来解释它。严格地说,在中国哲学中,除去佛教的理论,对生活真理和宇宙真理的探求方法不是神秘的,虽然,在最后,生命和宇宙之谜其自身并未被任何一种方法揭示出来,而且神秘主义的某些部分必定总是被保留下来。这主要出自对自然问题的兴趣,就精神而言,它是自然主义的并且是世俗的。在德国,费希特试图把所有的对立(用中国话说就是阴与阳)还原为一个基本的统一。那统一与太极和绝对能有什么不同吗?借助于黑格尔,这个问题就更加明瞭了。黑格尔所持有的绝对精神是内在的和能动的——这很重要——它就是《易大传》的绝对。太极被当成不断运动的绝对,而且因为它运动,所以产生了阳;因为它静止,所以产生了阴。这就是说,创造与接受的原则是以这种方式产生的。太极——绝对,不是任何处于最高处的抽象的死寂之点,因为阴阳双方都处在巨大的循环之中。它必须被理解为一个永恒的和持续前进的实体,这一实体既提供内包,又提供外演,却不是任何人格化了的神或上帝。例如,在一昼夜中,当太阳正值中午时,阴气产生,它逐渐增长,直到走向在第二天中午的终结。阳气产生于午夜零时,在正午达到顶点,然后渐渐衰竭,直到午夜告终。一年四季也是这样,在一年中,阳的起始点是冬至,阴的起始点是夏至。因此,两者彼此包含,一者寓于另一者之中,而且没有任何一方能舍弃另一方而存在。宇宙中的任何其他变化也莫不如此。双方构成了一个有机整体,这一有机整体就是绝对。还有什么样的描述比之黑格尔把它称之为能动的描述更为贴切呢?

此外,黑格尔在他的哲学中说,有限的界定并非来自外部,它自己的本性是其自身灭亡的原因,而且通过它自身的活动走向它的对立面。对于阴阳原则而言,还能有比这更好的解释吗?例如,他说生命包含着死亡的种子,而且从根本上说,自我矛盾的有限物包含着它自身的自我限制。同样,这也可以用来说明一个体系。

黑格尔把矛盾的内在性置入他的辩证法中,而且他以这种方法把它推论出来:绝对是存在又是非存在。由于双方相互矛盾,所以它们是对立的。因此需要一个综合,人们在生成中能够找到这一综合。在此他求助于赫拉克利特的哲学。存在是一个抽象物,只能通过万物的变化认识它,而变化是普遍的,除了变化之外,存在不能显示自身。在此,我们走向本体自身,而本体就是太极的同义词。黑格尔的能动说就是指它的活动。这符合在阴阳学说基础上的新儒家的原则。

人们可能会问:黑格尔的辨证法从正题出发走向反题,最后走向它的必然的合题,相形之下,这个阴与阳的体系走向何处?回答是:它走向和谐。孔子已经创立了伟大的和谐学说,他的弟子传授了这一学说,在《中庸》中有这一学说的很好的解释,这部书又是孔子的孙子编写的。如同我们的理解,伟大的和谐意味着把杂多结合为一体,把特殊的东西囊括在普遍性之下,这样既不失去特殊性,又不破坏普遍性,而且,因为存在着永恒的和普遍的法则和秩序,其结合或集合以这种方式被达至,即:它们维护了人类的福祉。根据传统的描述,它的对立的不和谐的例子被举出来了,在天空:慧星的出现,星体的碰撞,破坏性的飓风,猛烈的雷暴,等等;在陆地:地震,火山喷发,大洪水,可耕土地的沙漠化,等等;在人间:饥荒,瘟疫流行,战争和各种暴行——一句话,各种破坏和阻碍文明发展的事物。作为与所有这些不和与纷争相对立的伟大的和谐是可以被设想的。这伟大的和谐,正是在宇宙的开端与终结之所有的事物中,并且是凭借着所有的事物来实现的。

在此短文中,不可能充分地论述如此之大的题目。以上之讨论,只是提供了一个浅显的关于变化的哲学观点,并清除了某些错误的概念。如果一个人对这些理念进行广泛的沉思,他就能为自己的人生观获得一个新的可靠的信念,他将确信对立双方的相互内在性和在它们之上的超验性。纯粹为了研究的目的,设若一个人能以这一正确的认识步入新儒家的殿堂,他会发现:他像在经历了一次长途跋涉之后,又返回家中,那房子已被修复,那家具又重擦亮,而这一切,却一点儿也不感到陌生。

1995年于北京

载于《古典重温——徐梵澄随笔》

北京大学出版社,2007年6月

温 习 篇

矫矫一代人,兀兀独隐几

——关于徐梵澄的对话

孙波(中国社会科学院世界宗教研究所)
杨煦生(北京大学高等人文研究院)

杨:自徐梵澄先生2000年春谢世以来,经过整整5年的辛劳,《徐梵澄文集》(以下简称《文集》)终于出版了。

孙:是的,这也是徐先生在世时候的一个心愿。我所做的工作,是为那些想了解他的读者,乃至今后想研究他这一系学问的学者,提供一个相对完整和系统的文本。

杨:可惜时至今日,对广大的读者群来说,徐梵澄恐怕还依然是一个颇为陌生的名字。徐先生一生驰骋出入于中、印、西三大文化体系之间,精神覆盖面之大,著述翻译所及的范围之广,真是令人钦佩。我想问的是,《文集》的基本结构是如何安排的呢?

孙:徐先生的文字著述,目前收集到的大概有600多万字。先生一生的学术贡献可以简要地归纳为四个方面:1,尼采主要著作的翻译;2,印度古代典籍如《奥义书》和《薄伽梵歌》的系统翻译和近世圣哲阿罗频多思想的系统译介;3,以英文著、译述向世界介绍中国古代思想和学术;4,以精神哲学的进路诠释中国古代思想。

《文集》的安排，为先著作、后译著。著作4卷，译著12卷。每卷的文字基本上按照写作或出版的时间排序：第一卷为《玄理参同》(1973)、《老子臆解》(1988)、《陆王学述》(1994)等。第二卷则为《小学菁华》，这是他1963年编辑的一部汉英字典，后在法国学者的催促下，于1976年出版于南印度。第三卷收录四部英文著、译述和一篇英语论文。《孔学古微》(1966)、《周子通书》(1978)、《肇论》(英译)(1981)、《唯识菁华》(1990)和《易大传——新儒家入门》(1995)。第四卷本卷收录了译、著述的中文序、跋，自1934年《尼采自传》至2003年《薄伽梵歌论》，跨度整整70年。梵澄曾说："我的文字不多，主要思想都在序、跋里了。"接着是忆鲁迅、怀友人、谈艺术的文章。又继之以《异学杂著》三篇，皆为文论：《希腊古典重温》、《澄庐文议》及《谈书》。最后为《蓬屋说诗》和《蓬屋诗存》。

杨：以上是徐先生自著部分，接下来就是译著了。

孙：是的。先是尼采著作四种《苏鲁支语录》(1936)、《尼采自传》(1935)、《朝霞》(1935)、《快乐的知识》(1935)及两篇长文《启蒙艺术家与文学者的灵魂》(1935)和《宗教生活》(1935)，这两篇长文分别是尼采《人间的，太人间的》一书的第三和第四部分。所有这些，编为文集的第五卷和第六卷。

杨：这是他当年向鲁迅交的第一份"作业"。

孙：但从时序来说，这也许是第二份作业，第一份该是他在德国学习期间为鲁迅所收集的版画，以及自己的版画创作实践。他所收集的所有版画资料（加上曹靖华在苏联所收集的、部分转道德国经他之手寄回国内的资料），成为了新版画运动的重要精神资源。而他的创作活动，又使他成为新版画运动的实际上的第一人。

杨：这一版的《文集》暂时无法充分顾及徐先生这部分的成果和贡献，这也许今后可能用其他的方式来补足。尼采是归国之后所译？

孙：是的。尼采自梁启超介绍而入中国，迄今已逾百年。70年前，遵鲁迅之嘱托，归国之后，青年徐梵澄开始系统地翻译尼采，当年他还是20多岁的年轻人，从海德堡回国奔丧之后，便未再往德国，上面这些尼采译本就是这一时期的成果。

杨：我之知道徐梵澄这一名字，就是大学时代读尼采时通过这些版本而得知的。但记得当时读的《尼采自传》是其他人的译本，书名是拉丁文原题《Ecce Homo》的直译《瞧啊，那人！》。当年（20世纪70、80年代）的阅读条件不像今天，这一点非常感念中山大学图书馆，该馆民国时期的藏书甚丰。走题了。徐先生似乎在尼采翻译之后，便基本很少翻译德语思想的著述，而开始转向印度文化了。接下来的译著，看来就大都出之印度文化这一领域了。

孙：在尼采翻译之后的一段时期中，德语文化也依然在他的翻译范围中，如为冯至先生主办的杂志所译的《歌德自著之浮士德》等，但这次文集的编辑过程中，未能寻得这篇译作。这里有两点需简要说明：第一，梵澄对尼采的评价，早年与晚年一以贯之，在《尼采自传》1934年版《序言》的末尾处说"……当能使我们因此更为'真理''真知'奋斗；正如在旅行的长途偶尔发现一两片小标志，指示前人曾此经过，则当能更有勇力前行，而且突过以往的限度。"52年后，他在《苏鲁支语录》的《重版缀言》中说："尼采思想，出自一个精神的渊源，高出普通智识水平一头地。这'精神'姑可谓双摄其理智和情感。——然也不算高极，绝不是如其自己所云：怎样一足离开了地球，在'人类和时代以外六千尺'。"这皆是相当冷静相当理性的评价。看前者的文字，不由你不叹服他的少年老成。第二，你说他后来转向了印度文化，这是不错的。但是，这又是他精神治思的必然逻辑，因为按照阿罗频多的说法，尼采只是精神里程的半途，而精神的探索，必须"穷其源头"，因此，向古代印度文明进发，乃文化与学术建设之大任。这一点，鲁迅在1907年的《摩罗诗力说》中已指出了。在此，还应该说到一个治思方向的问题，方向不同，结论会迥然有别。譬如有治《薄伽梵歌》的人，从这一古代战争的史诗出发，演绎出四种姓的确立和阶级斗争的线索；又如有治尼采的人，断论尼采是法西斯蒂之观念的先导。而徐先生论尼采，提撕大哲之"灵感"面，遥契并同符于阿罗频多之"超心思"哲学，盖因二人指向不异，以下的看法可为佐证，"必有健全的个人，才能合为良好的集体。"提倡个人主义不假，但这是崇高的个人主义，而崇高的个人主义与良好的集体主义，为一体之两端，其实"道通为一"。

接下来，确实就主要集中在印度文化领域了。第7卷收录了译著6种：《佛教述略》(1939)、《社会进化论》(1960)、《神母道论》(1972)、《安慧〈三十唯识〉疏释》(1990)、《周天集》(1991)、《因明蠡勺论》(手稿)。

其中，《社会进化论》是阿罗频多很重要的一部著作，他把人类历史分成四个时期：第一期，象征期，属于想象和直觉性质；第二，典型期，属于心理和伦理性质；第三，因袭期，属于知识性质；第四期为主观主义时代，即人人精神发扬，汇成光明大道。这本书完成于1918年7月，对世界形势之成败利钝多有预见，其后的历史多有能与书中所言相印证者。

杨：这一卷除了《社会进化论》，其他基本是一些篇幅较小的作品,那些印度文化的鸿篇巨制的典籍也该上场了。

孙:是的。第八卷为《薄伽梵歌》和《薄伽梵歌论》,《薄伽梵歌》乃是印度民族千祀传承、所以安身立命之大法,犹如伊斯兰教之《可兰经》,基督宗教之新、旧约《圣经》。印度当代领袖,不论是甘地还是阿罗频多,都据这一圣典弘扬印度文化精神,并以此促进独立运动,而终使印度民族获得解放与自由。

杨:在世界史、中国史上这种例子并不孤立。对某些塑范过特定文化的基本经典的重新阐释,常常是新的文化运动的先声,有时还直接成为政治改革乃至民族独立运动的先声。古希腊罗马经典之于文艺复兴、马丁·路德的德文《圣经》翻译之于宗教改革、今文经学之于康有为和戊戌变法、熊十力之重解"大易"精神之于20世纪的现代新儒学运动等等,都是很好的例证。在宗教史的范围内,更其如此。对基本经典的重新阐释,常常导发新的规范的形成,从而引发新的精神运动。章炳麟"以国粹激动种性"的思路本来就出于这种自觉。——当然,这种阐释有时也刚好以激烈、极端的批判方式出现,比如"五四",狂人读史,字里行间只读出"吃人",可鲁迅终生读中国书如故。沈曾植曾经对归国的陈寅恪慨叹无书可读,初听起来,确实很不好解。但道理也不复杂,一个民族的基本经典,本来就不过那么一些,正是这些原典提供了一种文化的基本精神范式。在当代学院化的语境中,学问的确日益令人眼花缭乱,各种学科的专门化正未有穷期。从不同的视角,各种问题也正在不断地被构建出来、各种具体的研究正在无穷尽地展开。这些都是当前学院知识状况的实情。可真正有意义的精神运动恰都是从那些原典发轫的。读书人往往好轻言"创造"什么的,其实,在精神领域,太阳底下,哪真来那么多新东西?说远了,我们还是先回到《薄伽梵歌》来吧。

孙：《薄伽梵歌》的中译本，于1950年在贝纳尼斯完成，1957年出版于南印度，与卫金斯（Charles Wilkins, 1749?—1836）之英译本出版，相距已是165年了。1990年，中译本由佛教文化研究所再版，于内部流传，未广发行。二版经文微有修改，注释则保持原貌。

《薄伽梵歌论》，为阿罗频多狱中读《歌》而见道之作。原著为英语，1916年至1920年间先刊发于阿氏个人刊物《阿黎耶》（Arya）上，后修定为单行本，初版于1928年，后又多次再版；1972阿氏百年诞辰之际，此书又收入全集，为其中第13册。《论》的首章即为《大综合论》，乃集大成之谓，网罗百家之学而贯通之，明人生之路，晓瑜伽之途，指归不外乎"体天而立人极"；这也可说是中西印文化精神之至高契合点，也就是：由人而圣而希天。

2003年12月，《论》与《歌》之合集由商务印书馆出版。这一版中的《论》部依据抄稿，《歌》部取自佛协版。徐先生去世之前，在病榻上校阅了该书约三分之一，谢世之后，我继续校完了全文。

《歌论》首章案语，徐先生有这样的话："阿罗频多氏之学，可谓大矣。独于雪藏以北中华五千年文明，所言甚略；若使大时代将临，人莫我知，无憾也。而我不可以不知人，则广挹世界文化之菁英，集其大成，以陶淑当世而启迪后人，固有望于中华之士矣。"

杨：徐先生的寄托是清楚不过的。接着是《母亲的话》了。

孙：《母亲的话》共四辑，分别出版于1956、1958和1978年，在文集中分作两卷，即第九及第十卷。其他尚有四辑未出版。"母亲"密那氏（Mira）为室利·阿罗频多学院的另一精神大师，被尊为院母，"神圣母亲"或"母亲"，皆表尊敬义。她是法国人，生于 1878 年，寂于 1973 年。密氏出身贵族，从小多才艺，后倾心于精神哲学，致趣于玄秘学术。曾想游历中国，恰逢当年中国正值北洋乱世，所以未能如愿。往日本时，途经法属南印度之琫地舍里，遇在此避难并隐居的室利·阿罗频多，两人论学相契。后母亲由日本返回巴黎，变卖房产，筹措款项，于 1914 年 3 月 29 日（此被定为该院之重要节日）再度登岸南印度，从此开启了长达 60 年的伟大的精神事业。

1926 年，阿罗频多退隐，母亲遂全面主管院务，她亲手把一个"阿施蓝"（修道院）建设成为世人瞩目并敬仰的"阿罗新城"。由她所翻译的阿罗频多重要著作有若干种，然这《母亲的话》，则是她自撰的文字和讲说。甘地曾经读过该书并叹曰："此滴滴甘露也！"

杨：这一部分都涉及当代人类的内在精神生活，或者说性灵生活。这正是阿罗频多学院对当代精神生活的最大贡献，这一贡献部分以不同方式折射于西方的"新时代"（New Age）运动及各种试图建立新的、个人的宗教性的性灵运动之中，然而其深远处恐怕还远未充分显山露水。所以徐先生除了《母亲的话》之外，更翻译了阿罗频多本人的《瑜伽论》和已成为印度当代经典的《神圣人生论》。

孙：阿罗频多的《瑜伽论》，即《综合瑜伽论》，共有三集。《文集》收入了第一集全四部。以及原本刊于第二集的《瑜伽论札集》（第 1 部）及《瑜伽的基础》，《论札集》皆为大师平生答弟子疑问之文字，先读此书，于瑜伽之学较易明通；《瑜伽的基础》更是入道之门径。《文集》今将六书分为两卷，即今天的第十一和十二卷。

阿罗频多之《瑜伽论》为大全瑜伽，又可视作新瑜伽论。它的目的，不在于出世而入乎"涅槃"、"天国"，而在于生命与存在之神圣圆成；它的追寻，也非个人之精神成就，而是为了人世或人生之意义，即人类精神之进化。阿罗频多摄人生之大全，认为人生全部为一瑜伽，则无事不是修为。一言以蔽之，瑜伽究竟是实践之学。

杨：接着是《神圣人生论》，如果说，《薄伽梵歌论》和《瑜伽论》是阿氏的"述"，是对传统的整理和现代语境中的新阐释，那这才是阿罗频多真正的"作"——立言之作了。

孙：《文集》的第十三、十四卷为《神圣人生论》，《神圣人生论》(The Life Divine)，原文为英语，撰写并陆续发表于(1914—1919)《阿黎耶》(Arya)。后经作者修改于1939—1940年，因订成专书，分上、下二卷，全部共计56章、1070页(《纪念集》本)。法文译本La Vie Divine，由院母密那氏(Mira)译出。德文译本Das Heilige Leben，为德国卡别斯(C. Kappes)所译。这部中文译本，由梵澄于1952年3月译出，1984年5月由商务印书馆出版。

关于《神圣人生论》，徐先生有这样的话："拙译虽不足观，然此书一出，对国外之影响颇大，以知我国思想家正尔涵纳众流，如海广渊。五印度固视此书为当代唯一宝典，而欧美亦殊尊重之也。(其)思想之现代亦不后人，非以一、二派哲学固步自封者。"徐先生称此书为阿罗频多"平生唯一杰作"。我们可以这样理解，阿氏收摄自韦陀以下印度诸派学理及佛乘加以批判，融会贯通且自出心裁，因之大成于韦檀多哲学。室利·阿罗频多是印度近代"三圣"中之"圣哲"，印度独立后，为纪念这位开国元勋和精神大师，他的生辰被定为独立国庆日(8月15日)。阿氏自幼在英国接受教育,至21岁时自剑桥回国。回国后渐渐从事独立运动,到34岁时,已成为名教授而被推为大学校长。后又成为秘密结社之魁首,主持暴动暗杀等事。因秘密结社事败露,被捕入狱,一年后获释,仍继续其爱国运动,又再度遭捕。其间被拘押于南印度的海滨埠头琫地舍里。此地当时是英国势力所不及的法属殖民地,此时阿氏38岁。自此隐居著述凡40年,以至示寂,终生未离该地。

阿罗频多狱中读《薄伽梵歌》而见道,遂著有《薄伽梵歌论》,《薄伽梵歌》大略成书于佛陀的时代。然而其影响力后为佛教所掩。我们知道,韦陀时代的晚期,韦檀多学兴起,其经典为诸《奥义书》(公元前7至5世纪),其要旨为世界不二,"彼"(本体)"此"(现象)一体。这是所谓的"有宗"。佛教也是一元论,但认为"彼"、"此"皆空,(空宗)。这样,不可名相的涅槃实为一负极的绝对者。到了印度的中古时代,韦檀多学的关键人物商羯罗(788—821)以韦檀多学的摩耶,即"幻有",代替了佛教的"无常",但是,这种思想虽然与佛教的基本教义相对峙,可是其性质还是趋同,即都有消极厌世、以出家为指归的特点。这种悲观主义的情调几乎笼罩了印度民族两千余年,严重损伤了民族精神。而阿罗频多倡导《薄伽梵歌》中的行业瑜珈,从民族精神的深处,将一负极之路,引导到一正极的轨道上来。其学说,也因此成为印度民族争取独立自由的理论武器和未来发展的思想旗帜。

阿罗频多在世时,甘地和泰戈尔对他都十分尊重,泰戈尔曾做《敬拜室利·阿罗频多》一诗。阿罗频多也有《萨未致》(太阳神之名)一卷长诗行世,结构宏大,是《罗摩传》类型的巨制,此外还有短章若干。以诗而论,他本也可与泰戈尔比肩,恐怕就是未存以诗鸣世之心。

《神圣人生论》一书文采瑰伟,铺排弘肆,如江涌潮推,反转不已。其中大有深旨与极归。其旨在于:超心思;其归则是:人生转化。其旨其归,皆与中国儒家思想为近为合,而与宗教相疏相远。所以梵澄曾说:我国若有新精神哲学之建立,当藉此书为蓝本。

1984年,《五十奥义书》和《神圣人生论》在北京出版,学界应者寥寥。大概是因为对印度古学和阿罗频多其人都陌生的缘故。只有金克木先生在1987年《读书》第6期上发表过一篇评论文章。他说到:"两书一古一今,相隔两千多年,但是一脉相通,其中的奥妙是关心世界文化思想史的人所不应忽略的吧?"两书出后,有海外学人称梵澄为"玄奘第二",说他又重新架起了中印文化的桥梁。这个评价并不过誉,因为实情是,用徐先生的《薄伽梵歌》序言里的原话来说:"……(玄)奘、(义)净而后,吾华渐不闻天竺之事,几不知佛法之外,彼邦原有其正道大法存焉。以言乎学术参证,文化交流,近世乃瞠乎欧西后尘,倘从此学续译其书,正可自成一藏,于佛藏、道藏比美。"

杨:就重架桥梁这一点而言,誉徐先生为"玄奘第二"是挺恰当的——因为自唐以降,这么大规模翻译印度古今典籍,并且是独力撑持的,确实找不到其他例证。但这一问题还该有其他的视角,我们先按下不表,后面细谈。最后,便该是《奥义书》压轴了,就其翻译的成就而言,这是顶峰。

孙:是的,这是《文集》的第十五、十六卷。在印度文化中,韦陀之教明著于韦檀多学,《奥义书》即是其典籍,成书年代约略于公元前7至前5世纪。传布至今,汇为总集者,或百零八书,或百二十书;但古来最为世人推重者,不过十几种。

室利·阿罗频多言:"奥义诸书,皆启明之乘器,非教训之方册也。"其哲思,信忱,灵趣,皆混一而未分,然于绪当为正统,于教则为"有"宗。"有"宗者,意义者在焉,谓超世界人类以上,有存在者。此存在者,曰:大梵,曰:自我,等等;此不异于庄子之所谓:"天地与我并生,万物与我为一"之"一"者。

《奥义书》之翻译,初始于16世纪的波斯文翻译。1801年有法人杜柏农(Anquetil Duperron)的拉丁文本。英文译本,出版于1832年,继而有穆勒(F. Max Mueller)等人的译本。德国则有杜森(Paul Deussen)所译的《六十奥义书》,初版1897年,梵澄先生称此本"最为善本"。另有上世纪初叶美国之休谟(Hume)译本《十三奥义书》,亦颇精采。在东方,日本尝聚梵文学者27人,译成《奥义书全集》都百十六种,分为九卷,出版于1922至1924年。

杨:英译本的译者穆勒,现在中文一般通译为马克斯·缪勒,此人正是比较宗教学或者说宗教学的公认的奠基者。而人们往往并未深究,对《奥义书》的翻译对宗教学这门"西方"学问起了何等作用。

孙:我国译本,古有刘继庄之译,今有汤用彤节译,可惜梵澄先生都未能见到。梵澄初译,为《伊莎》与《由谁》二书,并附阿罗频多英文疏释,出版于1957年之南印度。后集《五十奥义书》者,略去阿氏两书之疏释,于1984年出版于北京。这次文集出版,重新辑录了阿氏之疏释,附于下卷末。读者循此疏释,可窥大师之神思。

杨:我们说徐先生是20世纪中国学人中学兼中、西、印三大文化圈的精神传统的屈指可数者,那么,依你看来,这其中的会通问题在哪部译作或著述中体现最充分呢?

孙:当然是收入《文集》第一卷的《玄理参同》这部书了。这是一本很奇特的书，书的原名是《赫那克莱妥斯（Heraclitus）》，即是今天通译为赫拉克利特的那位古希腊哲学家。阿罗频多以印度精神哲学的眼光，审察这一宗哲学而加以申论，梵澄翻译了阿氏之作，附以长篇疏释，并以中国哲学的眼光参与对话，所以更名为《玄理参同》。因徐先生的文字远超于阿氏文字，所以将此书视为"著作"，也未尝不可。

杨：文集概貌如此，平心而论，这是一大宗"当代精神文物"。尽管徐先生有生之年，曾经以不同方式问世的文字大概过半，但主要还是集中在译著方面，并且还都是在南印度那个如此独特的中文印刷所印行的。

孙：为了支持徐先生的工作，母亲差人从香港特意采购了整套的中文印刷设备。这大概是印度唯一的一个中文印刷所，起码当年如此。

杨：先生自著者，除了《老子臆解》和《陆王学述》外，其他——尤其是在印度期间的英文著作，几乎罕为世人所知。所幸者，现在《文集》终于成型，这一大宗"精神文物"终于"出土"！你的辛劳和心血，终于先有个着落。

孙：除此之外，其他的佚失的徐梵澄文稿和著作还有一些。比如我在编辑《徐梵澄集》[①]时提到的佚失的手稿《佛教密乘研究——摄真言义释》，此外还有一部手稿《中国古代小说》，见之先生遗物中的一张手页，其中括弧内注，（"英译。此从鲁迅校刊之《唐宋传奇集》及《古小说钩沉》中选出。已用打字机打好。出版时当由梵澄校对一、二过，更斟定其样式大小及分行布白之处，务使与欧美出版之书同其精致。"）这次文集编辑过程中，未

---

① 中国社会科学出版社，2001年。

能悉数收入,毕竟是一件令人痛惜的事情。希望完璧之日早些到来。

杨:是啊。记得四川有人来信请你鉴定一份徐先生的手稿,一旦得知确为真迹,便泥牛入海,无迹可寻了。不就只希望他能贡献一份复印件以编入文集么!还有那丧事期间不翼而飞的完整文稿,等等等等。考古、文物界有个很常用的话,"地不爱宝",地不爱宝,所以破碎的精神法统得以缀补,千古疑团得以冰释。可人一爱宝,并且一"爱"起来还不可收拾,这样事情可就麻烦了。精神史上的杰出人物常常遭遇这种命运。——我在这里宁可使用"精神史"这个概念。那些呕心沥血的精神产品(不但是文字),往往被人这么一"爱",就再也不见天日了。——真不知道是该到拍卖场上去打捞,还是该先尽量将篇目清单传世,让盗墓贼千百年口口相传、烂熟于心,到时候别再当伪书处置了。

孙:徐先生无后,无直接的遗产继承人。所有徐先生的精神遗产,都将以中国社会科学院世界宗教研究所所有的形式,归全社会共同占有。我们真希望藏有徐先生手稿的人士充分理解这一点。我们借此机会,再次向藏有徐先生遗稿、佚稿的朋友发出吁请,为中国学术事业计,为让徐梵澄的精神遗产得以完整地传世,能将所有这些佚稿贡献出来——原件收藏者尽管保留,只要献出一份复印件便可。这将功莫大焉,善莫大焉!

杨:徐梵澄的一生,可以说是一个独特的精神事件。只不过由于他几乎大半生的近乎"隐逸"的生涯,使这一事件至今依然是一个"隐事件"。这种隐逸生涯,本是无意为之,事实上,他可是"隐而不逸",而且始终勇猛精进,但"看起来"的确如此——单蛰居印度便已是33年。回国之后到逝世的22年,除了他的老友如贺麟、冯至,除了为数不多的亲戚,除了中国社会科学院的某些领导如胡乔木、李慎之、任继愈等,除了宗教所的同事以及少量的编辑,整个"公共领域"——且不说整个的公共领域,这个公共领域早就被等同于传媒了,而只说公共领域的"知识界"部分,似乎始终还未成熟到可以关注他的地步,更不必说了解和理解了。现在《文集》出版,可以说是为这个独特的精神事件划上了第一个轻柔的句号。而今开始,这个独特的精神事件,该慢慢地从一个"隐事件"转化为一个"显事件"了,也该因此慢慢进入高举深思之士的视野了。在这一"隐事件"的意义上,他是一个当代"隐士",一个不"仕"之士,不必只是从一般的政治意义上,也是从学界、思想界的风云的意义上。总之,这是一个有力量沉潜而远举的人。

孙:徐先生年轻时,用鲁迅的话来说,就颇效尼采之风,独往独来。由于记录鲁迅的一次讲演(《老而不死论》)而开始了与鲁迅的交往。后来留学德国,归国后,直到鲁迅去世,根据他的回忆,在上海期间,除了与鲁迅的"单线联系"式的往来,几乎没多少交往。他与所谓的主流学界和思想界从来就没太多直接的交道,这一点似乎贯彻了他的一生。抗战期间,他任教于中央艺专,兼职于中央大学及国立图书馆,辗转于西南。1945年受国民政府的派遣,赴印度泰戈尔大学任教,后来再转到贝纳尼斯深研梵文,再到琫地舍里的阿罗频多学院(南印度国际教育中心),至1978年归来时,已是年近古稀了!所以不为世所知,也算是自然不过的事情。

杨:一生自外于名利圈,不党不群,既没刻意推动"思潮",也未存心介入"运动"。用鲁迅的话,是既不属于什么派,更无所谓何"翼"。这一点,一方面当然该是出于他的性格,一方面,恐怕与他从鲁迅那里承袭来的"要赶快做"的急切的使命感有关。

看似闲云野鹤、澹然物外,可实际上也是"朝受命而夕饮冰"——终身内热也!只是在他这里,所有这一切结合得这么浑然。正如鲁迅在陶渊明身上看到的,并不仅仅是那种众所周知的"采菊东篱下"的清逸和洒脱,而更是那种"猛志固常在"的专注和勇猛。这种"猛志",终究和社会层面的现实功业无关。斗士和猛士,有时候是与通常意义上的、沙场上金戈铁马风马牛不相及的。人类所必须承领的种种战斗之中,有的不过是向无意义的,或者危害生命意义的一切而战而已。这种无形的战争,要求更多的"猛志"和韧性。

孙:他多次讲,人必须一天工作14个小时。可以说,这是夫子自道。从我们的了解,他在生命的大部分历程中是实践了这一点的。像那些印度典籍,特别是《五十奥义书》的翻译,这么庞大的工作量,独力完成,没有这样超然的心态、没有这种勇猛的精神,没有这两者在他身上的奇特而完美的结合,所有这些都不可想象。如见《五十奥义书》首书《爱多列雅奥义书》引言末尾:"一九五三,十一月,二十日清晨译竟,徐梵澄识于法属印度室利·阿罗频多学院"。他的生活是高度自律的。据冯至先生女公子冯姚平回忆,徐先生年轻时风度翩翩、衣冠整洁、彬彬有礼。到人家里去拜访,就是赊账也一定要买束花去,德国人都喜欢他。他是自费留学,有时候家里的钱未及时寄到,只好借钱或赊账。由于讲信用,所以老板们都愿意赊账给他。房东老太太更是喜欢他,简直当儿子看待。但他的生活却十分严肃。老年梵澄曾告诉冯姚平,那时的留学生们生活一般比较散乱,但他与冯至两人是规矩的。梵澄说他自己是学会了念咒语,而冯至则是出于对夫人的忠诚。梵澄在《星花旧影》中回忆道,"……此后在留学期间,凡学生萎靡事……凡(鲁迅)先生嘲笑过的,皆没有做过。后来极穷,也未尝自己煮饭,真是'竖起脊梁',好好地读书。"

杨:他的为人所不知,除了他的不无传奇色彩的生涯和独特的生活方式之外,恐怕还有一个很重要的原因,就是他的整个研究、翻译工作,按照20世纪以来慢慢形成的学科分野而言,很难归类,所以也就很难"归队"——纳入人们早已习以为常的、因而再也不问其所以然的那些框架之中。一个有原创性、并且自觉坚持浑朴的整体性的学者和思想者的命运在此就会变得很独特。而在徐梵澄这里,他的那种传统士人的身份与世界主义者的指向的高度结合有关。所以他是一个很难定义的,甚至是说有某种不可定义性的人物。

孙:是的,鲁迅就很赞赏他的旧学根基。他出身于一个湖南的世家,大概是最后还有缘享受传统的塾师教育的一代,又是最早进入新式教会学校的、年纪轻轻就打下了良好的外语根基的一代。但是,我们知道,他甚至很难说有一张受过高等教育的正式文凭。少时依父命考入湘雅医专,又自作主张考入武汉中山大学历史系,后又考入复旦大学西洋文学系,都是在届不满,又辗转他方。在海德堡大学的博士论文都写好了,忽闻老父病危,遂放弃学业回国奔丧。他后来呈鲁迅的诗中曾有这样的句子:"几度沧江话劫灰,酸梨残命有余哀。"典出明代某禅师的诗"上苑已无苹婆果,且留残命吃酸梨。"梵澄说,"当年留学回来,风云得路,大吃苹婆果的人物多少!我只能在上海依先生而得些稿费,吃些酸梨而已。"此时的梵澄,是个独来独往的自由撰稿人。

抗战胜利后,他被教育部派往印度泰戈尔国际大学任教,这座大学充满了自由和浪漫的情调。泰戈尔的理想,是菩提树下海阔天空的讨论和神游,一句话,将大学办成诗人的摇篮。后来,1951年后到达室利·阿罗频多学院时,则更是耳目一新,一切设施皆富于新意,有某种启明的原则和理想弥漫其间。其时阿罗频多已于头年去世,院母接见并留下了梵澄。在此,他又开始了他27年的学术事业。回国后他曾回忆说"……'母亲'对我太好了,太器重了。如果她还活着,我就不好意思离开她。"他归国以后,中国社会科学院及世界宗教研究所的领导都待他甚好。院长胡乔木为《五十奥义书》的出版问题专门致信中国社会科学出版社。他提出不参加政治学习、不参加一般性的会议、不接受媒体的采访,时任宗教所所长的任继愈先生一概应允。

这里涉及一个比较微妙的问题,就是他与某种确定的社会机制的关系。他常说自己性格"乖张",在我看来,若作同情的深求,可以说他保持着对被"异化"的可能性的警惕。他认为人的知觉性要粘柔,要时时内入而反顾,要时时外发而转进,如此这般,我的理解,人的精神才不至于被外物"异化"或自我"钙化"。

杨:是啊,五四一代的士人,具备这种精神结构并得以贯彻的人还相对有一些,而此后,却是凤毛麟角了。徐先生是该属五四之后的这一代的。可是进入20世纪后半叶的士人中,像他这样既保持士人的精神气质和知识结构,又同时成为文化意义上的世界主义者的人,还真不多。他是狂士——鲁迅为他辛苦抄稿、校对而不自知。他是斗士——对当年的复旦大学的批判,引起了轩然大波。年轻时,以痛伐复旦大学弊端的文字发端,抨击时弊的文字不绝,然而竟无意存世,一切都出于使命感和鲁迅式的信念,让这种文字与它所批判的时代一道消亡。

孙:是的,80、90年代,曾有研究者多方搜寻,想把徐先生早年的杂文收集成书。因为这也是与鲁迅研究相关的一个不大不小的问题——当年很多人就把徐梵澄的杂文误以为是出于鲁迅的手笔,鲁迅为此还专门作过说明。可徐先生并未支持这一努力。这一举动只有在这种精神背景下才能得到理解。他在给鲁迅博物馆姚锡佩的信中说:"近闻昔年'自由谈'之拙文多篇,有好事者将其汇集出版。我准备'不认账'了。目前,极难在青年界及一般知识分子中,养成一种敦庞笃厚之风,使人皆有一种开国之豁达光明气象。用于催挫旧社会之尖锐刻薄冷嘲热讽之文字,不宜用于现代了。倘若昔年之故态不改,则亦证明几十年毫无进步。'亦已焉哉'。"又给《文汇读书周报》的陆灏回信中说:"日月出矣,爝火不息;刻舟求剑,其可得乎? 时过一甲子,而足下犹以'自由谈'为言,陈年日历,何所用之?"

杨:在当年的鲁迅门人中,气质上相近者或很受鲁迅精神上的沾溉的人并不少——这个名单可以列得挺长,柔石、胡风、冯雪峰、萧军、萧红……瞿秋白大概该算是朋友辈。可像徐梵澄这样与鲁迅气质如此相近的人,大概不多。我总觉得,晚年的鲁迅在年轻的徐梵澄身上看到的,或许正该是他自己《自题小像》、《坟》这个年代的影子。所以,那个准备"我以我血荐轩辕"、也毕生都一直"怒向刀丛觅小诗"的鲁迅,现在当机立断地劝阻这个准备"摩顶放踵、捐生喋血"的青年徐诗荃。这个时代的所有优秀青年,都是满腔救世激情的热血青年,这一点毫无疑义。传统的士大夫阶层的关于天下家国的关怀,在这一时代诚然发生了范式性的变化,但其实实质依然。这些人根本上都有成为斗士的人格准备。

孙:正是鲁迅"自足于春华"的告诫,成为徐梵澄的精神生涯的一个至关重要的转折点。当年的梵澄正是湖南人的脾气,好走极端,激烈,意欲"入世革命",摩顶放踵,捐生喋血,利天下而为之；否则，不如出家，当和尚去。鲁迅劝他："捐生喋血，固亦大地之快，足使沉滞的人间，活跃一下，但使旁观者于悒，却是大缺点……此外，作和尚也不行，我常劝青年稍自足于春华，盖为此也。"这后句可作一个转换，用阿罗频多的话说，叫做"牺牲之途非一，奉献正尔多方。"似乎阿罗频多也有这样的意思："正无需乎震骇一时的牺牲，不如深沉的韧性的战斗！"

在这种意义上，正是鲁迅以他的大慧眼和大爱心，为中国的学术思想界保留了这么一根卓越的根苗。如果年轻的徐诗荃也走上左联文学青年的道路，中国学术史就会少了一道独特的、不可或缺的、不可代替的并且也许还不可重复的图景了。

杨：我们知道，鲁迅门下，确实不乏斗士。左联五烈士、胡风等便是很好的例证。但是斗士们的所该驰骋的疆场，却是多元的。不是每个人都必须以轰轰烈烈的方式践道，并不是每个人都得准备成为烈士。嵇康式的或谭嗣同式、秋瑾式的成义形式，不是什么时候都必要。不管个人的主观的人格准备如何，毕竟天命各各不同。对于一个"士人"来说，需要驰骋的疆场正多。鲁迅当然是有他的大法眼的。

我们在此谈论他与鲁迅的气质性的相通、知识结构和精神取向的类似，其中很重要的一个方面，就是他们的艺术气质和审美上的共通——正是这两个辈分不同的人身上一样深厚的旧学根底。如果不在这个"反传统"成为超级关键词的时代，这两人恰好是传统意义的"高士"和"雅士"的最好不过的材质。

孙：他们之间的交往在艺术方面有很深的根由。梵澄之于鲁迅，神会气契，同"游于艺"，共"妙慧心"，因此"鼓宫宫动，鼓商商应"。梵澄莫非就失去了自我呢？不然。他只是把个人的自我融进了精神导师更大的自我当中。这一种充满喜悦的精神经验,该正是印度哲学中所谓的阿难陀(Ananda,悦乐)。老年梵澄回忆"神圣母亲"时,说:"与母亲谈话,就失去了自己的思路,只能跟着她的思路走。"母亲多才艺,"音乐和绘画皆其所擅长,有声于艺术界"。在精神的高境上,鉴赏能力和审美能力是一回事,既非"同情知",亦非"推理知",而是"同一知",因此,表面上的"失去",就变成了内心中的"自得"。

杨:这与他们对魏晋文人的归趋该有直接的关系。"彷徨"时期的鲁迅,曾用几乎十年的时间读佛、钞古碑、校《嵇康集》。鲁迅之与魏晋的关系,是他个人并不讳言的。那对贺寿的对子——"托尼思想,魏晋文章",是得到他的首肯的。对魏晋的归趋,意味着这么些东西——对性灵风骨的独尊,对个性的肯定,五四以来的"个性"或"个人主义"往往只得到政治学和社会学意义的解读,在我看来,这个问题毋宁是一个精神世界尤其是个体精神取向的自主性问题,以及与此相关的一种很独特的对抗不同时代的"俗媚"(这正是今天文化批判所绕不过的那个德语词 Kitsch 所包括的意义)的纯正刚健的审美趣味等等。在这一点上,年轻的徐梵澄恰好与鲁迅心有所同。这也该是鲁迅对这个特立独行的后生特别地宽容、特别地心有戚戚的原因。单从书法而言,他们都崇魏碑,他们对《张黑女》的钟爱(他那首呈鲁迅的《楚人吟》,正是用很纯正的《张黑女》笔法写出的),看来是巧合,但更多的是必然。

孙:徐先生在《跋旧作版画》一文中回忆,他的版画皆作于1930年至1931年,算来颇有一些年岁了。他自己早已完全忘却了这回事。他说:"追记起一些往事,不免凄然伤怀。在艺术方面,我其实也曾有一些发端,但多未曾继续下去。"治中国现代版画学者李允经认为,徐先生是"中国新兴版画第一人"。他撰文记录了拜访徐先生的场景：他带着藏品，请梵澄过目。先生一看，便顿生抚今追昔之感："啊！是我刻的！是！是！哎哟，快60年了吧，那时，鄙人是21岁，如今80老朽了！鲁迅，鲁迅了不起的细心人，真想不到还一直保存至今……"

杨：鲁迅对传统版画的钟爱，明显地影响了他。从对"碑学"的钟爱到对中国版画传统的重视，再到德国版画的引进。这里有某种贯穿其中的东西。我一直觉得，德意志民族的精神天赋主要发挥在纯粹的精神领域——神学、哲学、音乐等等，总之，在性灵的（spiritual）、在"立法性的"和"立义性的"（gesetzgebend und sinngebend）的领域。和他们在造型艺术方面的最大的贡献，除了在建筑艺术领域，就是主要在版画领域了（20世纪的表现主义运动当然也有其重大的艺术史意义）。正是荷尔拜因、丢勒一脉的版画传统，构成了德国绘画艺术的主线。版画在色彩上的黑白灰的高度"抽象"，正是与中国传统绘画对话的一个基点。

孙：是的，依他对艺术的理解和才力，他完全可以把这一对话进行下去。但是，他没有在这一领域继续进行这种对话，并且他把自己属于艺术类的作品当作"余事"。这与他作为传统士人的这一面关系甚大。

因为，追求真理当有更大者，即"立言"。他从来不看重自己的绘画和书法作品，这些东西对他而言，不过是如庄子讲的"迹"，而"所以迹"，即艺术的灵感与精神，他却反复陈言，一贯强调。

杨：是的。这是一个很有意义的现象。很多创造力横溢、在很多方向都卓有建树的中国士人，总把他们的艺术活动当成"余事"看待。这一点确有儒家理性主义的一点"遗毒"在。传统的价值体系有它独自的谱系和次第。"修齐治平"是正业,其他概为"余事"。"三不朽"中,立德为上、立功次之,立言则是末位。套用尼采的话,我们这个民族确实有点"人间的,太人间的"!

这一点很容易引起误解并且事实上不断地被误解着。如果我们反过来从另外的视角看,我们这个民族确又是一直很"审美的"。从孔老夫子的时代起,"六艺"的地位从来很神圣。不学诗,无以言。传统士人对教育的整体性和生命的整体性的追求并未断绝。这一点本正是"文化"一词的精义所在。正是对这种整体性和有机性的坚持,使传统的士人(士大夫)大体都保持了相对完满的精神世界。嵇康、阮籍、李白、王维、苏轼、徐渭这些旷世之才外,各种流品的人物不胜细举。即便是一个从文人史上根本排不上队的清人刘墉"刘罗锅",现在都成了当代拍卖场里时不时创点小纪录的小英雄了。

可是无论如何,一个士人对政治生活、对生活世界的使命感,始终还是居于核心。所以,"余事"的说法,往往也不是出于自谦,而是出于对这种整体性的使命的自觉。

孙:并且,在这个价值体系中,即使在艺术范围内,也是一方面有其整体性,一方面又有其独特的次第的。其中"诗"总是居于第一位的。徐先生对自己的旧体诗还是很重视的。他对晚辈姜丽蓉曾说,只有他的诗集才是他自己的,当然这是谦词。不过他在世时甚少谈到自己,殁世以后,能收集到的关于他生平的材料又非常少。所以,他的诗集对追踪他的心路历程,就显得十分重要了。他说在年轻时有诗辄寄给鲁迅,鲁迅写信给他,说:"兄诗甚佳,比前有进,想是学汉、魏,于渊明却不像。不佞所好,遇卑卑在李唐……必再阅历四十年,慢慢喝下酒去而不吃辣椒,庶几于渊明有些像了……"徐先生从印度回国以后,与其堂侄崇善多有关于诗作评论的交流。他多写古、近体诗,从不填词。他自辑线装本《蓬屋诗存》收500余首诗。在此就他的诗而言。若从一个高度上说,出自于诗的灵感、诗的气质、诗的语言,为精神哲学的表述所必不可少。他翻译《薄伽梵歌》用的是离骚体,翻译《行云使者》用的是古诗体,设若这些古印度雅言用白话诗翻,那么,其中的神韵和意味必会大大地流失。论及尼采时,他说:"为什么在西洋许多名家中,先生(鲁迅)甚推许尼采?想来是在工作的性质上,有些方面相同。尼采是诗人,思想家,热烈的改革者。文章朴茂,虽多是写短章而大气磅礴,富于阳刚之美,诗虽好而视为余事。虽深邃的哲学,出之以诗的语言,是欧洲近古所罕有的。"

杨:是的。传统艺术的这种价值次第大概是这样的,与文字关系越近,品级越高。诗从来是至高的品目,这大概既与"诗教"传统相关,也与直接抒写性灵有关。在西方,诗与哲学在尼采(其实不仅仅在他这里)的统一,确是比较罕见的例子,但在中国传统中,诗与思想的结盟,却至少始自庄子。并且起码在道、禅传统中从未断绝——像《周易参同契》《永嘉证道歌》到《苦瓜和尚画语录》。书法的地位与诗类似,二者之间有时并没有次第之分。其他门类就依次有变化了。即使像齐白石这样纯粹的、用今天的话来说还比较"草根"的艺术家,也给自己排出这样的次第,如果我没记错的话——诗第一,书次之,印再次,而他最广为人知的绘画倒是叨陪末座。很多传统画家,常用"写画"而不言"画画",在作品题跋时,往往是"某某、某时写于某地",这也是其实很有深意的事情。

鲁迅说得很准,徐先生的诗大体取法于汉魏,其实与他的书法一样。不过与鲁迅略有不同的是,他的书法其实是兼顾"碑学"和"帖学"——既有我们提到的张黑女及龙门二十品,同时还又兼有章草和二王特别是小王,此外,就是他在金文方面和对唐人写经的丰厚基础——《小学菁华》的手稿就是明证。出于气质、眼界和学养,徐先生所取法的都是上乘之物。像他的山水画,便基本不出宋元之际——特别是宋代南宗到倪瓒一脉。

孙:《小学菁华》的手稿,本身就是一部当代的法帖。那些蝇头小楷,无论从治学还是从治书的角度,都堪称现代典范。这部著作既是中国一部非常独特的汉英字典,又是一部精要的文字学著作。每一汉字用三种字体排列:小篆、楷体以及甲骨金文资料中还有迹可寻的古体,如"子"字,就有七种之多。楷书与小篆皆为先生手书,附有老式的汉语拼音。前些年南印度有华人朋友来,说是室利·阿罗频多学院还保存着徐先生当年的"雕版",为他亲手所刻,这就是治这部字典时留下的。

杨:这些该说就是徐先生之学的大略了。

孙:当然,还不算他的杂学——比如,音乐、医方、养生、精神修行方面的种种。

杨:这部分,既本属于一个完整精神结构和有机部分,又深深地植根于本己的生存经验,从而有时候就是禅僧们所谓的"不可说不可说"的范围了。

孙:总之,这个对很多人也许还陌生的徐梵澄,大体就是这样的人物。当代学界的所有现成的框架都不足或无法用以规范他。你可以在他头上安上这个家那个家,然而,这都对他不重要。

杨:是的,如果非得用我们这个时代日益贫乏的语言为徐先生定位,那么我们也只能说,这是我们这个贫乏的时代还有幸拥有的最后的士人或者最后的极少的士人中的一位——他是斗士、狂士、隐士、高士,当然他终究还是文士而不是侠士。今天,国学重新成为学界的一个重要概念,以他的传统素养、造诣和精神指向,他当然还不妨是个原本意义上的"国学家"——在20世纪这个特殊的语境的意义上。并且,我们也许还该说,还是一个原本意义上的"世界公民"、作为翻译家和文化传播者、沟通者,作为共同的意义世界的建构者——我这里是在启蒙时代的德语文化的意义上使用这个概念。

在此我想起了一个很有几分"神似"的另一位人物——梁宗岱。这也是一位在这个时代还依然保持了淋漓酣畅的精神的丰满性和生命的丰满性的人物。但很多地方当然不可比。

孙:梁宗岱也是冯至先生的朋友,冯先生在《海德贝格记事》中由衷地赞美他的两位朋友:"徐琥(梵澄)的聪明才智已经使我惊讶,如今又遇见梁宗岱,也是才气纵横。一个是鲁迅的学生,一个是瓦莱里(法国著名诗人)的弟子。"他又继而说到两位老师:"鲁迅和瓦莱里,一东一西,20世纪前期的这两个伟大人物,他们的切身经历,文艺思想,没有共同之处,但是他们的创作历程,却有些相似。……"

杨:其实,单单谈他的多方位的学术贡献,谈他的知识结构和精神结构等等,还都不足以真正涉及问题的实质所在。

孙:徐先生将自己的工作定位为"治精神哲学",他曾说:"……我所锲而不舍的,如数十年来所治之精神哲学。"这涉及到他本人在怎样的一种框架中理解自己终身的努力。如果我们把早年的尼采翻译和中年的《奥义书》和《薄伽梵歌》的翻译,把《玄理参同》和晚年的《陆王学述》放在一个大语境中考察,就不难发现徐梵澄的指归之所在。是什么把这一切——横跨中、西(古希腊及德国哲学)、印(主要是还不太进入国人视野的古印度教传统和当代)三大领域,最后重新归宗于中国传统,除了他深涉佛道之外,更在于他一贯的儒宗立场。这才是问题之所在。

我在《徐梵澄集》"编者的话"中曾说:先生"晚年落叶归根,回到了自己的精神的故乡……其终点,亦是起点。先生早说过的精神的进步,是螺旋式的上升,譬如一蛇盘旋,首终衔其尾。要之,这是中国知识分子的命运,即使充满了无尽的艰辛与悲怆。"我这话是出之有据的,我不止一次听徐先生概叹:"中国文化真好,儒家真好。"至于晚年再翻梵文之《佛教密乘研究——摄真言义释》,我猜想可能他有意为后人着想,因为这是极难啃的一块骨头。他对我说过"我想告诉大家这并不神秘,但我又要照顾到信仰者的情感。"

其实他的结穴之作是《陆王学述》(1994)和英文《易大传——新儒家之门》,前者之后序有云:"诚然,历史上未尝有可凭宗教迷信而长久立国者。五千年中国文教菁华原自有在,不得不推孔孟所代表的儒宗。仁民而爱物,于人乃仁,于物不必仁,而亦不失其爱。从容之道,走出一条和平忠恕的坦途,能善其生,即所以善其死……所谓良好而且远大的效果,是既明'此学'已,同时便得到'此乐'。"后者结尾处说:"纯粹为了研究的目的,设若一个人能以这一正确的认识步入新儒家的殿堂,他会发现,他好像在经历了一次长途跋涉之后返回家中,惊喜地发现房屋已被修葺收拾一新,而面对这一切,却一点也不感到陌生。"

杨:徐梵澄终身实际上贯彻了一个早年鲁迅问题,将人作为精神性的、性灵的存在的问题。我们不妨在此将这个问题更进一步地具体化和明确化,这其实就是一个现代性中的心性问题,人的精神存在和精神自主性的问题。这个问题首先"很中国",因而同时又很有普遍意义。

自近代以来，这个问题被不断用各种形式提出，并常常伴随着某种方案——这其中有康有为复兴（实际上是重建）孔教的方案，有始自熊十力而延续至今的整个当代新儒家运动，中间还有场不大不小的科玄论战，有早年的王国维（告别哲学、希望因此逃避"信爱两难"困境之前的那个王国维）和蔡元培坚持终身的审美主义的路向，这个路向在20世纪的最后20年，又通过李泽厚的方式与德国古典哲学的理想特别是跟康德重新勾连并且显示了向传统的创造性回归的努力。

孙：这就把问题放在更大的时间背景和精神关联之中了。但这些路向与徐梵澄的路向终究是很不相同的。我倒愿意拿牟宗三先生与徐先生作一比照。两人同庚，家境有相似处，经历却甚不同。但具有代表性的会通之作皆出在上世纪70年代初，徐先生的代表作是《玄理参同》，牟先生的代表作是《现象与物自身》，前者在文化的源头，融合三大学术菁华，独自与西、印对话；后者以一人之力翻译，打通、消化康德哲学，以现代学理形态确立儒家的历史地位。两人的成就都是居功至伟，然而，路向确实仍有所不同，牟先生要做好一套知识学的系统，徐先生则做得是一番精神学的工作。不是说牟先生的著述不偏重精神，恰恰相反，他张立儒家精神亮度最甚；而是说，他的问题关心有一个向度是"内圣"如何开出"外王"。而鲁迅、梵澄一系，基本不涉"外王"，只管"精神"或"德性"先行。而有此"先行"，其求理也必依"善始"，其做事也必有"善解"。"外王"如何？在理论上是不同学科之社会科学学者之事，在操作上则是政治家的事。鲁迅之"立人"，实则是"国民性"的"新塑"，亦即"精神的进化"，而精神的进化，是通过一个个有主观愿望的个人来完成的。用我们平常的惯熟语来说：人人应当争先进（模范、工作者、战士、党员等)。因此,阿罗频多所说的"主观主义"时代,也就是在这个意义上的个人主义时代。(我曾与李慎之先生有过一个讨论,他问我若把鲁迅与胡适作一比较有何看法。我当时的回答是:鲁迅和胡适不能作比较,因为所关心问题不同,向度不同。鲁迅关心的是"立人""改造国民性",属精神性;胡适关心的是制度建设,属知识性。两者一纵一横,都为必须。用精神哲学这一套说法,精神性属于个人,是重复性原则,即有错误可以改正;用知识学这一套说法,制度性属大众,是普遍性原则,即作恶绝不能允许。李先生听后沉吟片刻,说:"对,对,孙波,你的说法对我很有启发!"次日与他通电话时,他又重复此话。只可惜在他殁世前未对这一看法的调整展开精彩的论述。)

杨:的确这样。我觉得逼近这个问题的路径在于,还是再次回到鲁迅的精神背景下来展开。自鸦片战争以降,所有优秀的士人都为这个风雨飘摇的时代所折磨。陈寅恪的"三千年未遇之大变局"的话,已被无穷无尽的文字所引用。然而,这并不仅仅是个"慷慨赴国难"的问题。"国已不国,家已不家",青年徐梵澄呈鲁迅的那首四言古体诗《楚人吟》劈头就是这样的话,这是他与这一时代的很多读书人所共同面对的现实,也是他们的不同的问题意识共有的出发点。这一点,与那个时代的其他人、与其他的鲁迅门人的基本出发点并无二致。

问题是,在青年徐梵澄这里,重要的还在于——"身且非身,如何弗死?!"①(同上)一旦世界和生活,尤其是生命问题成为反思对象,士人与世界的紧张关系,大致可用"救世"和"治生"这两大问题来展开。这本是带永恒性的人类问题。传统社会是个整

---

① 《楚人吟》。

体性的有机社会,在社会结构、政治文化的运作方面,其中都有某种自主性的因素在发生作用。生命意义的依归,在传统语境中当然也从来存在,但还未以如此高度紧张的和戏剧化的形式出现。而在甲午、辛亥到五四时期,这个问题高度戏剧化了。——我们只须想想王国维、梁巨川(梁漱溟之父)这些个案。在这么一个文化劫难的时代,希望通过佛学的性灵途径来解决治生问题的士人,比比皆是,熊十力、李叔同、梁漱溟、苏曼殊……这个名单我们可以拉得很长,而这其中,终生成为平和沉净的佛教徒的,大概倒只是丰子恺。

这个问题就不是其他那些相信通过社会革命或制度改良,便可救国于外侮内乱、救民于涂炭、救传统于衰颓的热血青年的所必然共有的了。在这里,救世与救生是同等的迫切,甚至救世必须假道于救生。这一点,徐与鲁迅更为接近。在"治生"问题方面——通过对生存状态的批判、特别是在内在精神状态的批判而寻求一种存在论意义上的人的解放,正是鲁迅的"立人"的思想和"国民性批判"的核心。从《坟》的时代开始,鲁迅所重的是,为中国社会造就一批精神斗士而不是一般意义上的社会斗士,并以此为基础推及全社会。"国民性"批判的思路,在今天看来,似乎颇有本质主义的色彩,这是一个还需要反复探究的问题。可是"立人"的问题却与本质主义无关。没有一种内在的、反思性的个体精神批判,健康的社会人格的形成无从谈起。如果社会改造不发轫于个体的精神批判之上,健康的社会人格无由形成,今天所谓的制度转换等等等等,又何尝不是痴人说梦?

孙:鲁迅的独具慧眼、鲁迅对徐梵澄格外的青睐有加,确有他一以贯之的精神背景。鲁迅"期待大将"、张扬"摩罗诗力",这根本就是从精神意义上出发的。在这里社会批判和文化批判都归到对于人性的批判。而徐与鲁迅之间,不但有类似的读佛的经历、不但有共同的魏晋气质,还有在审美方面的种种共鸣。

杨:是的,他们在气质上的这种相通,是有传统根由的,或者说,是构筑在对传统的某些特定方向的深刻的精神体认和皈依上的。单就"治生"问题而言,生存批判在《庄子》中、在魏晋玄学和般若学中、在大乘佛学的传统中,早成系统(儒家体系有另外的谱系和取向)。五四一代的所谓"反传统",并不是百无聊赖的文化造反之类。并不是什么人都够格,什么时候活得不够爽,便随便反反传统玩上一把的!

孙:但是最为关键之处,还在于,他们在这个问题上的共识——在徐梵澄这里,这个问题的表述是这样的:"穷古今,彻中外,无论何种高远的理想国、乐园、光明世界,终究不是弱者所能居住的!"古代士人的"真性"与"性灵",早年鲁迅这里的"灵明"与"摩罗诗力",慢慢更进一步地明晰化,在徐梵澄的后半生,这个问题就是真真确确的——精神。这里是徐梵澄庞大的翻译事业的基础。具体一点说,鲁迅提出"立人"、"改造国民性",是指精神建设之事,当然这是一个一般性的说法,我们也可以说是国民之"心"与"性"的"新塑"。但如何新塑?必须要有学理的回答,这一步鲁迅是来不及做的。进一步说,翻译与介绍尼采和印度古典也是不够的,还必须了解印度的"今典"、即阿罗频多哲学。鲁迅与阿氏为同时代人,无缘相知,甚为憾事,这种联想可暂且不谈。只有确立中国精神哲学才能在思想的高度上回答鲁迅提出的问题,这一点,徐先生明确地努力了。毋宁说师徒二人是一个接力赛,亦不为过。徐先生曾说《神圣人生论》这部书,云:吾华若要建立精神哲学,当以此书为蓝本矣。

杨:在现代条件下,救世与治生的问题发生了范式性的转化——用纯粹点的学术语言来说,成为"立法"(Gesetzgebung)与"立义"(Sinngebung)的问题。所谓"立法"涉及的是社会生产领域和社会政治领域(这其中当然也包括国际政治领域)。整个工业式思维的最高哲学表述,无非是那句康德式的人"为自然立法"。而社会管理方面的民主化、法制化、科层化和技术官僚化,国际政治方面,民族国家的共存等等都属于这个范围。这一部分,正是中国社会形形色色的"现代化"话语的覆盖范围——从"船坚炮利"到今日的"制度创新"。而"立义"的问题,则是在这个高速发展且高速异化的进程中,为人寻找意义安顿的精神家园的种种努力,其进路可以各各不同:宗教的、审美的、纯粹精神哲学的……这里所处理的是"有路可走"、"有章可循"和"无家可归"的矛盾。这正是"立人"问题的一个至为关键之处。

从特定的意义上讲,一方面,"救世"和"治生"相辅相成,没有健康的社会人格,没有灵明的心性结构,制度问题终究不过是空中楼阁。另一方面,这两者间的理论分野却又无法混淆。古往今来,任何制度本身,都解决不了意义问题。"意义"是与人本身相始终的永恒问题,而"制度"不过关于社会组织形式的合理性的相对问题。意义问题是既有最广泛的人类性,同时又是每一个具体个人最本己的问题。20世纪的中国语境中,对这个问题的分梳是严重欠缺的,所以我们要不什么都向西方索求;要不非得逼着儒教的传统开出现代政治学意义上的"民主法制"的"新外王"来。我们往往不是奢求于"洋",便是苛责于"古",要不便更干脆地奢谈"创造"。——而所有这些,无意识地掩盖了我们精神能力和实践能力的苍白。

"立法"进程还必然带来制度拜物教、进步拜物教等等(在此毋庸讳言,即便是鲁迅本人,对"进化""进步"和"未来"都有相当程度的痴迷和执著），所有这些，都无法在"立法"问题的框架本身得到解决。这一问题在近代以来不断蒸腾氤氲，使"精神"这一关键词日益逼近破晓。

孙：所以就先是一个"穷古今、彻中外"的问题。这里不仅是一个得之于时代的现实使命感的问题，没有对传统的深厚修养，没有广阔的世界主义的胸襟和洞见，没有卓绝的韧性，一切都无从谈起。

从周氏兄弟师从章太炎的时代，这师徒几个就深深关注古印度的智慧，并曾计划翻译《奥义书》。然而，这份雄心，终于没在他们师徒几个这里得到实现——修习梵文、翻译经典，这总需要大量的时间和顽强的心志。徐先生之治印度思想、之所以独立扛起这么大的一项翻译事业，也可以说，这是他本人从鲁迅这里自觉领受的第三份作业。一份用整整一生完成的作业。这里没有为师的耳提面命，没有为徒的恭谨然诺。在他的一生中，这份作业就这样默默地完成了。

杨：这其中，也许还有个机缘凑合的问题。徐先生虽因父丧未能完成他在德国的学术计划，可是自许莱格尔兄弟以来，德国却是通向古印度文化的桥梁——当然并不仅仅通向印度，至今也还是通向中亚（丝路）研究、藏学及很多古文化研究领域的重要桥梁。

孙：你说的是对的，德国与印度，在精神的方面似乎有一点亲缘性，从阿罗频多的《社会进化论》中也能得到印证。从中古到近代，阿罗频多主要以日尔曼——德国为例，他还预言这个民族将会有极端性的膨胀。不唯这是一种特殊机缘，徐先生在泰戈尔大学、在贝纳尼斯及后来在阿罗频多学院时与母亲的相遇，并因此决定留居此地，都是这样的机缘。

杨：这么多的机缘之所在，看来也就是天命之所在。当所有的偶然产生了必然连结的时候，这背后也许就有某种大计划在。噢，又说远了。——也就是在探寻智慧、建构精神的动机的驱动下，他开始了他作为世界主义者，一个性灵意义上的世界主义者的生涯。他在精神哲学上的贡献，是与他做为世界公民的翻译家身份紧密相关的。

孙：就他在印度的生涯和贡献，学界曾有人认为徐是当之无愧的玄奘第二。他在印度呆了33年，玄奘在印度呆了17年。当然，问题不能以时间长短论，还要从所做贡献上论说，这个我们已经说的很多了，我想再强调的是，还要从真正"交流"的意义上论说，而不是单"传"，无论东、西。当年玄奘把老子五千言译成梵文介绍给印度，今世梵澄把中国的精神学术或译或著，用英文介绍给印度及世界，《唯识菁华》和《肇论》虽在大陆出版，但亦为昔年行箧旧稿。而《小学菁华》、《孔学古微》畅销于欧美和南洋，"评价似乎不恶"（梵澄语）。这种双向或双重之文化"交流"的重任，不知上一世纪，甚至上溯到玄奘以降，有多少人能有如此担待？

杨：双向的文化交流问题，是个需要严肃分梳的问题。基督教来华传教士特别是早期的天主教传教士中的很多人，姑不论他们的具体宗教立场如何，发挥了双向的交流作用的大有人在。自利玛窦、罗明坚、柏应理以降，代不乏人。反观中国学界，怀抱平等的、对话式的心态，向西方翻译或者直接用西文写作、阐述中国精神的学人，并且进入西方主流学界的视野的，则无论如何也寥寥可数，一般为学界中人所知的如辜鸿铭、林语堂、陈荣捷、冯友兰等。在今天的西方学术界特别是汉学圈，中国学者的身影的确越来越活跃，然而这些人大部分是今天学院派规范意义上的专家,他们的学术努力,与文化精神的对话式沟通,并不必然发生联系。为了生存,为了在这个高度科层制和日益量化的学院制度里多获得点合法性,某些学者的工作似乎正大有越来越技术化的倾向。

至于"张艺谋们",的确是把"大红灯笼"挂遍了全世界,票房价值战绩可嘉。可是这其中,多大程度是与大众口味——我说的西方的异国情调主义的大众审美需求——的和谐共振,还有很多的评说余地。"大红灯笼"成功地挂到德国之后,亚洲店的老板们便不断地接到火烧火燎的电话,询问可有《红》片中那种成功提高妇女性感应能力的小铜锤出售——在这个感性疲劳的时代,东方又来了救星,呵呵!这是真实的小故事。

回到徐梵澄,回到他的翻译和西文著述的意义上来,在他与玄奘之间,其实有很多不可比的因素在。我以为,如果我们非得假借比较来透视问题,也许更准确的说法该是鸠摩罗什第二。作为翻译家,徐梵澄的成就并不仅仅在其工作的庞大的量和卓绝的难度上,而首先在于对双向的文化传播的贡献,以及这种工作对长远的跨文化理解的意义,这一点我完全同意。

不但如此,我觉得他的重要之处还更在于清晰的问题意识和取向上。也就是说,他的工作有清晰的"立义"——为建立意义世界而劳作的背景。就翻译工作而言,玄奘的个人贡献甚至高于鸠摩罗什。但是,就精神谱系而言,鸠摩罗什着力所传的般若系经典,与中国传统发生真正富有成果的对话与融合;而玄奘所传世亲、无著一系的唯识学,学术意义甚高,然而与中国传统似乎并未发生这种程度深刻的关联。

我们先可以暂且讲些大呼隆的笼统话。中国人本来并无传教的传统(近20年台湾佛光山法系的全球性发展,大概是个例外),倒有两千年的取经传统。这是一个一直还未得到充分关注和阐述的问题。如果我们把中国士人的使命感归结于救世和治生两大方向,这两者恰都与通过翻译"取经"的传统相连结。整个佛经翻译传统都首先与"治生"有关;而近代以来的以魏源、林则徐、严复等人所代表的翻译事业所侧重的则是另外的一翼——"救世"之翼。而这两个阶段之间的以耶稣会士和他们的中国士大夫友人所代表的另一个翻译阶段——明季开始的中国传统与基督教文化的相互摩荡,却是另一番意蕴深远的皆大欢喜——传教士们当然是奔赴中国这个"地极"传播福音而来,却由于多层面的误解误读和种种策略性考虑而竟成为了西方(近代)科学的传播者而最后竟成"铁案"!

孙:正是徐梵澄的翻译,从另外的方向重接了"治生"——重建意义世界的传统。从尼采翻译的强烈、清晰的动因不必说,而整个印度教传统的译介,则是独力填补了一片几乎已成空白的学术领地。徐先生曾说,对于印度,一般的中国人只知佛教不知其他,正如印度人之只知中国之有佛教而不知其余一样。可是,印度人尽管可以不知中国,但中国人却不可不知印度。

不唯印度,徐先生晚年还有重译基督教《圣经》和伊斯兰教的《古兰经》的宏愿,并已经着手准备。期望打通各大宗教,在此基础上,建立中国的精神哲学。但老天终于不能再假以年月了!

杨:正是这样的气度和胸怀,在不同的文化传统中,寻找真正富有人类性的精神资源,翻译家才成其为真正意义上的世界公民。在此,任何伪世界主义和伪民族主义都将失去遁词。在此,面对徐梵澄,面对这个依然充满陌生感的名字,我们只能使用《诗经》的语言——此何人哉!此何人哉!

孙:精神总在永恒的回归之旅中,是的,面对徐先生,我们唯有使用这样的语言——此何人哉！此何人哉！但这话也是疑问句——此何人耶？是"隐几"者，亦是"矫矫"者。正如他在1933年给鲁迅的诗有句："矫矫一代人，兀兀独隐几。"这是"雷声"和"渊默"的关系，他在回忆鲁迅的文章《星花旧影》中说："当然，'雷声'可闻，'渊默'便无可闻。没有人能窥透那渊深无底的心灵，一现则表为一时代的热烈的伟大革命者。"这"革命"，非其他什么"革命"，而是"精神革命"。看徐先生，亦可作如是观。

载于《社会科学论坛》，2006年第七期（上半月）

徐梵澄文集・新闻发布会发言

(2006年9月12日)

尊敬的任继愈先生,尊敬的江蓝生副院长,尊敬的苏里宁大使,同仁们,朋友们:

今天在这里召开《徐梵澄文集》出版新闻发布会暨座谈会,作为编者,我感到非常高兴,也感到十分欣慰。

《文集》的整理与出版工作,是2001年,在我所所长会议的安排下开始启动的,中历5年,于2006年2月出版。这里,我们要特别感谢科研局的大力支持和高度关注。

徐梵澄先生(1909—2000),是精神哲学家和翻译家。其实,这只是一个大致的定位。从社会角色上看,徐先生不仅是一位学者,翻译家;还是一位诗人,书法家,画家,艺术鉴赏与评论家;从治学范围上看,他不仅通晓国学各脉,而且对中、西、印三大文化圈之哲学、宗教、文学、艺术等领域,都有深湛的研究。这在上一世纪老一辈中国学人中也是不多见的。我们可以这样说,在传统的意义上,他是一位纯粹的士子;在现代意义上,他又是一位有着深厚修养和学养的全才型的人文知识分子。

《徐梵澄文集》总计16卷,基本上包括了徐先生的学术成就和思想成果。

徐梵澄先生早年留学德国海德堡大学和柏林大学,回国后,受鲁迅之嘱,有规模地翻译尼采著作:《朝霞》、《快乐的知识》、《苏鲁支语录》、《尼采自传》等,今一并收入文集第五、第六卷。

抗战胜利以后,徐先生赴印度泰戈尔国际大学任教。1950年到古城贝纳尼斯重修梵文,其间译出印度古代经典《薄伽梵歌》、《迦里大萨》。1951年又入南印度室利·阿罗频多学院,择其精要,相继译出《奥义书》50种。这些印度古代经典,分别收入文集第七、第八以及第十五和第十六卷。

在翻译古代经典的同时,徐先生又交叉并进地译出印度现代圣哲室利·阿罗频多的《薄伽梵歌论》、《神圣人生论》、《社会进化论》、《瑜伽论》等,此四论分别收入第七、第八和第十一、第十二卷。

这里,需要说明的是,徐梵澄先生对印度古代经典的翻译,不是一个简单的语文之事,它实际上是对鲁迅"立人"、"改造国民性"之民族精神建设的自觉回应和学理建构。当年,鲁迅曾希望借助西哲尼采和古天竺之学来振奋吾华之民心。章太炎亦曾有意率周氏二兄弟同修梵文,以图翻译诸《奥义书》,然而,其事未果。梵澄早年追随鲁迅,默然立志,接武继轨,至中年,向国人交出了一份伟大的作业。

上世纪60年代以后,身居南印度的徐梵澄先生,开始向世界介绍中国传统文化之菁华。以英文著述,先后写出《小学菁华》、《孔学古微》、《周子通书》、《肇论》、《唯识菁华》,今收入文集第二、第三卷。那么,徐先生为何设此五种著述?其中,《小学菁华》是用来教授外国人读、写、听、说中国文字的;《孔学古微》是了解中国文化源头活水的入门之书;《周子通书》介绍了中国近世社会新儒家的产生和文化影响;《肇论》讲述了佛教如何借助道家思想植根于中土;《唯识菁华》阐释了由玄奘带回的唯识学,如何由中国人完好地保存并不断地加以丰富之。

这里,还需强调的是:当年鲁迅对传统文化之糟粕批判的锋芒,被梵澄折射为对传统文化之精华弘扬的光耀。

1978年底,徐梵澄先生返回祖国。转年初,入中国社会科学院世界宗教研究所,又20年。此期间,先生试图以精神哲学的进路重新阐释中国传统经典,代表作为《老子臆解》、《陆王学述》,此两书收入文集第一卷。

徐梵澄先生曾说,我的思想,主要都在序、跋里了。因此,我将先生所有的序跋,按时间顺序,编为一系,收入在文集第四卷。此外,先生的文论、文事、诗论以及由他自己选出的诗作500余首,一并收入此卷。

文集第九、第十卷为阿罗频多学院院母密那氏的法文著说。圣雄甘地读后尝言:此乃滴滴甘露也!

徐梵澄先生是20世纪中国学人兼及中、西、印三大学术文化之屈指可数者。这只是就学术层面来说。其实,徐先生的深意在于,通过对中国及世界文化的比勘、创通,构建心同理同的人类平等对话的思想学术形态,即精神哲学。正如他自己所说:"世界五大文明系统,今余其三,三者各自有深厚的精神哲学……它立于各个文明系统之极顶。其盛、衰、起、伏,实与各国家、民族之盛、衰、起、伏息息相关。"因为,"学术生命实与民族生命同其盛衰,互为因果。"这其中,他对于印度思想文化尤为用力,并在1952年就深刻地指出:"近代以来,中国人放眼世界,多眺望西方,乃瞠乎欧西后尘。"对于世界三大文化中坚之一的印度,则自"奘、净而后,吾华渐不闻天竺之事,几不知佛法以外,彼邦原有其正道大法存,而彼亦未知吾华舍学于释氏者外,更有吾华之正道大法存焉。"中印之学术参证,文化交流,亦为中国走向世界的重要路途。

最能代表徐先生比勘、创通之精神哲学的思想成果,是文集第一卷所收的《玄理参同》。

徐梵澄先生所治精神哲学,其主旨在于变化人的气质,变低等自性为高等自性,变情命中人为精神中人,诚如他自己所言,"从而,终期转化社会与人生。"又如何兆武先生引罗素的话说"一旦气质变化了之后,就可以使人类如登春台。"所谓"转化",就是人的精神能力的不断提升。无论是中国的孔、孟、老、庄,还是印度的圣雄圣哲,其追求都是一样的,因此,梵澄先生说:"让我们惊异的是,被喜马拉雅山脉分隔开来的这些学者或圣人,在互不相识的情况下,竟然能够在许多方面沿着同一道路为着相同的目标而努力。"

2005年3月,温家宝总理在十届人大三次会议上回答印度记者提问时,曾创造性地引述《奥义书》的诗文,此依据,取自《五十奥义书》之《泰迪黎耶奥义书》第二卷《大梵阿难陀轮》和第三卷《蒲厉古轮》的首诗,而译者,就是已故的徐梵澄先生。在今年人大四次会议上,温总理对"中印友好年"的活动做了一个定位,他说:"其中一个重要内容就是'梵典与华章',即中印文化交流。""梵典与华章"可以宽泛地理解,即一国家一民族的史诗与名著;又可以具体地理解,即他们文化精神的大经大法。如《圣经》、《古兰经》;在我国,如《四书》、《五经》、《老子》、《庄子》等。我们可以说,徐先生对中印文化经典的译述与研究,就是"梵典与华章"的集中体现。

今年是中印友好年,借此机会,我要特别提到两个人,即印度"圣哲"室利·阿罗频多,和该院主持"神圣母亲"法国人密那(Mira)氏,他们二人共同的精神事业是世界驰名的。他们对中国人民一向非常友好,对中国文化一直抱有信心。密那氏年轻时,曾乘船游历世界,有一次她碰到一位传教士,此人炫耀,他要到中国来教化不信教的"野蛮人"。"母亲"当即批评道:"听吧!在你的宗教尚未产生以前,中国人已经有了很高的哲学,他们早就认识到'神圣者'的道路。那么,你凭什么去感化那班比你明白很多的人呢?你将用什么去教化他们呢?教他们不诚实?亦或作空洞的仪式?而不遵循他们的高深哲学,和一种中和的气度?而那哲学和气度正可以引导人们达到一种高等的境界。"

再说室利·阿罗频多,他自幼在英国接受教育,熟谙西方文化;中年以后为革命领袖,后又以精神力量推动其民族的独立与解放。他对于自家的宝什,可谓无比深透。虽然,他对中国了解得不多,但是他却像一位老朋友一样,期待着中国人民的进步与繁荣,他曾这样说到:"……这是一个很特殊的民族,他们总是被骚扰而又从不被击垮!如果你研究中国千年以来的历史,你会发现,他们在骚乱中仍能保持自己的文化……这就是那个民族的品格。如果在目前这场动荡之后(此指20世纪上半期),甚至在两千年之后(指21世纪),你会发现,他们仍能保持自己的文化精神。对此,我毫不怀疑。"

阿罗频多所言,正是我们中国的今天。

载于《2005—2006中国宗教研究年鉴》
宗教文化出版社,2008年5月

"一人""一理"是精神

——纪念徐梵澄先生诞辰百年

今年十月,时值新中国建国六十周年,亦值徐梵澄先生诞辰一百周年。在此之际,我们出版《徐梵澄传》,并在此召开座谈会,应该说是继 2006 年 9 月 16 卷《徐梵澄文集》发布会以后,又一次重要的颇具意义的纪念活动。

《徐梵澄传》的写作与修改,差不多历时两年。在这两年期间,又有《五十奥义书》第三次再版,和先生的随笔集《古典重温》出版,两书受到了读者的普遍欢迎。我注意到,关注与喜爱徐先生的人越来越多起来,在学术界乃至知识界,似乎形成了隐隐的一流。尤其是许多年轻人,他们热爱徐先生,崇敬徐先生,在他们身上,我看到了一种久违了的热情与冲动,那么真诚,那么纯洁,这乃是一种精神的回归呵。

至于我自己,近年来写了一些文章,介绍先生的学术思想,但是总感到声音太弱,力量太小。而且每及被问询,便是要从头说起。一如本次讨论,仍然是旧话"新题"。设使读者相对比较全面地了解徐梵澄先生,可从《徐梵澄传》入门,因为此书给出了他老人家的故事端头和学问提示。这里,我只想重温先生的学术贡献，及其学术价值。

徐梵澄先生(1909.10.26—2000.3.6)的学术贡献在四个方面：第一，受鲁迅之嘱，最早地最具规模地翻译尼采著作，有《尼采自传》、《苏鲁支语录》、《快乐的知识》和《朝霞》等；第二，系统地译介出印度韦檀多学古今一系经典，如《五十奥义书》和《神圣人生论》等；第三，以英文著述完整地向西方世界介绍中国学术菁华，有《小学菁华》、《孔学古微》、《周子通书》、《肇论》、《唯识菁华》等；第四，以精神哲学的进路重新诠释吾华传统经典，有《老子臆解》、《陆王学述》等。

以上特别值得一提的是《五十奥义书》和《神圣人生论》。诸《奥义书》"是古印度婆罗门教的根本经典，《韦陀》学的最后部分，内容充实，开后代诸派学说之先河，渐益深化探讨人生与宇宙的根源和关系。"[①]是古老印度民族的精神食粮。而这宝典，国人虽知之久已，但实情是只见零星的翻译。我们再看建国以后印度学的研究，多囿于文学与原始佛教的畛域，似少涉及这韦檀多学的大经大法。是否可以这样说：有了《五十奥义书》的汉语译本，并以此为基础，我们才能深入地讨论关于中国印度学的研究。

至若《神圣人生论》，被徐先生称之为"五印度固视此书为当代唯一宝典"，作者室利·阿罗频多，有"圣哲"之誉，是近代韦檀多学之集大成者，他教示其人民，"化除私我"，积极工作，走向上一途，其精神实不异于我国大易所鼓吹的"天行健君子以自强不息"的理想。他的学说，不仅是印度民族争取独立与解放的理论武器，而且是南亚次大陆未来光大复兴的精神旗帜。这是因为，他把一古老的历史之负极智慧转引到一光明的正极之轨道之

---

① 《五十奥义书》再版说明。

上,遂赢得了世界有识之士的高度尊重。而获得自由以后的印度,也把这位圣人的生日即 8 月 15 日定准为"独立建国日"。更有可说者,就是他和"圣雄"甘地、"圣诗"泰戈尔一样,对中国人民充满着同情和敬意,他相信自己的心是和中国相通的。室利·阿罗频多学院法国院母密那氏曾经说过:"我确信中国人民最能理解我和阿罗频多的思想。"于此,我们可以说梵澄先生,正是这一伟大思想和光明智慧的介绍者、传播者。

有学者说:"徐梵澄终生实际上贯彻了一个早年鲁迅问题,就是将人作为精神性的、性灵的存在问题。"这一判断非常到位。鲁迅是至今我们尚未走出的"大时代"之"伟大的提问人",他发出的"呐喊"和"立人""改造国民性"的理想,是 20 世纪以后的中国人必须永远面对同时又要给出回应的时代课题。"立人"本在立心,"改造国民性"旨在民族精神的新塑,这当然需要精神的源动力。鲁迅当年要翻译尼采,翻译天竺古典,欲是借大力震动吾民族之精神。这里有一个问题,为什么仅译出尼采是不够的呢,而且还要译出韦檀多学的经典? 回答是:尼采只停留在精神道之半途。他的"永远回还"说,只注意到了现象的表述,尚未怎么指向"心性""性灵"。用哲学术语说,他只胶柱于"用"(Becoming)或"动性大梵",忽略了"体"(Being),也就是说,忘掉了人类的精神家园,因此一偏,不能"大全"。故阿罗频多说尼采是"半盲的见士"。如此看来,梵澄中年赴印,翻译彼邦之菁华,晚年落叶归根,又重温吾华之古典,正是鲁迅之精神线索的逻辑必然。在梵澄,是自觉的意识,自觉的完成,如笔者已言:"他向恩师和国人交了一份伟大的作业。"

鲁迅的"立人""改造国民性",主张的是精神革命,不是政治革命,亦不是知性意义上的理性革命,更不是"问题在于改造(客观)世界",而是或永是"问题在于改造自己"。它以"人的高等知觉性"为体,以德性的实践活动为用,其目的在于"变化气质",即变低等自性为高等自性,由自然人转变为自由人或精神人,直至"终期转化社会与人生"。罗素有言:"人类一旦变化了气质,便如登春台。"而这一套学问,不叫人怎么把握规律,却是告诫人恪守"道德律令"(康德),提撕"良知显豁"(儒家)。诚如是,那么鲁迅实则与中国先贤的理想一脉相承,即中华民族的伟大目标是建设一个"君子国"、"文化国",而不是一个肌肉发达、血脉贲张的经济"暴发户"。我们说,如果没有这种内中的醒觉和转化,历史难说是在真正意义上的进步。依黑格尔的观点,那不过是拖长了的时间而已。因此,注重印度这一宗传统学术就格外重要,因为,这一"软道理"的维度可以校正纯智性纯物化之指向的偏颇。早在1950年代初,梵澄先生就深刻地指出:"奘、净而后,吾华渐不闻天竺之事,几不知佛法以外,彼邦其有正道大法存,而彼亦未知吾华舍学于释氏者外,更有吾华之正道大法存焉。以言乎学述参证,文化交流,近世乃瞠乎欧西后尘……"①惜乎这空谷足音,彼时却未有回应者。

末了,借此机会,我想回应两个问题:一个是关于"儒教"的问题,一个是关于"21世纪是中国的世纪"的问题。在上述的引言中,有"吾华之正道大法"句,先生是指儒家经典。他不认为儒家是宗教,或说儒教,虽然,宗教也是文化,但仍有区别。在他眼里,儒家与韦檀多学一样,是精神文化。这重大的分辨在于精神文化要落入历史,在历史中得到说明并完成人类自身的转化,即如黑格尔所说的要客观化;而宗教哲学却不必有这一任务,因为

---

① 《薄伽梵歌》译者序。

它们的理想境界在彼岸世界。所以梵澄先生不无深情地说:"五千年中国文教菁华原自有在,不得不推孔孟所代表的儒宗。仁民而爱物,于人乃仁,于物不必仁,而亦不失其爱。从容中道,走出了一条和平忠恕的坦途,能善其生,即所以善其死。有了宗教之益处,而不落宗教迷信之邪魔。"①

1995年,《五十奥义书》再版,徐先生要编辑黄燕生写一个"再版说明"。黄写道:"《五十奥义书》是东方文化的瑰宝。"先生看了以后说:"我一贯反对将文化分成东方、西方,都是世界的,我们都是这个世界的一部分。《奥义书》是世界文化的瑰宝。"他当时提笔把这句话改为:"凡世界各民族的优秀文化传统,不必再分国内、国外、东方、西方,都应加以借鉴、吸收,为我所用。"他还说了这样的话:"我不同意那种21世纪是中国文化、东方文化之世纪的说法。我倒是赞成毛主席的那句话,中国不称霸,不争做老大。"正是基于这一理解,《徐梵澄传》的责任编辑钟纪江在扉页上赫然引述了先生的话:"世间,一人也;古今,一理也;至道又奚其二?江汉朝宗于海,人类进化必有所诣,九流百家必有所归,奚其归?曰:归至道!如何诣?曰内觉!"②又正是在这一高度上,燕生女士说梵澄先生是在"康德意义上的'世界公民'"对此定位,我完全赞成。

2009年9月18日
于北京外国语大学的讲话
"纪念徐梵澄先生诞辰百年"座谈会上的发言

---

① 《陆王学述》后序。
② 《薄伽梵歌》译者序。

"圣人通义"挥麈谈

——徐梵澄先生汉学传播中的儒家之论

徐梵澄先生(1909—2000)于1945年底参加中印文化交流,赴加尔各答附近的桑地尼克丹(Santiniketan)泰戈尔国际大学任教,尝讲欧阳竟无唯识学思想。1950年初,往名城贝纳尼斯(现瓦拉纳西)重修梵文,期间译出《薄伽梵歌》和《行云使者》①。1951年初,他又来到南印度的海埠琫地舍里(Pondicherry),其时"圣哲"室利·阿罗频多示寂已3个月了,法国院母密那氏(Mira)为他成立了研究院之华文部。整个50年代,他以翻译和注释韦檀多学经典为主,其古典,为诸《奥义书》,其今典,是阿罗频多和"母亲"的著作,阿氏作品有《神圣人生论》、《薄伽梵歌》、《瑜伽论》、《社会进化论》等;院母作品结集为若干册的《母亲的话》。至60年代,梵澄先生遂向印度乃至西方全面介绍我国的传统学术,据其著述及相关资料考察,他所涉及的领域有:汉文字学,儒学,佛学,道家学,文学,史学和中国艺术史。其英文代表作品有:《孔学古微》(1966)、《小学菁华》(1976)、《周子通书》

---

① 《迦里大萨》。

(1978)、《中国古代小说》(此从鲁迅校刊之唐宋传奇集及古小说钩沉中选出——佚失)以及在印度的讲稿《肇论》(1987)和《唯识菁华》(1990);中文作品有:《三玄通论·序》、《〈周易〉德文、英文译本校勘绪言》(皆 1962)。本文介绍将局限在儒学一门,并以"圣人通义"为引题,勾勒梵澄先生在彼邦挥麈论谈的线索。

1960年,阿罗频多逝世10周年。院母决定在12月5日即阿氏祭日这一天举行全院学术报告会,以志纪念。梵澄在纸页上这样写道:

> 孔孟老庄之说圣人及其春秋战国时代之通义——为室利·阿罗频多逝世十周年纪念作。(还不是一哲学论文,而是一篇语文学的研究报告。)

他是如何解释"圣人"呢? 可能是这样:

> "圣人"究竟是什么样的人,诸家的说法不同。老与释各自尊其圣人,其说相异;既儒家本身,宋明理学家往往各自成说。但我们无妨极粗浅说,圣人是一个理想完备的人格。这当见乎其大。我们于今仍推尊周公、孔子为这民族中的圣人,但不说这民族只有此二圣人。周公的父亲文王,也被推尊为圣人;还有孔子的祖先。如孟子被推尊为亚圣,而孟子中推许伯夷为圣之"清"者,柳下惠圣之"和"者,而孔子乃圣之"时"者。总之,圣人之著名以及知名者而不著者,有许许多多。——于此不妨说一极简单的道理:人可以修身,道德几于圣人的境界,而不学文,则终不能文。周公、孔

子之事业,仍在乎文,而赖其文章以传于后世。推宋儒之意至极,则孔门只应有德性一科,只可尊颜子,而事实是德性一科之外,尚有言语、文学,如前已说,子游、子夏之徒,皆可尊重。①

我们从这段文字中,可拣择三词汇加以揣摩:人格,文,事业。人格,关乎到高尚的德性;文,关乎到良好的学问;事业,关乎到卓越的能力。

大致具备这三方面条件的人,我们可以把他看作为"圣人",在《周易》中也称之为"君子"或"大人"。孔子关于第一卦第五爻的评注有云:"大人者,与天地合其德,与日月合其明,与四时合其序,与鬼神合其吉凶,先天下而天弗违,后天而奉天时,天且弗违,而况于人乎?况于鬼神乎?"这里的"大人"品质的描述,完全符合印度之伟大瑜伽师的概念,亦契于梵文"Yuj"(结合)义,隐指"与神同在"。而非是指对统治者的赞美。当然,印度人的理解可能更加宽泛,这卓越的能力似乎必得呈现"神通术",比如,他们会把邵雍看作大瑜伽师,因为邵雍有过人的听力,预知力,和其他超自然的能力。可是在中国人,却并未把他与宋五子同列。王船山说:"邵康节志大而好游于公卿之间,固不如周子之不卑小官,伊川之不辞荐召,为直申其志而无枉于道也。存乎其心之所可安者而已矣。"②这表明,在后人看来,邵子仍有其人格上的不足。而且,他的精神生活,完全安于易学之内,故有"尧夫遇事析为八片"之讥,这么做所带来的弊端,是将易学流于了江

---

① 徐梵澄:《异学杂著》第 136—137 页,浙江文艺出版社,1988 年。
② 王夫之:《宋论》第 69 页,中华书局,1964 年。

湖术数。

或在彼邦人士那里,视孔子、老子、佛陀皆大瑜伽师,皆圣人,大人,君子。只不过老子说"无为",释迦云"解脱",有出世道的倾向,在印度,可划归智识瑜伽一汇。然而,老子之指归亦在"治大国",佛陀之弘愿亦在救人世,所以,终了不离"有为",不离实践。只是进路不同罢了。在阿罗频多,统称他们为"神圣工作者",并指出:"智识"与"解脱",以行业和有为而得,不以无为而得。梵澄先生对阿氏这一结论有案语,云:

> 判道学儒林为二者,自宋史始。大抵以躬行践履者为道学,发明著述者为儒林。道学者,自印度视之,亦瑜伽师也。儒林,亦瑜伽师也。甚且或可判以智识、行业、诚敬三。瑜伽,得其一,或得其二,或得其三。但"解脱"之说,于吾华为远,则曰:"存吾顺事,殁吾宁也"而已。其人皆神圣工作者,人欲净尽而天理流行,志在体天而立人极,有旨哉!①

阿罗频多解释印度学的传统,自性三种,瑜伽三途。自性,指人类天性:"萨埵性",平定,知识,与满足之性格;"刺阇性",冲动,行为,与奋斗之热情;"答摩性",惰性与冥顽之姿态。瑜伽,指人生修为:智识瑜伽,行业瑜伽,敬爱瑜伽。可以这样理解:"萨埵性"的品质,属于智识瑜伽之修为的婆罗门之族性;"刺阇性"的品质,属于行业瑜伽之修为的刹帝利之族性;"答摩性"的品质则属于所谓的低等族性了。但阿罗频多所强调的是,敬爱

---

① 《徐梵澄文集》第八卷,第331页,上海三联书店/华东师范大学出版社,2006年。

瑜伽属于四族性全体,行业瑜伽亦然,并以敬爱瑜伽为前二者之冠冕。所谓"敬爱"是于神明虔信皈依诚敬契合而已。阿氏在《薄伽梵歌论》中说英雄阿琼那,"刺阇性"人,而以高等"萨埵性"自制其行为,其忽而忧伤,则为"答摩性"所袭而不能自拔。其实,于个人,三性皆具,或潜在或显了,然而对一个瑜伽师而言,他必得有"萨埵性"之纯洁的光明之知识,"刺阇性"之热情的济世之情怀,并于自身的"答摩性"有着韧性的转化之恒心。依阿氏这一观点,看我国的历史,则儒家诸贤最有可说者。

《薄伽梵歌》所说:"皈依于'我'。"这个"我"者,就是儒家所说的"天"。儒家说仁义之性,彼方说萨埵性,由之再扩而充之,至极并超上,就是体天立人极。孔子说绝四,一毋我,这与《歌》中说的毋我或毋我慢,是一回事儿。毋我,而毋意、毋必、毋固随之,后三者净尽而毋我必随之,这都是《歌》之教所修为的应有之事。孟子言于义利之辩,而彼教说循自法而有为,说天生职分,即义之所在,如《歌》中说阿琼那为刹帝利中人,保卫族群为天生职分,现在"减等"之说为"做好本职工作"。儒家极少言及出世,但遁世不见知而不悔,正如孟子所言:穷则独善其身。春秋末年,孔子周游列国,在彼婆罗门人士,必以为隐者。孟子又说人皆可以为尧舜,荀子说人皆可为大禹,在彼教则认为四族性皆分有大梵之神性,虽贱民亦可以转依而臻至极。内圣外王之学,到了宋儒研虑更加精微,论理、性、气、才,已颇具规模;勘《歌》之主旨,则主敬存诚、理一分殊、敬义夹持之说若合,又言修为之方,存善之道,亦往往与宋儒不谋而同。如此说来,彼邦人士乃至西人欲了解吾华人文传统,便无甚隔阂了。

设若言及"圣人",阿罗频多有一个观点,说他们属于"上界之神圣力家族"。用中国古代的说法,他们是"应天命而生"。如

《歌》中阿琼那之师克释拏,为天神,为大梵之"降世应身";我国《诗经》中亦有同调,云"有周不显,帝命不时?文王陟降,在帝左右。"这里,我们需引用孟子的一个观点,他认为:五百年必有王者出。这个爱好和平的圣人有能力把那一时代的事情安排得井井有条,文王、周公就是这样的圣人,500年之后的孔子也是这样的圣人。他们的出现,有一个共同的特征,就是在多灾多难、希望渺茫、孤苦无助、前途黯淡的时刻,他们"降世"了,遂带来了光明。或者用一个平实的说法,当一个民族的文化生命被打断之时,他们出现了,把这命脉再重新衔接起来。《歌》中的克释拏,正是在"至亲骨肉相残之际,亦人生由外转内之机也"的紧要关头,"应身"而扶危救难。然而,作为儒家的圣人,孔子与彼邦乃至西方的圣人又有什么不同呢?梵澄先生在《孔学古微》之中这样说道:

> 在这些圣人中,与任何战争、流血和迫害的议论未发生联系的,只有孔子一个人。墨家思想以利他为核心,并且热爱和平,但自墨子之后只传了几代便几于灭亡了。其主要原因之一,是这一派的杰出领袖们,都甘愿为所追求的社会改革事业舍弃生命,于是,他们的学说同他们的生命一样,损失殆尽了。与世界上的其他宗教相比较,儒家最少血腥味和破坏性,更没有以创造之意图施破坏之行为的事情。①

说孔子圣之"时",是"降世应身",这是从"天意"(Provi-

---

① 徐梵澄:《孔学古微》(英文)李文彬译稿,室利·阿罗频多学院,1966年。

dence)这方面说的。作为一个历史人物,我们却愿意把他当作普通人来看待。梵澄先生说孔子出生前没有天使报喜,出生时天无奇异星象,出生后身上也没有任何特殊标记。不像佛陀,出生时便有十二好相。

春秋末年,礼崩乐坏,鲁国的政局尤其衰敝,孔子提出了"张公室"、"堕三都"的政治口号,但均未能实现。鲁定公十三年(公元前497年),孔子五十五岁,带着弟子离开鲁国去了卫国,开始了一十四年的周游生活。这以后,他所能做的便是退却,远离政治,继续自己公共教师的生涯。①

说到圣之"时"或"降世应身",梵澄先生还讲述了关于周敦颐的故事。在《宋史》中,有周敦颐的传记。据说他是一位很有能力的管理人才,在基层任职,数量多达七、八个,且政绩卓著。周子教人以"诚",说:"诚者,圣人之本。""圣,诚而已矣。"他把"诚"作为寻求真理("道")的起点,把"无欲"作为"入道"的手段,把"无我"作为高上的追求,把"变化气质"作为目的来传授给学生。程颢则说要在"诚"的基础上培养内心的"敬"。它与敬爱瑜伽非常相似。这一"敬"的对象就是"神",而这"神",也就是"道"(真理)。儒家很少说"神",也很少对"道"做神性的解释。比如孔子,他更多的是从自然方面,或确切地说是从人文来阐释"道"的内涵。实际上,他把"道"看作了一个高度发展的和高度优雅的生活,人们完全可以把这种生活当做文化本身。在汉语中,"文化"一词意味着凭借人性中任何优秀的品质来改造人性并使人性变得更加完美。这就是人的"神圣性"或"精神性"。梵澄先生援引阿罗频多的箴言让人们参考:

---

① 徐梵澄:《孔学古微》(英文)李文彬译稿,室利·阿罗频多学院,1966年。

> 神圣的完美,在我们上面长存;而在人,在知觉与行为中化为神圣,彻内彻外过一种神圣生活,乃是所谓精神性。

梵澄先生说,这一观点具有其真理的普遍性,以此来衡量孔夫子,他无疑就是这一真理的代表。如果把他比作这一词汇的婆罗门的化身,我们还可以引用"母亲"教言:

> 在生成的永恒中,每一个神圣的化身仅是一个更加完美的未来的实现之先声和前驱。①

儒学不是宗教,正如阿罗频多之学不是宗教一样。因为其"精神"不是外部传授的,而是靠内心体认的。大程子教导学生体认"仁",甚至留心于雏鸡的出生与生长;并强调"变化",这"变化"不仅对个人而言,也是对大众所说的。其中的引申义是:教育和学校应当多于宗教与寺庙。圣人们还有一个特点,那就是对于自己的体认,不是喋喋不休地宣教,而是一经说出,便保持沉默了。儒家的诸大师是如此,瑜伽的诸大师亦是如此。这里有一个问题,宋五子是否了解印度文化?结论是:他们对印度的瑜伽一无所知。或许"瑜伽"这一术语他们听说过,因为在公元七世纪中叶已有《瑜伽师地论》的译文。但是这本书只在佛教的一个派别中流行,而新儒家是极力反对佛教的理论和实践的。于是乎,梵澄先生便不无感慨地说:

---

① 《孔学古微·序》载《古典重温——徐梵澄随笔》,北京大学出版社,2007年。

让我们惊异的是,被喜马拉雅山脉分开来的这些学者或圣人,在互不相识的情况下,竟然能够在许多方面沿着同样的道路为着一个相同的目的而努力。①

2009 年 12 月 5 日在新德里国际中心
中印文化论坛上的发言
该英文稿刊登在印度《中国述评》上,2010 年 11 月

---

① 《周子通书·序》载《古典重温——徐梵澄随笔》,北京大学出版社,2007 年。

薄伽梵歌论·案语提示

徐梵澄先生从古梵文译出印度"圣经"《薄伽梵歌》,时在1950年于贝纳尼斯(今瓦拉纳西)。1951年初,他入南印度的室利·阿罗频多学院,开始了他大宗的译介韦檀多学的事业。1952年,他在译出部分《奥义书》和阿罗频多的《神圣人生论》之后,于秋分时节,为《薄伽梵歌》撰写了译者序言。序言开篇,警策居要,钤辖全文,特其显胸襟广大境界高迈:

五天竺之学,有由人而圣而希天者乎?有之,薄伽梵歌是已。世间,一人也;古今,一理也;至道又奚其二?江汉朝宗于海,人类进化必有所诣,九流百家必有所归,奚其归?曰:归至道!如何诣?曰:内觉。六大宗教皆出亚洲,举其信行之所证会,贤哲之所经纶,祛其名相语言之表,则若合符契。谅哉!垂之竹、帛、泥、革、金、石、木、叶,同一书也;写以纵行、横列、悬针、倒薤之文,同一文也;推而广之,人生之徒,百虑而一致,殊途而同归,可喻已。

他指出:各时代各民族的圣人所"见"所"证"之道,都是相同的。因此,我们可以认为《薄伽梵歌》的精神,"合于儒,应乎释,而通乎道矣"。①

1953年,梵澄先生着手翻译阿罗频多的《薄伽梵歌论》。是书为阿氏见道之作,彼时,阿氏因其党人的暴力活动被捕,在狱中,他整日沉默,唯读《薄伽梵歌》精进无懈怠。一天早晨,他突然开悟,见牢房内外,一切光明,周身事物,皆有变改。之后,他埋头奋笔,疾书《歌论》。甘地又何尝不是如此?两伟人皆以一歌而发扬独立运动,不怕困难,不怕牺牲,最后终于获得了国家的自由。

徐先生译稿,有一小引。说道:

> 此一论著,出义圆明,文章茂实,而结构弘大,审辨精微,越轶古疏,颖出时撰。然因中西文字及思想方式不同,文化背景殊异,与吾华读者,难免隔阂。不得已辄全部删篇,篇中减段,段中略句,句中省字;于是有合并之篇,有新编之节,有移置之句,有润色之文,至若精义本旨,初未敢增损毫末也,至后二部近于直译。②

阿氏著《论》,分两系三部。第一系也即第一部,第二系分两部。小引中言调整幅度较大者,为第一系(部),本应为24章,与第二系两部之合等,徐先生译出整理为20章。值得重视的是,徐先生在第一系(部)中多有案语,数之,共有15处之多。就此

---

① 《薄伽梵歌》徐梵澄译,室利·阿罗频多学院,1957年。
② 《徐梵澄文集》第四卷,第24页,上海三联书店/华东师范大学出版社,2006年。

歌《论》,案语实为译者之读书心得,又为示人之警策,故可揣摩,深玩,此当有入门之助,领悟之功。尤其印度这一宗学问,与我们隔阂太大,概念有所不同,行文反复重言,我们读来常有晕头转向之感。这么,案语的作用就凸显出来了。也就是说,如果我们顺读效果不理想,那么,我们不妨倒读,即先领会案语,找到了线索,明确了主旨,再去读正文。也许,会有事半功倍的收获。

让我们来拣择几条案语阅读。

一系(部)一章,"大综合论"案语:

> 综合者,集大成之谓也。网罗百家之学而无遗,一一皆究其极,然后从而比较抉择进退抑扬于其间,立定主旨方案,一以贯之而发其和谐,斯之谓综合也。然亦非有所发明增上不为功。阿罗频多之学,可谓大矣。独于雪藏以北中华五千年之文明,所言甚略;若使大时代降临,人莫我知,无憾也,而我不可以不知人,则广把世界文教之菁英,集其大成,以陶淑当世而启迪后人,因有望于我中华之士矣。①

所谓"综合者",这里可理解为一指人,一指文,而两者又是一回事儿。其时徐先生已译完阿氏的《神圣人生论》(1952),并有"五印度固视此为当代唯一宝典,欧美亦殊尊重之也"的评价。他指出,是书"集印度韦檀多学之大成,所据皆《黎俱韦陀》及诸《奥义书》。数千年精神哲学之菁华皆摄。以'超心思'为主旨,以人生转化为极归。于商羯罗之幻有论及大乘空宗破斥弥多,

---

① 《徐梵澄文集》第八卷,第209页。

其视法相唯识等盖蔑如也。于柏拉图之哲学多所采纳,于达尔文之进化论则服之无斁。立论在思辨哲学以上,于因明不废而已。虽时言上帝,然于西方神学相远。其宇宙观往往与我国大易之旨相合。稽于复性及变化气质之义,转与宋五子及陆王为近。"①

我们可分别来看阿罗频多对"数论"、"佛教"、"商羯罗"的剖判。

"数论",即僧佉(Samkhya),在《薄伽梵歌》中有二义:一是数论哲学,二是凡哲学皆是。又可译为"知识瑜伽"。数论分"神我"与"自性"为二元,"神我"为心灵,为静者,"自性"为机械者。"神我"不变不动,自体光明,"自性"为机械者,变易者,反映于"神我"之中。"自性"表万事万物之分殊,有其三态(唐人谓三德),一曰"萨埵性",纯净光明之态;二曰"剌阇性",能力施为之态;三曰"答摩性",暧昧怠惰之态。此三者原平等有在于"自性"之中,因其力量(或曰密度)的不同,构成了万事万物,最先成形者便是地、水、火、风、空,于是我们知道,这是一由重浊向轻清之境的上达。然而,即便是"空",或曰"以太",也不过是活动的循环,它应该止息并消除于不动的"神我"之中,因为"神我"为宇宙因,但是,这却是个被动"因",因为它与活动的能力了无相通之处。于是,数论便通过知识瑜伽,教导人全般被动,以至于舍弃尘世的工作与生活。阿罗频多不谓然,他指出:"神我"与"自性"为一体性之永恒真理,"自性"或曰"分殊性",为一体性之活动。一体性之义曰:知识或明;分殊性之义曰:愚昧或无明。但是这分殊性非妄,说愚昧或无明,实则指半明,或说有限。而离开了

---

① 《徐梵澄文集》第四卷,134页。

一体性,"自性"以为自己便是唯一"自我"("神我"),则"自性"为妄,数论称之为"似是自我",并以为割除这"似是自我",才能归依被动的光明之"神灵"。阿罗频多说,此种救治为《薄伽梵歌》所不许,因为,它的弊端在于同除疾病与病人,正如西人的另一个比喻,洗澡水与孩子同倾。

　　阿氏认为佛教是无神论与一元论,它着重宇宙能力,其所得结果为无常,它不说"自性"而说业力(羯摩),不承认"大梵"也不承认"神我",它以分辨的心思(妙观察智)识得这无常为解脱之方。阿氏说佛陀以他深透的理性智慧并辅以直觉的视见,发现了我们这世界的建造原则,便不肯前进了,他拒绝那形而上学即"神我"之"有"的问题,以为唯解脱之方,乃为重要。但是释氏亦有口号:"一即一切,一切即一"。如果"一切"为"自性"之分殊,为万事万物,那么"一"即为"神我"或"本体"之一。然而佛教于此不予承认,只承认有一不可言说的"涅槃",所以,我们的唯一目的,在于舍弃人生,逃出"无明",也即羯摩。阿氏指此"涅槃"为一负极的绝对者,指此一大宗学说为负极的智慧。但是,对于佛陀本人阿氏特为肯定,认为他可得涅槃之境,又能雄强地在世间行道,因为他的内中知觉性是神格性的,在他的作为上,却是最雄强的人格。另外,大乘佛教视慈悲广被为理想,以普度众生为目的,成为涅槃的最高象征,在《薄伽梵歌》看来,这是"敬爱道"或"敬爱瑜伽"行走于世间已。

　　商羯罗(约788—820)取代了佛陀,予其民族心理垂下了强大的阴影。他以"摩耶"即"幻有"取代了"无常",他认为这"摩耶"是一变相的真实性,不为"空",但却非究竟性。阿氏说他比佛陀进了一步,看到了"超心思"的真理。在佛陀,这真理是隐蔽起来的,只有消除知觉性的建造才能悟到,也就是说,那"神灵"

在理智的这个发现者之外。这"摩耶"或"幻有"也即"世界",商羯罗定义为非真实的真实性,因为他无法把真实性既给"神我"又给"自性",那样于逻辑上说不通。如此,所得到的结果便是,不动的"神我"与各种名色的"摩耶"乃是相拒相违的,那么,只有以种种幻相溶解于永恒的"玄默"而止息,方才算了。故阿氏说,数论之"自性",佛教之"无常",商羯罗之"幻有",虽意思上有所不同,但其性质上是一样的,即我们这个时空世界无甚意义。阿氏进而指出,这是"精神"对"物质"世界的反叛,自从佛教扰动了古雅利安人的世界之平衡起,二千多年来,增进地统治着这民族的思想,迟滞了社会的进步,消弱了人们的创造力与生命力。更有可悲者,如果错误地理解和运用了空论或幻有论的人生观,那么,反而会导致世俗的享乐主义的大泛滥,其害有甚于森林大火的蔓延了。

其实,宇宙幻有之意识,并不是印度思想的全部,彼邦还有《薄伽梵歌》之精神,正与我国大《易》"天行健君子以自强不息"的精神同符。只是它的真面目被遮蔽得太久、淹没得太长了。阿氏告之,我们只要在商羯罗的立足处前进,站在超理性也即"超心知"的觉识上去看,才知世界或"摩耶"或"幻有"为真实,只是这个"真实"对我们的无明或说有限性为真实,对于真正的"明"或说"无限"或说"神我",为非真实(或说暂时)。如上所说,这"明"与"无明"是一体性关系,或说是"本体"与"现象"("体"Being 与"用"Becoming)之关系。"现象"非无用,它的总和便是宇宙,而宇宙的神秘性,必对"神圣者"("神我")有一种神圣意义。以此观点,可得出"神我"与"自性"同为宇宙因,这么,"自性"又为主动之能力。以个人主动能力之作为,向另一极因"神我"之转化,这就是《薄伽梵歌》所张扬的

"行业瑜伽"之理想。

阿罗频多告诉我们,今人读《薄伽梵歌》,可以不必论古代玄学之涵义,因其事大多邈不可追。我们当求其中所涵的新鲜活泼的真理,看它是否能造福于人类。《薄伽梵歌》的精神,广大深微,可以说不受时空的限制,它的精义,愈普遍化愈见其深度与力量。比如,说"牺牲献祀"之事,原义是人神之间的酬酢,属古雅利安社会,义本深微,然久已埋废。现在我们取其广义,可说这是生命之间的交互,自我奉献的常情,这皆是人生的真谛。再如,行事遵经论(Sastra)所云,其义仿佛不宽,局限于时代、地域,看不出有何深微处,但是经论者,总是叫人恪守律则,克制人生为满足欲望的趋向。复如,说四种性,实则乃说精神真理,而未有泥乎社会形式及阶级的等分,以为有适当的个性,乃成就适当的事业,有其天性之禀赋,乃足成其自我表现的功能。《薄伽梵歌》多有义理暗涵,应推而广求,与他种哲学玄义不谋而同,亦当本此精神。如说僧佉与瑜伽,是同一韦檀多真理的两面,两面或两道皆为证悟之方:僧佉,属哲学,属智慧,属分析性;瑜伽,属直觉,属实行,属诚敬,属伦理,属综合性,即由经验而到达知识。《薄伽梵歌》未严判二者不同,我们完全可以在韦檀多这一广大的意义上理解僧佉这一概念。

阿氏指出,哲学体系,真理次序,都不是至关重要而不可变易的东西,因为,这里的主旨不是知识的推测,而是精神经验的理实,是在最高心理的可能性上可以证明的。这种经验,高于哲学、科学知识,有非常丰富的综合性。以印度的精神史来看,《薄伽梵歌》实乃伟大的综合,其丰富不下于各宗派的创立,及精神经验的证会,执一以究极,殊途而同归。其用在调融合和,不在分析剖判。当我们说到综合者时,在印度思想史可有四汇,第一,最古者,《韦陀》之综合,以神圣知识入乎超上之境,为僧佉之能事;第二,《奥义书》之综合,集纳古代先知与见者经验之菁华,达致一伟大的和谐;第三,《薄伽梵歌》之综合,以《奥义书》(韦檀多)之综合起始,托基于基本理念,进而和合诚敬、行业、知识三大瑜伽,以此人类可以直面至真,归于超极。还有一大综合,即属密乘,在我们看来似乎非属正轨,颇有些不可思议,此派人物以为凡精神生活之阻碍者,皆转变为或转化为精神的胜利。这一派启示了赫他瑜伽与罗遮瑜伽的秘奥,即用身心之苦行以成就生命之多方。对于后者,《薄伽梵歌》虽有涉略却并未深入。我们说,凡是以综合为其出发点,此后必得一和谐的结局。于各种综合而言,《薄伽梵歌》实居首要,它呼唤一新生丰富浩大的综合的新时代来临。而阿罗频多正是这新时代的代言人。

一系(部)十一章"神圣行业之原则"案语:

> 保世滋大,吾华之所重也。佛入中国,然后多出道修家之士,逃空虚而归寂寞,往往见道一面,而为得其全,在个人之蠲忧患为有功,而世则愈敝。唐尊佛法,而五季之乱为史所罕有;元崇密乘,亦八十余年而止;皆其明验也。汉尊儒术,成光武之中兴,其末犹成蜀汉鼎峙之局,宋彰理学,其能保偏安,且二百余年。保世滋大之效也。其理固皆辩于是篇。吾愿当世苦于尘俗厌倦人生而有意出家之士,三复是言,必犁然有当于心者。①

---

① 《徐梵澄文集》第八卷,第286页。

光武中兴,南宋偏安,端在道未尽失,道即精神,精神不失,则天不亡也。天不亡,则"宜尔子孙绳绳兮",是谓"保世滋大",人类之最后目的(the last purpose),无非于此。仲尼云:"人能弘道,非道弘人"。这就是说,道在人的世间行为中彰显,儒家称之为"内圣外王",或说为"知行合一"。此"知"非智性之知,而是觉悟之知,"善的能力"之知。而"善"的概念,即名词即动词,说之为"精神力"最妥,康德之"实践理性"亦庶几近之。这也正是《薄伽梵歌》所倡导的精神,即"行业瑜伽"。"行业瑜伽"反对僧佉也即数论之"知识瑜伽"的单纯倾向,即教导人从其自性退敛而入乎"大梵"境界中,这种解脱之于世间了无作为,于他人漠不关心,实为一死寂之道。《薄伽梵歌》有云:"宜乎汝有所为兮,纵唯观于保世"。(叁,二十)又云:"贤者之所作兮,他人同之;彼所成之准则兮,举世从之。举三界余无可为,无未得而待成。辟德阿之子兮,咨余仍处乎行。"(叁,二十一,二十二)这"仍"字暗指:我依然在行业与行为中,而不是像出家人那样,以为只有舍弃工作才能入道。克释拏(Krishna)告诉阿琼那(Arjuna):如果你不行动,人们将无道路可循,如果你不率先,人们将无准则可依。那么,正义世界何以维持? 良性社会何以为继? 其实,真正的智者不应当造成智识与行为的分别,应当"和合而有为",也就是说,智识且在瑜伽(工作)中而有为。

然这"有为",又不能以现代实用主义的倾向解释,如社会服务,爱国行为,世界主义,人道关怀等等,径直可说,它不全是广大道德上与智识上的博爱主义的原则,它是人与上帝(大梵,神我,道)在精神上合一的原则,也就是个人与世界众生同体为一的原则,这原则也叫做"同一知",也必能做到"同情知"。它告诉我们,个人自我不全然隶属于人类社会,尤其不隶属于谋私利的利益集团,反而,要以牺牲私我、消除自私主义为真正的祭坛,使个人圆成于上帝中,因为每一个人都是一个潜在的"上帝之子"。人属于上帝,是一个纵向关系,人属于社会,是一个横向关系,亦纵亦横,表示人生之全。于是我们知道了,《薄伽梵歌》的经验,思想,其境界比近代思想境界要高,因为近代思想受科学主义或经验主义的拘缚,其展望仍属世间,属智识与寻常道德,在气性上非属精神性。但是,它已经步入了第二阶段,它克服了个人、家庭、社会、国家等自私自利的原始境况。然而,这仍是局部的进化之阶段,因为它未进入大全真理之境,也就是说,未达到"同一知"的水平。这也是第三阶段,《薄伽梵歌》的思想已达至了。

我们来看印度的社会倾向,个人服属社会(阶级)是常态,但是印度的宗教思想及精神寻求,其目的常属崇高的个人主义。《薄伽梵歌》所宣布的律则,是主人,超人,神圣化人,是最优秀者的律则,说到希腊的超人道,或尼采所说的超人道,不是偏而失中,就是下一个层级,总之未足相似。这个最优者,最前进的人,超乎集团普通的水准,是人群中自然的领袖,唯有他们能为人类指出当行之道,及其所当守当达的理想和标准。这里之最优者,非寻常通俗义,是指"天帝降世应身",我们中国称他们为"圣人",认为他们是"应天命而生",《诗经》有句:"有周不显,帝命不时?文王陟降,在帝左右"(大雅三,文王),我们也把他们称之为"圣之'时'者"。他们的出现,有一个共同的特征,就是在民族兴亡之际,传统中断之时,他们出现了。孔子,孟子,宋五子,皆是这样的"降世应身"者。

我们已知道,瑜伽的目的,不是以无所作为而为之行业,也不是个人求得解脱,而是行为动机只曰一途:保世为怀。世者,人群也。人类历史,亦像人类远征,趋赴一遥远的神圣理想,然而其路途犹如在无明的长夜之中,如果不加以团结,保持,向导,纪律,秩序,那么极容易趋于溃散并灭亡。因此,世者需要并呼唤引路人,即"降世应身"者,也是解脱之人,他(们)自跻身于神圣性格,其行业乃依此神圣性格为转移。这是启示《薄伽梵歌》之神圣行业的全部哲学基础。徐先生以光武中兴为例,言道之传承与衔接:何以光武乃可延续汉祚?汉尊儒术,光武早年就学于长安,涵泳于西汉经学的长流之中,不仅文武双全,而且极有教养。他有廿八将功名之士,大都是儒生,其中邓禹、朱祐辈,与他还是同学。后廿八将不任吏职,只被尊崇,"高秩厚礼,允答元功"。牟宗三先生有评语曰:"光武之运用于其间,非可尽以忌刻视之也。彼此能相喻,虽于私情有所不快,而能强以从理,则亦无所芥蒂矣。"[①]

一系(部)十三章《神圣降生与神圣工作》案语云:

> 儒家之高明配天,与此义相近。人物往往生于极衰乱之世。治世则隐。二十五史于俶异之士,则往往归之艺术方技列传。岂无其渊源所自哉?论博大为万世法,终无过于孔子。[②]

"俶异之士",是能力超群之人,或有特殊功能之人,或懂得方术之人,他们的听力、目力、记忆力都非寻常。北宋的邵雍,史书记载他有过人的预知力和其他超自然的能力,并说他的精神

---

① 《历史哲学》第 320 页,牟宗三著,台湾学生书局,2000 年。
② 《徐梵澄文集》第八卷,第 302 页。

生活完全安于易学之内，故有"尧夫遇事析为八片"之讥。为什么后人没有把邵雍列入宋诸子之列？那是因为他的学问有其弊端，即将易学流于了江湖术数。在印度人看来，邵雍全然是一个大瑜伽师，与宋五子无异，可在中国人看来，他还不是圣人，他有人格上的不足，王船山批评他说："邵康节志大而好游于公卿之间，固不如周子之不卑小官，伊川之不辞荐召，为直申其志而无枉于道也。存乎心之所可安者而已矣。"①印度之伟大瑜伽师的概念，亦契于梵文"Yuj"（结合）义，隐指"与神同在"。也许他们更注重"能力"，他们会认为像阿琼那、秦始皇、汉武帝及至光武帝都是大瑜伽师，可是中国人宁可把他们看作为"英雄"，虽然，他们完成了伟大的历史事业，但也不过是"天假其私以行其大公，存乎神者之不测，有如是夫！"（王船山语）。从另一个方面看，儒家认为的"圣人"，都是极有能力的人，他们既有高尚的德性，又有深湛的学问，还有卓越的组织才能。他们是学者，是教育家，还做过称职的官员，但是他们没有一个人是宗教领袖，也没有谁自称是宗教领袖的。

案语有句："人物往往生于极衰乱之世。治世则隐。"在我国，如诸子百家，魏晋名士的出现，都属于这种情况。以常人的眼光来看，极衰之世即大动荡、大变乱的时代，国家希望渺茫，人民孤苦无助，似乎整个前方都昏暗下来了。但是，跳出世俗视野，站在精神的高境上视之，事物或历史在其渊源与真实意义上，则为人类知觉性中一大转捩，必遭受巨大的修改，以成某种新的发展。正如徐先生在《薄伽梵歌》译者序中所说的："出于骨肉相残之际，亦人生由外转内之机也"。所谓"由外转内"，就是

---

① 王夫之《宋论》第 69 页，中华书局，1964 年。

要重新理解和搭建人生的价值与意义世界。这种转机,必定需要神圣力量,用我们的话说,就是"动天地、泣鬼神"的力量或明觉,如若人们受到了这种力量的震动,那么个人知觉性的权能定会有所变移,正像鲁迅之"呐喊",岂不震动了整个民族的心灵?所以,首要的问题或根本的问题,不是物质世界的改变,不是知识世界的改变,乃至不是制度世界的改变,而是心理世界或精神世界的改变,用鲁迅的话说,就是"立人""改造国民性"。这样,才能"人心觉悟而循乎大道"(梵澄语)。

上说"英雄"时会,仍可成为一伟大时代的引领者,如光武,但这尚不全是《薄伽梵歌》意义上的"天神降生",正如克释拏(圣人)与阿琼那(英雄)的区分。英雄之知觉性,当然是高举飞扬,其权能可以盛大显示,可以兴起而超出其寻常自我,一时代知觉性与权能潮涌,乃以这些少数的特殊人物为浪花顶峰,其行为或引导或领导普遍行为,以自己的理想来改造社会。阿罗频多认为,欧洲的宗教改革和法国大革命,皆属于这种运动,他指出,两者都不是伟大的精神事会,而是智识上实用上的改变,前者属于教会,后者属于政治,其社会理念、形式、动机都改变了,然而,这所成就的普遍之觉醒的修改,是心思性的,情命性的,也就是说为动力性的而非精神性的。设使这大危机中有一精神的种子或意向存,那么神圣知觉性在人类心思与心灵中的全体或部分显示,乃出为其发动者和领导者,此为降世应身。

《薄伽梵歌》所述"降世应身"的外表作用,是为恢复大法,即达摩(Dharma),其概念有伦理与实用义,有自然与哲学义,有宗教与精神义,或径直为社会法律。此义,即外表义,可以解释为每当非正义与非公道与压迫严重时,天神之应身乃降世以救善人而灭丑类,破除不义,推翻压迫,恢复人类的道德平衡。但这一解释未摄其精神意义,什么样的"人"可达其精神意义呢?基督与佛陀。阿氏说他们的使命并非全是消灭恶人而解放善类,是在于传达全人类的一新律则。这一新律则尽管其箴言之表述不同,但道理都是一样的,如"己所不欲,勿施于人"被奉为具有普遍适用性的金规则。在我们儒家,亦有"仁"、"诚"、"敬"、"致良知"等这些"与神同在"的理念。阿氏说"降世应身"者的工作是双重的,即在人类生活中作上帝之事,行神圣"意志"与"智慧"之道于世间,此则内中外表两皆成就,内指心灵进展,外指改变人生。

"达摩"在印度概念中,不但为善,为正道,为道德,为公理,为伦理,而且为人与一切众生之关系的全部统率,同时,也包括自然与上帝的关系,如同我们的"道"或"天道"。这是一神圣原则,这原则自发为行业形式与律则,自发为内中与外表的生活标准,向"神圣者"进发与滋长。《薄伽梵歌》着重人生之奋斗,以世界为战场,面对二者,一内一外。内者,为个人心理上的敌人,是欲望、无明和自私;外者,是人类集团中的"法"与"非法"的战斗。这内中结果之所得,有赖善学善悟者,圣人便是这样的人,如周敦颐观草木滋长而体认"道",大程子看雏鸡生长体会"仁"。这"道"与"仁",意味着变化,落实到人身上,就是变化气质,同时,个人的变化,也意味着大众的变化或大众的变化之可能性。这道理在儒家和韦檀多的教义中是相通的。徐先生案语末句说:"论博大为万世法,终无过于孔子"。此话至少可有两方面的理解,一,从文化传统的连续性来看,中国历史自两千五百年以来,呈其"原生"状态,也就是说,儒家的主干地位从未被动摇过;而《薄伽梵歌》行业瑜伽之精神,真正苏起是在现代,倡导者是"圣雄"甘地和"圣哲"室利·阿罗频多。二,"达摩"即法的精神是和谐,就人类而言,说和平亦可。我们看孔子的学说,其中既没有以流血求正义的劝诫,如克释挈,又没有以无条件的爱去宽恕的言论,如基督。他是和平的,又是理性的,他所追求的境界是"致中和",这境界既越出"交易"(以战争求平衡——阿琼那之婆罗多大战),又超出"互易"(以谈判求停战——康德之和平条款),而达至"通易"(阿罗频多语——康德之永久和平的理想)。

一系(部)十五章"平等性"案语:

> 平等性而出于精神性,其义独卓。庄生曰道在瓦甓,斯所谓遍见皆"大梵"也。以不齐齐,所谓自其同者视之,万物皆一也。有一而后有依,庄生之所未言也。逍遥放达,乃约束之于诚敬,老聃生殷周之后,尚敬尚文,其效皆所睹也。独曰得一。诚敬失而后贵,则非聃周之世也。①

庄子谓道在蝼蚁,在瓦甓,老子说道以万物为刍狗,佛陀则视世间林林总总皆平。说平等性出于精神性,其义在三者尚未显彰,似乎皆由直觉之"识"所得,尽管这直观仍属精神性。但前二者不失其敬,仍为有依,依者何?依道、一、太极。佛家虽言无常、空,但仍保法(达摩),亦可说不失敬。为什么说《薄伽梵歌》其义独卓?因为平等性是自由精神与世界关系的结节。我们说,当"自我"智识归其本原,自体凝敛而不活动时,无用于平等性;但精神外发认识诸事物,处理多性,多人格,多分别,多不等,则必得以平等性为准则,这样才能形成诸相的自由位格。而这

---

① 《徐梵澄文集》第八卷,第321页。

"自由",不表示出世的自由,只表示行世的自由,因为精神即由行业弘扬。

阿罗频多说,平等性是一表征,对于求道者是一试验。他指出追求神圣平等性有三个方法或三个步骤,英勇之坚忍一,圣贤之淡泊二,虔诚之逊顺三。三者可对应自性三德:剌阇性,萨埵性,答摩性。运动的发端,必以三者之一为起点,然而,三者却并不平等,以剌阇性为中,上有萨埵性,下有答摩性,若起步于答摩性的位阶,那么他先得迈上剌阇性,再攀登萨埵性,即摆脱黑暗的平等性,走向光明的平等性。这光明的平等性,也就是精神性。我们看佛家,见诸生、老、病、死,致力于解脱,但其平等性只表现在浮士者的出离,远隔世事,漠不关心,即使在答摩性之位阶退转,也可以完成,但是这种完成却是人生未有展开,没有任何价值和意义。而人类的正途,是附之于高等境界并有萨埵性的见知,归依且乐于"神圣者"的存在,曰"依我"。人处于答摩性的位阶,并不可怕,虽然,退缩而求自保,是一方面的通则,但是,我们还有另一个通则,即向上求索,改变命运,这便是对剌阇性之平等的渴求。这种人生本有的向上冲动,其目的不在于暂时的成功,而在于精神奋斗的内中认同。这正如一个顽童成长为一名战士,对于他来说,战士之钤印的名号已足。

阿琼那为战士之天性,始于此英勇的运动。但《薄伽梵歌》于平等性的第一叙述,却属于淡泊的哲人,曰:"平等于苦乐而坚定兮",是说心灵平等者,当忍受苦恼而无怨恨,接纳快乐而不狂欢,对于生理感受亦当坚忍而加宰制,这是淡泊派训练的一部分。而虔诚逊顺,是属于一种宗教平等性的基础,其意是顺从神圣意志,坚忍耐心地背负起十字架。在《薄伽梵歌》中,这一因素乃扩大形式,化为了以个人全部有体皆皈依了上帝。然而这并不是被动顺从,而是自动奉献。是故,阿琼那"起!起!克敌!"但战斗中的他既无憎恨,又无个人欲望,因为他的心灵已得到了解脱。这样的英雄(阿琼那),这样的圣人(克释拏),思"保世"以有为,其行为已无个人性,为的是以护持以领导人群遵从大道而达神圣目标,这是一切众生的秘密,亦为人类存在的终极目的(the ultimate purpose)。

阿氏说,纯粹的哲学家和思想家,不但依乎"萨埵性"原则而究极智识,而且即用之为自主修为的工具,他们全由"萨埵性"的平等发端。但是,这与《薄伽梵歌》之平等性的区别何在?回答是:前者的平等性较狭,是智识哲理之辨识;后者的平等性阔大,是精神的辨识。哲理的辨识依逻辑,靠分析;精神的辨识依直觉,靠综合。这后者也是韦檀多学一体性的智识,即《薄伽梵歌》所建立的全部教义。我们说,三德依次增长,才能超出,只有圣人的精神自我才能做到。而哲学家的平等性,如清净道者,遁世间者,只是内中一寂寞的自由,与人相隔、远离,也许于个人有益,而于众生了无相干,由此可知,其于"上帝"也不甚相干,因为,他不愿意在众生中发现并提撕"神明"。也就是说,他不在广大无边的精神平等性之中,也不能从内中生长出更多的光明了。

因篇幅所限,笔者不再拣读。本文还想提及的是,《薄伽梵歌》的路数与吾华思想的区别。既然皆是"体天立人极"的原则,那么有何不同呢?可以说,我们的立足点是"人理",彼邦的依据处是"神理"。梵澄先生在其译者序中说:"必不得已勉强立一义曰:极人理之圜中,由是以推之象外者,儒宗;超以象外反得人理之圜中者,彼教。"我们的"希圣希天"之教,是由人推上去的,于是,就有了上下之分,天在上,神在上,而人在下。然而,古希腊哲人赫拉克利特有其箴言："向上和向下的路是同此一条"。这么，"一人"，"一理"，便好理解了，尤其我们中国人更能明白，在德性的实践中，人理亦神理，神理亦人理。诚如船山夫子曰："此心之动，鬼神动之也。"①

载于《世界宗教文化》2010年第一期

---

① 《读通鉴论》卷五 王莽·一。

略谈徐梵澄先生的学问人生

——徐梵澄先生示寂12周年追思

今年3月6日,是徐梵澄先生去世12周年的日子。在他示寂之前的个把月里,已进入了昏迷状态。一日,我去看他,见病榻案头摆着《薄伽梵歌论》的清样稿,其红笔勾勒的痕迹仿佛是一个生命的句号,停留在全书的三分之一处。就在此前一些天,他还颇有兴致地与亲戚姜丽蓉大姐说:"今天我又干了(校对)两个多小时",遽尔神色又黯然下来,凄凄地说:"看来我的学问没有人继承了。"是呵,没有人继承了。据我所知,他还有若干工作没有完成,如《佛教密乘研究——摄真言义释》(梵译汉)、《三玄通论》等;还有一些计划没有展开,如"拟讲庄子","拟讲商羯罗","如何从梵学背景研究佛学",以及《法相唯识与超心思哲学》、《周易与韦檀多学比较观》等。假如老天再假以他10年,让他活到一百岁,那么,一定会有一些可观的结果了。惜乎人生遗憾,每每不能如愿,而我们能做的,似乎只有"生命不息,战斗不止",此话用在徐先生身上真是恰如其分,不过他的一生,甚可用"学问人生"来概括:一方面,可表他孜孜矻矻深山掘宝的劳作形状;另一方面,可表他所治之精神哲学,那端的是关于人生的学问。记得1992年6月,我要他填写一表格,其中"重要简历"一栏,他说:自己的经历"极为简单。即自少至今,未尝离学术界一步,经营任何事业。"至于他对自己身前的评价,有这么三句话:"我的留学是失败的","最不成功的最是我所锲而不舍的,如数十年所治之精神哲学。""自己的成就如何,自己是明白的,浪得浮名,至属无谓。"①有一小事"如是我闻":1999年春我和一位出版界的朋友去看望他,我这朋友一时兴致,说:像您这样的大师就该如何如何。他老人家不高兴了,把头扭到一边去嘟囔了一句话,说:"唔——我算什么大师呢!"其实我也知道,在他眼里,鲁迅才是大师,室利·阿罗频多和"神圣母亲"才是大师。

徐先生殁世后,《薄伽梵歌论》由笔者校对完毕交给商务印书馆,该馆于2003年岁末将其出版,距他1991年交稿(1992年秋补一"前言")的时间计算,也是一个12年过去了。《薄伽梵歌论》这部译稿完成于1953年,其时徐先生在南印度琫地舍里(今译本地治理)的室利·阿罗频多学院院母密那氏的麾下任华文部主任(其实只有他一个人),书写这部译稿时未用学院什么特殊的稿纸,皆是领来大张白纸自裁,尺寸33cm×22cm,墨迹正面反面,整整600张,合1200页。在前一年,1952年,他翻译《神圣人生论》,工程更加浩大,用纸1400张,合2800页。不过,诸《奥义书》的翻译则不同了,他把它们写在二三寸宽、五六寸长的硬纸条上,每张纸条写有一二节译文及注释,为的是"手民"②操作起来方便,"译文、注释,均用工整的楷体誊抄,清清楚楚,并仔细编好序号,万余张纸条,片页不紊……工人一个一个地拣出铅

---

① 《跋旧作版画》载于《古典重温——徐梵澄随笔》,北京大学出版社,2007年。
② 指排字工人——无轻视义。

字然后排版,拉丁字母撰写的梵文,上下标很多,都要单独刻字。"①不少文字他也是以这种方式来操作的,这让人想起了管理织机的女工,不断地巡视其工作流程,把断掉的线头迅速接好。看来这使用硬纸条的法子,不仅有方便"手民"之功,亦有醒目作者之效,并从"此处"开始,又继续进掘了。如我保留的徐先生《三玄通论·序》,就是写在硬纸条上的,共32页,末页的文字如下:

> ……实际贵乎践履"无我""无物"之境,使动静云为纯为一片天理,如陆象山之所为,方可谓善读此一卦辞。推之于读《老》《庄》,皆是如此。总归是要使纸上的死文字,化为人生的活学问了。
>
> 此书第一部专从字义、文义等入手,就本文而求其事义、取象、喻意等;第二部乃泛论理论,基于第一部的。

上段说陆象山读"艮卦",下段说该进入第一部的正文了。第一部正文也有若干张卡片,如"坤象传",可是数量太少,未能成篇,故未收入16卷"文集"。

在上一世纪90年代中后期,我周边的朋友多有创办杂志者,其中或来请教,或求挂名,徐先生总是告诫他们说:"要立足于精神。""精神"这一概念,在他老人家那一套学问中,与我们的寻常理解是不一样的,它不是与"物质"对举,以成其二元,而是

---

① 《五十奥义书》第三版之末"为梵澄先生做责编廿五年",中国社会科学出版社,2007年。

将"物质"包举,以成其一元论或一元融摄多元论。那么,"物质"比如石头也成了"精神",这不是有违常识么?回答这问题,需要站在一个更高的根据地上,即把宇宙看作是"一个大生命的充满与润泽"(牟宗三语),而宇宙中的万事万物,皆是其生命力的表现,力无非表之"动"与"静",有"苏子瞻之徒讨论这问题,结论为'精出为动,神守为静,动静即精神'。"[1]在印度韦檀多学集大成者室利·阿罗频多的语境中,宇宙生命力即宇宙知觉性,如前所问:石头有什么知觉性?或阿氏回答:那有知觉性的眠藏。徐先生说:"矿物质似乎全无知觉性了,但其结晶必有定型,如近世哲学说其有一纯实而潜在的'意向',可算知觉性的粗胚。雪花结晶,便颇美丽,诸如此类……故说自然界是同一知觉性的充满。"[2]这当然是从普遍意义上或从宇宙论上讲的,若果从具体意义上来说(或从性命上说),"精神"("知觉性")之内核还属"灵",而人,便是这万物之"灵"长:

> 而人,在生命之外,还有思想,即思维心,还有情感,即情感心或情命体。基本还有凡此所附丽的身体。但在最内中深处,还有一核心,通常称之曰心灵或性灵。是这些,哲学上乃统称之曰"精神"。但这还就人生而说,它虽觉似是抽象,然是一真实体,在形而上学中,应当说精神是超乎宇宙为至上为不可思议又在宇宙内为最基本而可证会的一存在。研究这主题之学,

---

[1] 《陆王学述》第12页,上海远东出版社,1999年。
[2] 同上,第96、97页。

方称精神哲学。①

我们要注意：这套学问所使用的名相或概念不同了，它的表述方式也非是逻辑性的，而是描述性的，因为这与心理经验或说心理直观有关，所以，常是这样："我们需要的不是完美的翻译，也不是定义，而是正确的描述。"②比如："神圣母亲"谈"心灵"，说为"观心灵"，有人问她："以人的心思，能否看到他人的心灵呢？"她回答："在心灵与心思情命，甚至身体之间，没有封隔的封闭舱室。在心思中有心灵的一种渗透……要发现心灵！应从外表内敛，深深退下，深入、深入、再深入，下降而又下降，进到一异常深远底洞穴里，寂静，无动，于是在那里，有个好像是……什么，是温暖，恬静，是内容丰富，而且非常安定，也非常充实，好像是一种柔美——是了，那才是心灵。"③徐先生说："对事物的深沉视见，与对事物的深沉思维不同。就实践而论，思维不如观照，观照不如体验。"④而"体验"，乃是"心理经验"、"心理直观"之事，已超出推求事物的真理了。

精神哲学说之为心学也可，如宋明儒所说的身、心、性、命之学，它注重心理经验，但又不可视为今之心理学(psychology)，其主旨或最后目的为"变化气质"，如鲁迅所说的"立人"、"改造国民性"。"变化"亦为"转化"，因此，它不是直线向前求"新"，而是弧线向上求"是"。"新"乃"多"，表万事万物；"是"乃"一"，表心灵境界。一横一竖，又可概括为人生之全。既然"变化气质"

---

① 《陆王学述》第13页，上海远东出版社，1999年。
② 《孔学古微》第四章，李文彬译稿。
③ 《徐梵澄文集》第10卷，第13、14、15页，上海三联出版社，2006年。
④ 转自《徐梵澄传》第262页。

属于人生境界之事,那么,这进步就如同登山,每达至一新的阶段,你会感受到更多的光明和更宽的视野,再往下看,可能你的心理都会起一些变化,觉到人事微末而不足道了,重要的是,你要努力前行,攀上极顶,实践你"在其自己"(thing in itself:牟宗三译康德之"物自体")的人生意义。于此不免有"个人主义"相,但前面应冠以定语"崇高的"或"良好的",而"良好的个人乃合成良好的集体"——阿罗频多早有明示。这在道理上是明了的,但在现实生活中会受到诘难,那就是如何看待"群众"的问题。徐先生说:"一般民众的知觉性往往低于个人,这也是个事实。"[1]似乎他更注重"个人"的示范与等待一面,未尝强调什么"发动群众"、"组织群众",倒不是这样的"个人"没有能力,而是往往是他不在那个位置上,如周敦颐,一个偏稗小官,有极出色的行政才干,只是没有更大的平台供其施展罢了。朱子亦然。我们说,"示范"好理解,问题是"等待"。等待什么呢？回答是:等待群众的"自觉"。而自觉,又只能在"个体"心中发生,因为此"上山"之途非"皇王之路",正如古希腊名言"没有皇王之路可以到达数学",在先者只是少数人的事情。于是这问题就变成了一个反求诸己的问号:你愿意成为这样的人么？或者我们问得通俗一点儿,说:你愿意成为这样的"典型"("模范")吗？倘使你不愿意,也算不上什么错儿,这就是对群众合乎情理的态度。

精神的提升与知识的普及异撰。在后者如扫盲运动,说为"填鸭"还挺形象;在前者则不易拔苗助长,因为可能一拔即枯,生命都无存了。所以徐先生总是说圣人的话不是很多,不似宗

---

[1] 《苏鲁支语录·缀言》见《古典重温——徐梵澄随笔》第43页,北京大学出版社,2007年。

教家的絮絮叨叨,如辘轳交往,反转不已,比方孔子,说"天何言哉""逝者如斯"之后没几句话,便沉默了。你如果要理解他的深意,你就得走近他,而不是让他过来拉你一把。如何走近? 反复阅读,反复体会,随着阅历的增长,会收获多多。当然也有更便捷的一法,就是翻译成白话文,读起来轻松愉快,如郭沫若的《离骚》白话,任继愈的《老子》白话。徐先生说这种做法对初学者有很大帮助,然而,他又指出:

> 在文学领域里具有某些经验的人完全懂得:写作,尤其是诗歌的写作,在受到灵感启发,或具有高度创造力的特定空间内写出的诗句,是很难在另一时空,以另一种形式进行重现的。即使是用同一种语言将古老的文句转换成现代的语句也是如此。它并不比将其译为另一种语言更容易。正如鸠摩罗什对一般的译作所作的评论那样,两者都"原味儿消失"了。①

"原味儿消失"至多寡淡,比如贵州茅台与日本清酒难以比拟,但我们不能不说它们都是白酒;而"原义消失"则严重多了,那样是会于阅读和理解产生误导的。20多年前有一小故实:孔繁所长受一梵文学者之委托,请徐先生审阅其一部译稿,待孔所长取稿时,徐先生之评价只八个字:文字全对,内容全错。这话是够厉害的。也许说理解相反则温和多了,因为彼时与现在不同,人们还未脱出"战斗相",正如那个譬喻,手里握的是锤子,看什么都像钉子一样。

---

① 《古典重温》第114页。

讨论继续:我们稍带提一下《薄伽梵歌》的翻译。前不久我得到了黄宝生先生的译本,这样,除了徐先生的雅言体外,其余三本皆白话诗或文。徐先生对后者也是鼓励的,他在1957年本的《行云使者》(室利·阿罗频多学院)"跋"中写道:"夫拼音系统文字之互译,尚有可易为力者,而乃出之以事象系统之华文,其相去不啻天壤,是犹之梵澄取原文之义自作为诗,与迦里大萨几若无与,然亦有不昧迦里大萨之光华灿发者,诚不敢厚诬异域之高才。窃愿今后之治梵学及擅白话诗者,再从而译之,别铸伟词,后来居上。一作而传数译,亦经典文学常例,不必谓谁本之谁。"然而,以雅言对应雅言,其中意蕴毕竟流失较少。不要说古典语言,就是汉字的繁体简体也是不同的,他在《五十奥义书》"再版附记"中说:"简体字诚便用,然有易生误解者,如'馀'之作'余','徵'之作'征','纔'之作'才','後'之作'后','捨'之作'舍','彙'之作'汇'……若此之类,皆当不取本义而取借义;则望读者依上下文善辨别之。"还有一个问题,就是对概念翻译的不同,在理解上会有偏差,如黄先生之译《由谁书》一章二节云:"他是眼睛的眼睛,思想的思想"[1]徐先生译此句为:"彼者闻后闻,心思之心思"[2]。"思想"和"心思",两者颇有分别了,于此让我们稍加分析:"思想"若解于名词,得合逻辑规范,因此说为"理智"、"理性"也可,而"思想"之"思想",可归于"先验范畴"(康德),属知识论,表现出的是一用头脑思维的程序。然而,在宋学中,"心思"可说为"性理",其范畴所涵比之前者大得多了,"'性理'统摄整个人生之理,则其间非事事皆合'理性',统之曰'心',

---

[1] 《奥义书》第253页,商务印书馆,2010年。
[2] 《五十奥义书》第三版,第170页。

所以此'心学'又称'性理之学'。"①可归于"心灵"、"性灵",属精神论,表现出的是一用"心灵思维"(何兆武语)的活动。

这里话头稍稍转出,让我们来看朱璇同学的一段文字:"一次印度人向先生提议用汉字书'神圣母亲'的名字,徐先生便拿出一张宣纸,用很细的砂纸将其打磨,再将所有的毛笔洗过一遍,然后慢慢磨墨……做了近一个小时的准备工作,再一落笔,却在两三秒中挥毫而就。友人不由惊嘘。"②一小时和两三秒之间——长长的等待。可以想象,在做这些工作之前,徐先生一定先净手焚香,对待一位神圣人物如此,对待一部神圣经典亦然。我们知道,印度古代重声教,其经典有赖于口口相传,而梵语的背诵,其读音是不能错的,正好像我们现在的诗朗诵只能用普通话一样,设若一掺入方言尤其是北方话,便会感觉滑稽,而入于相声者流,这么,庄严感消失了,或说,"原味儿消失"了。其实,凡能引生肃敬之事像都具有神圣(秘)性的意蕴,得之不易,守之也难。1950年秋,徐先生译完《薄伽梵歌》,遂大病一场,其后有"盖挥汗磨血几死而后得之者"之叹。《薄伽梵歌》,梵语,雅言,适讽诵,以骚体即楚辞体对翻,最为相应,况且楚音又有浓厚的巫音之遗风,也正与印度这古老的宗教文化氛围合契。我们说,翻译这部经典,徐先生占尽了天、时、人之利,而他自己的态度呢,也是对这部译稿宝重有加的。1952年他有诗作《题旧稿》,其"小引"云:"发箧得旧稿未出版者,纸墨皆蔫,怅然题句""神物宜呵护,尘封只黯然。早吹新凤管,重拭旧龙泉。显晦有时及,安危并世传。咨嗟莫腾去,光气已摩天。""神物"为何?此处指

---

① 《陆王学述》第92页。
② 《徐梵澄本地治理廿七年纪略》手稿。

神力之物,此力指启明力,用阿罗频多的说法,是一"启明着的通知","能通过时间的阻碍","见入未来"①"显晦"时及,时间因素注入了,意即走向未来,而已"见入未来"的前行者,也要"等待"后来者。见徐先生给杨之水信:"来信说《五十奥义书》中有不解处,我相信其文字是明白的。这不是一览无余的书,遇不解处,毋妨存疑,待自己的心思更虚更静,知觉性潜滋暗长(脑中灰色质增多了皱纹或生长了新细胞),理解力增强了,再看,又恍然明白,没有什么疑难了。古人说'静则生明'——'明'是生长着的。"②"理解力增强了"、"'明'是生长着的",其中暗许"等待",而前方正有等待者,即"神圣之泉"的"引线之人"。③

然"神圣之泉"又在何处?答曰:"止于至善"处。此处源泉混混,和光同尘,老子谓之"道冲"、"谷神",徐先生解之为宇宙之(生命)"力"④,亦宇宙知觉性或精神。其旨在"天长地久",实乃一"善生"原则。"生",亦动词亦名词,谓"生生",谓"生命",或合或分,皆表"多"("异"),而"多"又归于"一"("同")之原则("善生"),于是又回到了宇宙是一个"大生命的充满与润泽"的观念了:

> 夫曰乐统同而礼辨异,是已,金石丝竹,其器异;宫、商、角、徵、羽,其声异,必多音繁会统而同之然后为乐也。若琴瑟专一,谁能听之?尊、卑、长、幼异序,吉、

---

① 《神圣人生论》第536、539页,商务印书馆,1996版。
② 《梵澄先生》第7页,上海出版社,2009年。
③ 《由谁书》末页,室利·阿罗频多学院,1957年。
④ 《老子臆解》第9页,中华书局,1988年。

凶、军、宾、嘉异仪，一皆为之节文而归于善生也同。①

然"善生"之道平凡朴实，不以卓、奇、诡、怪之态为功，因为此非独对异人所说，而是对所有人众所说，因此徐先生推重儒学的"下学"，即《中庸》所说的"自明诚"之路，通过学习而"循天理"，前进无有止境。至于"上达"呢，固然重要，但欲通过求"神通"，则是一条危险的路。徐先生多次谈到修瑜伽而修坏了身体的例子。这些事情在阿罗频多是非常明白的，他将瑜伽的各个系统分别研究，重新估定价值，将其写成《综合瑜伽论》（四册），在旧的智识、敬爱、行业三大系瑜伽中，凸出"行业"，也就是说，要工作，要劳动，其职事没有高低贵贱之分，正如阿罗频多所说的："牺牲之道非一，奉献正尔多方。"②舍弃"私我"，抑制低等活动，明心见道，代以高上能力，这是"上达"的最佳途径，并特表"超心思瑜伽"的优越性，且视整个人生为瑜伽了，或说以完整的人格为瑜伽的最后鹄的。这么看其范围是扩大多了，乃至充塞了宇宙，诚如张载《西铭》所言。

通过良好的个人，合成良好的整体，乃至扩充到全世界的和平之治，在阿罗频多看来，这是最高境界的"同体为一"之"知"（"同一知"），依次下推则为"同情知"、"推理知"、"识感知"，上上下下，一知觉性而已，一精神而已。向上达"灵明"，往下至"冥顽"，而人生，只有向上一途，不断"进化"（精神性的）才能不至灭亡。然向上非直线乃曲线，曲线划弧，故尼采称之为"回还"，回到原来的视点上，但据点提高了，比如从"识感知"一转而至"推

---

① 《异学杂著·序》，浙江文艺出版社，1988年。
② 《薄伽梵歌论》第65页，商务印书馆，2003年。

理知",水平当然是提高多了。徐先生以为,若要予以印象,那么精神哲学这套学问就有如一个球形。他在英文《易大传——新儒家之入门》一文中说:"太极在中国的宇宙起源论中不是混沌,它是最高理性,有些类似于逻各斯这一理性本身。一个圆圈的传统象征包含两半,一黑一白,把它们画成在一个圆圈中的两只蝌蚪是非常具有误导性的,它并不是在一个平面上,人们必须把它想象为一个难以表象的圆球。"①他谈到"彻悟"之事是知觉性的"翻转":"这如同在一个圆球上直线似地前进,一到极顶再进,便到彼面了。从此上、下正相对而相反。左右易位,南北转易。这时客观环境未变,只是主观心境已变,多人感到是这方是真实,是宇宙万物之真面目,只是光明的倾注,即儒家所谓'天理流行',而紧张既除,只有大的喜乐,是说不出的美妙,……是彻悟了。"②还有,他在自己的英文著作《孔学古微》中论述到八条目,即《大学》中的"格物"、"致知"、"正心"、"诚意"、"修身"、"齐家"、"治国"、"平天下",要我们这么来看:

> 我们可将这一体系视为八层球体,层层相套,犹如镂空的象牙球。个体之内中有体(心灵)处在最中心,向外发出照射的光,穿透心思和身体,照在外部环境上,如家族,国家或天下。现代人以为这不是实践哲学,因为个体与社会间的鸿沟太大,无法逾越。可是我们知道,个体与社会之间还有另一个纽带,即家族。如果将家族理解为部落(或如老氏说"修于乡"——笔

---

① 《古典重温——徐梵澄随笔》第124页。
② 《陆王学述》第93页。

者),那么问题便好理解了。①

而"内中有体"("心灵")何以能向外发光,这便牵涉到"格物"这一概念。接下来徐先生告诉我们,曾子未予"格物"以说明,因为原义不可求,后来解释者多多,其中最具代表性的有三种:第一义为郑玄,他认为"格"指"使来",意思是知善深则善物至,这正与孔子"吾欲仁,斯仁至矣"相合,但问题是,知善已深,于"事"或"物"就只有对待和把握了,而无须怎么"格"了。第二义为朱子,他释"格"为"至物"即研究事物,但这多与求知识经验合,而与心理经验没有必然联系。第三义为司马光,他以为"物"指外部对象,皆可欲求,而"格"是"去除",即在主观上去掉对这些东西的欲望。这第三义最与韦檀多学相通,在《薄伽梵歌》的诗文中,"去除"也说为"自克",阿罗频多认为自克行为可以理解为牺牲奉献之事,也就是(无欲望之)行业瑜伽的一般性解释。"格物"之义,亦泛指亦具指,泛指是说人人可为,比如"学习雷锋",不是对个别人或群众说的,而是对全体国人说的;具指是说少数人先为,因为他们是普通人的带头者,在古代社会即指士子,他们培育好自己的人格("心灵无为"),是为了更有效地为社会服务("自性无不为")。

"格物"从事相上看可以达到怎样的程度呢?徐先生说,甚至连知识都不重要了,哪怕是经典,尝如古人说的得意忘形,乃至忘言。那是因为提升到很高的精神境界之上,或者知善已深,便没有什么疑难处了,"那时提起放下,皆无不可。……书,无论

---

① 李文彬译稿。

什么宝典,也究竟是外物。"①至于寻常生活呢?"格物"意味着简单,我们知道徐先生是异常地简朴的,用"清淡"二字稍稍能够形容,比如他房间里的家具,如桌、椅、书柜、沙发等,都是单位用旧了的办公用品,在他的北屋,接受了一个邻居淘汰下来的书架,三合板做的,看上去和纸糊的一样,他用来放置借阅来的图书。再比如他平日里写字画画,所用的纸、墨、笔、砚及印泥,都是极平常之物,不上档次,没有任何名贵的玩艺儿。说句不中听的话,像他这么清白如洗的地方,连小偷儿都不会光顾,因此我曾和他开玩笑说:"你老人家挂的那些锁纯属摆饰——无有用处。""清白如洗",当然也意味着干净,不错,他的文字干净,如泉水,他的气息干净,如熙风,他的思想干净,如朗日,于此"干净"已跃出普通义,即为"明净"。而"明净"之域可上"超心思"之境界,即天理流行风云大通的境界,或说孔子所谓的"吾欲仁,斯仁至矣"的境界。然"明"何由而生?曰:"静则生明","格物""生明","行业""生明"。在徐先生,"静"与"明",是他的精神气质,也是他的存在方式。朱璇同学写道:"徐先生是个很安静的人。大部分受访者谈起徐先生用的第一词都是'安静'。他很少谈论自己,除非他主动谈起,人们也不去多问。实际上,了解他的人知道他只是内敛,心灵极为纯净。Bob Zwicker这样描述徐先生:安静、干净、和善、头脑清楚,极有智慧,亦极简单,不惹麻烦。"②"亦极简单","不惹麻烦",当然不能理解为只是洁身自好,因为洁身自好不是目的,而目的端在"立乎其大"者。何为"大"者?曰:古今之"心同理同"之事,人类之"全般转化"之事。

---

① 《梵澄先生》第7页。
② 《徐梵澄本地治理廿七年纪略》。

这是"体天立人极"之"人极者"的使命!

末了,我们试着对徐先生的印象做一个勾勒——无神而有信:守真;由博而返约:企上;学而知不足:精进。三者皆一"精神",故说他的一生是一奋斗不已的"精神运动"。

载于《北京大学学报》2012第四期

附 录 篇

回首再"读"《收租院》

春末夏初,应朋友之邀,在渝南黄桷坪的四川美术学院小作停留。在该院的陈列馆里,又一次浏览了曾经蜚声大江南北的《收租院》群塑。倘若不再重见,昔日的情景可能会继续尘封在我远去的记忆中。时隔30多年再度伫立在它的面前,我内心深处仿佛被唤起了什么,那种熟悉却又陌生,"宛然亦然"的感觉萦绕于胸,心绪复杂,一时不知从何说起。

对于30多年前的中国而言,现今的社会确乎可谓"换了人间"。但是,按照一般的历史规律,前后不同时代话语系统的置换应是相互衔接和连续性的,不至于发生失语现象。失语是历史在人们精神链条中断裂的表征。我感兴趣的不是描述或告之这种失语的存在,而是追问其背后的深意。

我以为,回顾式的失语不是语言概念或修辞形式上的困难,而是在深层次上对历史真实内涵的淡忘和对民族心路历程的忽视。

意识到这层深意,得自于另一个启示。与朋友谈天中,得知四川美院在几年前为纪念《收租院》创作完成30周年,专门召开了以"农民与艺术家"为题的学术讨论会,有海内外不少学者参加。给我的印象是,《收租院》仍被大多数与会者视为一个重大的成功的艺术范例,而且在该校创作史上,仿佛也有着里程碑的意义。念乎于此,心中有股隐隐的焦灼在涌动,那种原本模糊的欲思欲说的念头反倒被刺激得清晰起来。

难道我们对艺术的解读就这般形式化么?难道我们就不能解开它背后所伏隐的历史和民族命运之内涵么?我不清楚是否有人对从《收租院》到"农民与艺术家"这一问题线索的解读提出过异议,但是我坚持认为:不自觉地淡忘和忽略历史肯定是中国人进步的障碍,然而在自觉的记忆中表面化地解读历史则是很大的遗憾。

在我看来,《收租院》作为雕塑学文本,其历史内涵远远大于雕塑艺术本身。换句话说,《收租院》的真正意义在于它是历史和政治符号而非艺术符号。通过它,可以解读出中国近代以来,尤其是建国30年间的诸多历史深义。当然,这历史和政治符号的内容是非常复杂的,根本不能指望随意拈一个概念或思路去涵盖,但是我相信这个思考向度是不会错的。

从整体来看,《收租院》传染给人的最强烈的情绪就是"仇恨"。《收租院》的出台,是以当时中国的阶级斗争风云为背景的。1957年以后,毛泽东的阶级斗争理论付诸于新中国的社会实践,于是,阶级斗争延续不绝20年,至"文革"达到顶峰。一批又一批的人被揪出,一层又一层的人被打倒,直到最后国家主席都以"中国赫鲁晓夫"的身份在"文革"中被迫害致死。稍有中国当代史常识的人都知道,《收租院》最为巨大的影响正是在1965年和1966年这两年。当然,导致"文革"这场灾难发生的原因是很复杂的,我们不会幼稚到把通过以《收租院》为直观模型,来阐释阶级斗争理念的全国大规模的政治教育运动与"文革"爆发看成是因果关系,但是有一点任何人也无法回避,就是以"仇恨"为特征的《收租院》,在氛围、心理及情感上是对"文革"的一种极其适时的支援。"文革"中从斗地主、斗黑帮、斗老师到派性斗争和大规模的武装械斗,其间哪里不弥漫着仇恨的情绪?这难道只是与《收租院》的巧合?从社会心理的角度来说,"仇恨"是"文革"发动的最潜在但也是最显效的心理能量。

"仇恨"特征是通过《收租院》解读中国近代以后历史的一个孔道。这里,我们应该有个提问:何以"仇恨"能成为中国政治力量进行社会动员的情感资源?我不赞成将这种仇恨情感仅仅归结为生活资源的匮乏,即所谓"贫苦产生仇恨";也不完全认同这是权力顶尖人物对民众的煽动和利用。我以为,去探讨形成这种动机结构的历史批判才是有效的。

由此,我想到舍勒(M. Scheler)的怨恨理论。怨恨本是一种人性的心理情感,在中西方古代思想家那里均可找到此类言论。但是,舍勒把论题从心理主义的文化哲学层面转移到社会理论的论域,与现代性问题勾连在一起,由此开拓了资本主义精神气质的分析领域,并建构他的现代性伦理社会学——现象学的批判性分析框架。根据舍勒的分析框架,我国新民主主义运动和社会主义制度建设均属于现代化社会运动的大范畴。但是,中国作为后发现代国家,与欧美先行现代国家的样式又很不相同。就现代化社会秩序结构的形成而言,一般至少要具备两个条件:一是社会基础力量即"群众"的出现;二是现代化的承担者,即具有政治力量的政党对社会基础力量进行动员,并使之参与新的政治—社会秩序的改建或建构。中国现代化启动的特殊的历史境遇(所谓"外铄式")和原有的传统资源决定了这两个条件的独特性。"群众"是现代化的一个重要面相。群众既非一个阶层,亦非一个阶级,而是一个流动的、富有弹性的社会群体的暂时结集。这种结集或是盲目的,或是受引导的。追溯一下现代中国之民族国家建构过程中的群众形成史,可以知道,我们与欧美国家有很大不同。在先行现代化国家,群众社会出现于19世纪,其形成的社会机制是大规模工业生产的实施和与之相随的新兴城区的出现。工人和城区市民是构成"群众"的主要资源。而中国的现代化是在历史的进程被打断的境遇下发生的,工业化和城区扩展这两项群众形成的条件,在建构民族国家之初,都不具规模,于是,农民就成为"群众"的主要成员资源。进一步讲,在欧美现代化过程中,农民的社会身份转换成工人和城区市民,即所谓农业社会转变为工业社会,"群众"是工业社会的产物。中国的情形是"群众"主要在农业社会的基础上形成,农民自然也就成为"群众"的主要成分。

与此相关联的问题是,现代化的主要承担者——政党如何组织动员社会基础力量使之成为建构民族国家的政治力量。欧美政党的出现是以社会阶层现代分化为基础的。工业化和城区的发展使工人阶层和市民阶层日趋结集,政党也就自然在工人社群或有产者各层中形成。群众社会先于政党形成,与之同构发展的是现代化代议民主制度(公民投票与议会权力)的政制结构,促成政党政治的形成。中国的情形则不同,在政党出现和政党政治形成之时,群众社会并未形成,因此,中国政党需要"发动"群众、"组织"群众。可以这样说,在现代中国,具有政治力量的政党都经历了从知识人政党向群众政党的转变过程。农民作为现代化启动的社会基础力量以及政党先于"群众"的形成,构成了中国现代性的重要特征。在这样的历史机制中,谁成功地动员和组织了群众社会的主要成员——农民,谁就能够把握政治竞争中的优势,完成民族国家的建构。有历史社会学的研究表明:正是因为中国共产党把中国农民作为群众结集的主要动员对象,才获得了强有力的政治势力,取得了全国统一的政权。在中国现代化转型过程中,毛泽东的"农村阶级分析论"曾指导知识人政党成员深入农村,进行广泛的政治动员,使中国农民成为政党理念化和组织化的"群众",而不是首先大规模地改变身份转变为工人群众和市民群众。对此问题的深入讨论属于另一个题域,在这里,我想追问的是:动员农民群众的手段是什么?如何保证这种动员的正当性与有效性?坦率地说:就是调动因财富资源分配的不平等和社会身份差异导致的一种怨恨性的意念。调动这种意念大致有上下两个维度,其底限参照是,如果不进行社会斗争,就不能改变生活现状,即便是取得政权以后,亦会重蹈覆辙。其上限承诺是,斗争可以消灭人剥削人的制度,解放全人类,实现政治经济没有差异的理想社会。这两者的基本心理诉求是人的平等感。根据社会学家舍克(H. Scheck)的分析,平等感不仅能动员起民族间的怨恨心态,以利于民族国家建构时的国族动员,也能通过煽动阶层间(比如因贫富比较而引起)的怨恨而动员社会革命,从国家内部整合民族国家。的确,在中国历史上的若干关键时刻,与平等诉求相关联的仇恨情感都起着相当重要的社会动员作用。例如,解放战争时期,歌剧《白毛女》所起到的动员作用,剧情高潮处,竟有战士举枪射杀"黄世仁"。

概括地说,中国现代化启动所特有的"群众"资源——农民,以及政党进行社会动员的心理情感——仇恨,构成了中国特有的历史机制。而《收租院》以典型的艺术形式所表现的农民与农民式的仇恨,恰好成为解读这种特殊历史机制的文本。

这里,我们有必要对中国近代以来的历史做一个基本的价值分疏。在现代化发轫时期，利用"仇恨"心理动机做社会动员确有它的历史现实的合理性，但是，如果在新的政权确立以后和全国统一的情况下，仍以阶级斗争和阶级仇恨作为社会动员的手段，那么，历史只能走进自己的谬误，从而导致悲剧的发生。因此，《收租院》既然可以作为解读中国特殊历史机制的文本，也就具有了政治的合理性与荒谬性的双重含义。

需要提及的是，听说在"文革"中《收租院》增塑了一组"上山打游击"的造型（被收藏起来了），在"文革"后，据说不少当年参加创作的师生深表不满，以为这种"添足"破坏了《收租院》的原创意蕴和时代感，甚至有附会样板戏之嫌。其实，按照中国的历史真实来看，当时形势所需要的是那种与政党价值理念一体化的群众，即"革命群众"。只有接受了这种理念并付之行动才会取得"革命"性的身份性质。因此，《白毛女》中的参军场景和《收租院》中的上山斗争，都不过是这种历史逻辑最自然的反映。

仇恨必诉诸于斗争，斗争需要自己的学说。斗争哲学着实是一阕"英雄的诗歌"，并反映了一个"英雄的时代"。但是，诚如汤因比说：它（英雄的时代）的来临和隐退的最可靠的预兆是它的特殊理想的出现和隐没。[①] 所谓"特殊理想"，即非纯粹理想（康德），它因含有经验内容，故存在自身的矛盾，所以，并不具有"放之于四海"的普遍适用性。正是从这种历史理性的观点出发，汤因比下结论说："英雄的时代在本质上是个短暂的局面。"[②]

载于《读书》2000 年 5 月

---

① 《历史研究》，第 106 页。
② 同上。

永久和平的理想

——中欧论坛记实

布鲁塞尔的仲秋时节,风光旖旎,气候宜人。2007年中欧论坛的主会场,就设在这座城市的自由大学。10月3日,抵达该市的中国代表,多数星散到除德国以外的欧洲各国城市,展开两天的分会讨论,然后再汇合于此,进行大会对话。就笔者所参与的分会与大会的感受而言,似可一言以蔽之:紧紧张张,轰轰烈烈。

宗教组的分会场位于欧盟大厦附近的一条街上,离开我们下榻的酒店,略作步行,乘地铁经五站,出站再过一条街即达。这是一座三层楼体的一栋,会议室在二层,面积约有五六十多平米,侧门连接着一个露天庭院,初访者会以为这是一所普通的公寓,其实,这里是比利时宗教中心,亦即欧盟宗教中心。欧盟宗教大会前主席菲舍尔先生告诉我们,英国女王,美国总统,欧洲乃至世界的很多政要和宗教领袖都到过这里,其中也包括伊斯兰教和犹太教的重要人物。大家在这里酝酿出很多良好的战略规划,同时大会也有不同的工作组在这里日以继夜地工作,这栋房子见证了许多激烈的辩论和真理的传播。不同信仰者,不同意见者，在这里相互认识，真诚交流，加深了彼此的友谊。正是本着这一愿望，论坛决定分会安排于此。

西方人的作风是开门见山，未有任何八股形式的铺陈。会议的议题是"和谐社会"，一入手便从表述各自的现状出发，以图了解彼此的异同，然后在此基础上，尽可能地达成某些富有成效的共识。但是，这于宗教而言，谈何容易？这不是关于现代化或现代性的讨论，什么"早发"或"后发"，"美国模式"或"欧洲模式"。这是关于信仰与心灵及其内外活动的讨论，至于它的形式，中西迥然不同了。而不同所形成的位差，在下者却很容易被忽视或化约，正如黑格尔不承认中国有哲学一样。这种尴尬是相同的，即是说我们必须用他们的术语来解释我们的学问，比如"世界观"、"人生观"、"唯物论"、"唯心论"、"图腾"、"祛魅"云云。于是乎就形成了这样的局面：他们在说到自己时，我们听得非常明白，因为我们熟悉他们，我们向他们学习已经有100多年了；我们在说到自己时，他们听得似是而非，不时提问：怎么会"这样""那样"呢？并在讨论报告中常用"模糊"这一字眼。这就导致了预期结果的反差，对方希望"共识"在先，我们则乐意"了解"在先。末了如何？大概还是一个"模糊"，乃至现主席颇有些无奈地说："我们的讨论，从开始走向开始。"菲舍尔前主席却不这么看，他乐观地表示："我们迈出了可喜的一步。"

欧洲人信仰宗教，占了人口数量绝大的百分比。在欧洲，除了梵蒂冈系统之外，所有的宗教组织悉数由欧洲宗教大会负责协调与联系。大会成立于1959年，随着欧盟版图的扩大，目前成员组织有125个，代表了欧洲所有的宗教流派，其中最大者是俄罗斯东正教，最小者是英国一个非洲裔教派，音译"舍勒"。以西欧为例，宗教组织在各自的国家参与广泛的对话，比如关于欧洲统一宪法的讨论,关于社会可持续性发展和环境保护的讨论,关于与北美、拉美、亚洲关系问题的讨论等等。总之,在社会活动中,他们所扮演的角色,有一种身份的优先性,这种优先性实则代表一种社会责任,即是积极主动地参与民主制度的建设,而民主制度需要来自社会各个阶层的不同的声音,以谋求更具普遍性的利益与福祉。这种参与是自发的,自下而上的,而欧洲宗教大会不过是他们的总代表而已,即是说,它非是官方机构。

菲舍尔前主席提出一个共同的问题:面对世俗化的进程,我们能做些什么呢?关于欧洲,他谈到了三点:第一,由于宗教尽量减少了对政治与科学的"影响",所以它的神圣性就未受到挑战;第二,生活在自由平等的社会中,"不同者"要不断地进行对话与交流,以达至"和解";第三,他承认,面对世俗化,宗教的影响正在减弱,用我们的话说,颇有"儒门淡泊,收拾不住"的意味。以上三点,从笔者的经验来看,在我国,这第一点可以不谈;第二点,即"对话"与"交流",虽未如何着意,然和平共处却是常态;第三点,就现状而言,或稍稍相反了。

中国宗教现状如何?我们说,是一个健康的发展局面。何谓健康的标准?这好比一个人的身体,大致没有问题,有些局部的毛病,只要遵医嘱,自调理,仍旧可以良好地生活;或者说如一得过大病的人,体力已经得到恢复,脸色也与常人无异了。这后者,恐怕更适合于对我们的形容。改革开放30年以来,我们对宗教的认识有一个过程,即从承认到理解再到尊重。这未尝不是一心理的转变,其中的重要契机,是我们在上一世纪90年代初期展开的关于"宗教是文化"的讨论,至90年代中期,这一观点已成为我们三支队伍(管理、教职、学者)的共识了。其实现在看来问题并不复杂,我们只是换了一副眼镜而已,它的名字叫

"文化"。那么,它与意识形态的区别有什么不同呢?我们说,两者的内外皆不相同。前者的内核是价值,即道德良心,如果愿意,我们可以把它叫做"纯粹理念"(康德语),外延则体现在它的功能上,即"和而不同";后者的内核是学说,即地上天国,如果愿意,我们可以把它叫做"学说理念"(康德语),外延亦体现在它的功能上,即"整齐划一"。这里不妨举一小例:在会上,当某一欧洲学者置疑中国是否有"真正的"、"纯粹的"宗教时,实际上他已经不自觉地设下了"学说理念"的陷井。其实,是不是"真正的"、"纯粹的"宗教,中国人不太在意,欧阳竟无就说过佛教"既非宗教又非哲学,它只是一个'法'"。中国人注重的是内容,是生活。

尽管我们的宗教在"真正的"、"纯粹的"意义上还可以进行讨论,但是在这里不妨与欧洲同,即它们都是制度性的宗教。那么,信众占总人口的比例为多少呢?说是欧洲的一个颠倒数大致不诬。这里就生出了一个问题,说是中国人大都不信宗教,皆无神论,因此天不怕地不怕云云。实际上我们的信仰形态不是依赖于一个有形的宗教,而是承续于我们的文化传统,即儒家传统。这个结论恐怕现在的多数中国人都会产生疑问:果真如此么?我们不妨假定:百姓日用而不知。正如我们不能在显微镜下观察自己的血液流动一样。如非要坚持没有宗教的信仰是不可能的,那么我们不妨称它为"道德宗教",当然这又是一个很"模糊"的说法,乃至引起了一个瑞士友人的不满,以为我是在胡诌。我的意思是,我们中国人的价值和信仰确实自有载体,在历史中,它已经成为我们的生活方式,并依赖着宗族社会的维系和知识群体的传承一直注入到近代社会。如果我们以在二战的炮火硝烟中的著名学者马一浮和熊十力为其终点,往上回溯900年,我们可以找到周敦颐,再逾千五百年,我们可以找到孔子。

这就是说,我们民族的文化生命力是生生不断的,此实乃人类文明史上的一个奇迹。又何以能不断呢?盖因中国人把价值与信仰"挂搭"在道德良心上,此道德良心,孔子谓之"仁"。

这是从道统一方面说,至于我们的学统却没有这么乐观。以往的学统当然不能适应现代社会发展的需要了,这就要求我们投入新的热情,提供新的构建,作出新的诠释。这工作,在海外已有学者做了,在大陆,有一个在民间自下而上的复苏的迹象,将来果能蔚然成风耶?也未可知。总之,我们不必灰心,也不必像欧洲人常常表现出"迷茫"和"困惑"的样子。有一个同组的希腊女学者,请教了我们两个问题,第一,东方学者如何看待希腊文明衰落的原因;第二,作为现代的希腊民族能否回到过去的辉煌。对于第一个问题,印度近世"圣哲"室利·阿罗频多(Sri Aurobindo,1872—1950)回答的最为切当,他说:从外部环境来讲,希腊文明一枝独秀,周围皆是野蛮民族的汪洋大海,生存状况极不安全;从内在气质而言,它是美学的、哲理的和政治的,表之一旧拉丁语,曰"一健全的心思在一健全的躯体之中",它缺少了对一种形而上的神圣性的诉求,因而创造源最终衰竭,生命力未能振起了,于是乎只有退出历史舞台,让位于具有强大的心灵震撼力量的基督宗教。对于第二个问题,几乎所有的与会者都能回答,他们不能再现以往的辉煌了,他们只能依据着自己的道统追溯到"先知"那里去,这"先知"不是赫拉克利特或苏格拉底,而是"弥赛亚"。

欧洲的宗教组织是自组织结构,其与政府的关系,也是双方代表进行对话与磋商,共谋相关的国是。我国的情况却有不同,我们的政府专门委派一个机构来管理宗教事务。西方人很有不解者,说:难道个人的信仰还需要管理么?我们回答:信仰自由,无从管理,但作为一个特殊的社团组织,它的活动要纳入政府的法律、法规之下。这是历史之使然,国情之需要。所谓历史之使然,即是从清政府到国民政府再到我们政府一以贯之的做法;所谓国情之需要,是说一定要看到我们多民族、多人口和问题多、压力大的现实状况。我们可以设想,若民间任何一个微小的"波动",一经感应、传播,便会酿成轩然大波,从而付出高昂的社会成本。所以,这种方式的管理,就现阶段来说是必不可少的。它带来一个良好的效果,即我们没有宗教之间的冲突,正如我国历史上没有宗教战争一样。

　　自下而上和自上而下,即自组管理和政府管理是两种模式。按照引力原则,自下而上,上必下;自上而下,下不必上,或不必全上。因此,互动结果的区别是明显的。于后者,提摄能力需大,成本投入需高,在这种紧张的来回中,若干"间隙"出现了,成为市场"寻租"的空间。于是乎诸如暗箱操作、权钱交易等腐败现象滋生了。然而这并不涉及宗教神圣性本身的问题,亦不牵扯宗教政策设计的合理不合理的问题,这原因,应到宗教以外去寻找。可问题是,找到原因就能马上改变结果吗? 当然不是,因为我们所希望的结果在以后,在将来。这就是我们为什么要反复讲的话,即我们问题很多,我们需要时间。当中国真正强大起来的时候,对话方可找到平等感了,而不是像现在这样,为了弥合这种实际感觉的位差,多有人要急于"展现风采"。这平等,如一个人,不是指他的筋骨强健,肌肉发达,亦不是指他的学识渊博,机智幽默,而是指他要给人一种"和风庆云"的、从容不迫的谦谦君子之感。试想一个东方巨人,如果如此,有哪一个邻居不愿意与他作朋友呢? 要"生"出这一气象,一个人必须得具备自己的内在价值,即自己母体文化的"DNA",这样,才能"小之足以善生而尽年","大之足以淑世而成化"。小之个人,大之社会,大之小之,皆表和谐之境。而和谐之境实非宗教一途才能达至,但是,又非得有对神圣性或曰宗教性的追求不可,不然,连古代希腊这么优美的文明都灭没了,更不用说经济指数本身是生长不出崇高性和神圣性的。

或许我们长期以来养成了一种习惯,形成了一种作风,这就是表扬不怕费辞,批评不惮简化。然而我们可以有另外一番解释,那就是多表扬是为了自我鼓励、增强信心,少批评是为了自觉纠偏,改过更新。用这个判断看待现届政府的努力,不为不允当。这是一方面。还有另一方面,就是不好用以往的问题,比如四五十年前乃至十年前的问题诘问现届政府,因为中国社会发展变化的速度太快了。那么以前的问题怎么办呢?仍然是交给时间。中国人是一个非常尊重历史的民族,他们懂得:历史的帐是不能欠的,若欠了,历史会找你归还。而还帐的最佳途径是什么呢?就是从过去的经验中总结出教训,把现在的事情做好。那么以后的问题怎么办呢?我们是否也像西方学者那样提出问题,即"教会应该发出先知的声音"。当然不是,因为我们理解的"先知",不是神通,而是良知之感通,即文化生命的贯通。如此,我们才能知道自己"从何处来"并"向何处去"。"向何处去"呢?当然还是我们先圣和那个"哥尼斯堡的中国人"康德的理想,永久和平。为了这一"纯粹理想"和远大目标,我们愿意说很多话,做很多事,为的是剥落这"模糊"的面纱,使我们文化生命之花,显露出她原初的真姿,并看上去像我们人类头脑中的远景一样那么清晰和瞩目。

分会结束的当晚,布鲁塞尔市政厅举行酒会。与欧洲其他名城一样,市中心是由一方广场和四围的古建筑组成的,这广场由方石铺就,多有起伏处和凸凹处,它一定是几百年前,不,上千年前就是这个样子了。给人的感觉,好像是时间在这里放慢了脚步,变成了舒缓的慢镜头,仿佛又有一首欧陆的歌谣唱响了:"夕阳西下,晚钟齐鸣,和平和平,城乡安宁。"是的,和平,是这次大会的主题,也是布鲁塞尔市市长在祝酒辞当中使用最多的词汇。当他高举盛满红酒的酒杯祝福世界和平时,大厅里的人们立刻沉浸在一片欢乐气氛的海洋中了。是时,赋小诗一首,录出:

    古堡斑斑迹,楼钟转岁无。
    穹窿烛耀宝,四壁画浮珠。
    美酒须交错,衷言赖与殊。
    和平不理异,人类本一途。

载于《文景》,2007 年 12 月

道途不尽说《原野》(一)

——纪念曹禺先生诞辰一百周年

今年,2010年,戏剧大师曹禺先生诞辰一百周年。于九、十月份,他老人家的几部经典剧目,在首都舞台上轮番上演。我有幸在国家大剧院观看了他的力作,《原野》。

经典重温,倏忽又是十几年了,今次推出,无论是演员阵容还是舞美设计,皆堪称一流。四个重要角色,仇虎,金子,大星,焦氏,分别由胡军、徐帆、濮存昕、吕中扮演,这几个演员可以说是家喻户晓的人物。演出无疑是成功的,热烈的掌声经久不息,表明了观众得到了一大度的享受和净化。可对于我来说,有一点小小的遗憾,即是第三幕:在森林里行走的"幻相",半撑着的伞,我看到了大星的脸。我记得曹禺说过:这伞是全撑开的,只是始终面对着观众,这"第二人"的脸无由可窥。可能的,导演如此安排,是为了滤去几分恐怖的气氛,然而,却也流失了些许幽诡的意蕴。

《原野》讲的是一个复仇的故事,其背景时间当然是在旧社会,但作者显然未让观众去捉摸时代,因为他所着意的是人性的冲突。也许有人会说,这样的故事在当今文明大开的社会不会再重复了,然此剧暗示:人性之冲突,无时不在发生,只是转换了形式而已。因为,社会进步虽急,人性终竟未改。而曹禺先生,是这么一位高手,专与酒神狄俄尼索斯"共舞",叩击黑暗之门,把那荒唐丑怪之事晾晒在阳光之下,为的却是在人们的心理"原野"上斩草除根。"腐肉挖去,新的细胞会生起来。我们要有新的血,新的生命"①这"新",不是指社会,而是指人,一"新型人",与鲁迅之"立人""改造国民性"并由是转为"人国"的理想同途。但是,文学家的力道往往只能发在半途,他未尝说出"为什么?"回答"怎么办?",曹禺本人也说:"……这种悲剧的原因果若能由一个剧作者找出来,说出究竟,那未免视一个写戏的人本领太高了。固然,写这样的戏,……也只能描摹由于某种原因推演下来的'现象'。"②就《原野》这部戏而言,"原因"似不在场,实则已在幕后了,那便是人性中的"贪欲"。我们不妨设想,若果焦阎王当初不动那心思,那么以后的仇杀便不会发生,两家和睦,幸福地生活。这么说,悲剧或喜戏,只存乎一"念"之差。而转"念"之事,谈何容易? 在有些人可在当下,在有些人却入墓方休。在当下者,为顿悟,入墓方休者,为渐悟,外此至死不改者,只余一条路:灭亡。

《原野》全剧,紧张,惊悚,乃至恐怖。作者仿佛与其中的角色,一个劲儿地往下沉沦,沉沦,不能自拔于那"好黑,好黑的世界",因为四周无处抓挠,全然是不可把捉的空气。人是那么的无力和渺小,如草芥,如蝼蚁,如刍狗。然而,这里需要打住,我们在价值意义上作一个解说,其中隐喻:在充满欲望的世界里,

---

① 《日出·跋》。
② 同上。

永远是"魔高一丈",只能以生命成本作为赌注,因为"一个人拼就会死!"但是,"一块儿跟他们拼,准能活!"准能打造一个"光明"世界么? 或能,或不能。曹禺的深意不在这里,此处需"转念",这是佛教的术语,用儒家的话来说,是"去蔽",用哲学的话来讲,是"转语"。如上所说,曹禺的戏之时代感不甚明显,他有意把它们"推到时间上非常辽远的处所",这"处所"亦表三时,已发生,正发生和将发生。为什么? 因为人性无改,旧的故事只能重复。这就是说,三时一贯,了无意义,只剩下了糟糕的人性。于是问题生出了,即:"人是什么?"如果我们足够丧气了,我们会说:人是一班不成气候的东西,亦或更有甚者,是"一些冥顽不灵的自命为'人'的这一类的动物。"① 此种结论,曹禺当然不会同意,他会说:"我忍耐不下了,我渴望着一线阳光。"② 这里"转念"、"去蔽"或"转语"生出的问题为"人应该是什么?"前一问题为"归纳推理",后一问题为"演绎推理"。前者把时间抽掉了,因为无意义;后者把时间还与了,因为有意义。

在时间中注入意义,就成其为真正的历史。西哲康德把这一过程称之为"文化的培育"。它甚属精神的,心理的,不属物质的,事功的。尝如宋儒汲汲于此的"变化气质",也如印度"圣哲"室利·阿罗频多指出的:"变低等自性为高等自性",而"一旦变化了气质,人类便如登春台。"(罗素语)这"春台"在何处? 曹禺说在"前面","前面就是我们的世界"③。可"前面"的世界是个什么样子,他又说是"黄金子铺的地方"④。倘若有人把这地方

---

① 《日出·跋》。
② 同上。
③ 《雷雨》。
④ 《原野》。

理解为"物质极大地涌流"的地方,从而可以"各取所需",我想他老人家定会一改温良恭俭让的风度,勃然大怒,"宁肯把这一幕立刻烧成灰烬。"①其实,所谓"黄金子铺的地方",在内不在外,也就是说,出于心灵而非依乎环境。那么,谁能配享那个地方呢?那非得是一帮"天使"(卢梭)之人不可,非得是一班"伦理"(康德)之人不可。然而在曹禺的笔下,翠喜配去,金子配去。翠喜是因为"有一颗金子似的心",并有"对那更无告者的温暖的关心。"金子则是单纯,怜悯,不愿意看到旁人受到伤害。接下来的问题是:那地方她们怎么去?这也是一个"娜拉出走以后怎么办?"的问题,鲁迅曾提起过,顾准曾提起过。曹禺未说,他只是诗意地表达:"飞,飞,向着天边飞!"②"开,开,开到天边外!"③平心而论,这回答本不是文学家的事儿。

可是问题又来了,难道那"黄金子铺的地方"只是收容孤弱寡贫?曹禺当然不会同意,他指出那是一个"好汉"的世界,是一个有"一点生命"的世界。④"好汉"当然就是英雄,"超人",大力神赫剌克勒斯(Hercules),"一点生命",实则是"一点精神生命",正如毛泽东说过的:"人是要有一点精神的。"这"一点",不是与一聚、一堆、一块对举,即是说,它不是一个量化概念,而是一个质的"绝对",是形上之"有"(Being),是一核心,一真实体,我们也把它叫做"心灵"。而"心灵",哲学的说法是:"超乎宇宙为至上不可思议又在宇宙内为最基本的可证会的一存在。"好比一种子,果壳中之"仁"(孔子取义),或一微细的基因(gene),要

---

① 《日出·跋》。
② 《雷雨》。
③ 《原野》。
④ 《日出·跋》。

成长为一千丈大树。但孟子亦有说:"谷之不谷,不如稊稗。"同理,人之不人(仁),不及动物。我们可以想象:有一黑暗的大幕笼罩在吾民族的头上,正如大力士赫剌克勒斯披上了有毒的衣衫慢慢地死去,那满目疮痍的社会和悲惨无告的大众,大致离地狱的情形也相去不远了。所以,鲁迅要"呐喊":"内部之生活强,则人生一意义亦愈邃,个人尊严之旨趣亦愈明,二十世纪之新精神,殆将立狂风怒浪之间,恃意力以开辟生路者也。"①曹禺亦疾呼:"……一个大生命浩浩荡荡地向前推,向前进,洋洋溢溢地充塞了宇宙。"②这"将立"者,是"心灵";这"生命"者,是"精神"。于是,那"光明的"理想国,就是一个根除了衰弱摆脱了奴役的地方。

"根除了衰弱",是对"翠喜、金子们"说的;"摆脱了奴役",是对"仇虎们"说的。而仇虎,其奴役却在双重,一属社会,黑暗势力的倾轧,一属精神,自然链条的束缚。前者一目了然,父亲被剥夺而遭活埋,妹妹受欺凌而屈辱死。此仇不报,岂是男儿?血亲复仇,在已过去的社会,是件很自然的事情,有可理解性,不为不义,然难属大义,仍未脱出社会生活的"自然链条"。也就是说,它非是理性的或精神性的,而是气血性的或情命性的。仇虎不能摆脱复仇的魔咒,因为他不自由,并从未想到过"自由"。这"自由"与"自然"对反,指人的心灵的解放。我们不妨往大处往远处说,人类社会初始因资源和食物的匮乏,常常以杀戮和掠夺来建立秩序,曾几何时,他们发现"止杀"更有利于自己种群的保世滋大,于是便有了以文化代武力的观念。我们有理由推论,设

---

① 《文化偏至论》。
② 《日出·跋》。

若没有"止杀",那么人类在这个地球上早就完蛋了。当然,于此仍可一问:难道像焦阎王这样的恶霸就不应该遭到报应吗?应该。但归之于"天谴"也可。正如老百姓常说的"恶有恶报",此并非阿Q式的自慰,而是人们数千年以来的信念,宇宙间自有大力者持载,为正义、公平,谁都逃不出良心的天网。再看仇虎,本是受害者,却一转而成害人者,手刃大星,计陷黑子,最后一死了之,由人变成了鬼。

以"文化代武力",即是以理性代野蛮。此理性,非指智力(intelligence)之事,乃是心灵事,精神事。在时间上,它虽晚出(有唯物论者认为是历史的产物),在逻辑上,却为至高。在精神哲学的畛域中,它实为一种子,先天地(a priori)"在"之于泥土之中,然后才有破土、发芽的成长。我们不好说它是泥土的产物,因为那不合生命的"理实"。这里牵涉到哲学上讨论不完的话题,什么第一性与第二性,什么作用与反作用。于是问题继续,以《原野》的故事为例,我们可问:究竟人的私欲和邪念是由反映或刺激而起的呢?亦或是本心的发出与投摄?在仇虎,似乎好解释,一桩血仇发生了,成了一个客观的事件摆在那里,仇虎得有动作。但这事件却是由焦阎王制造的,确切地说,是由他的私欲和贪婪之心发动的。假如他是焦"善人"呢?那么展开的就是一幕催人泪下的温情之剧。又有说者,假如仇虎对更弱者大星、黑子生出不忍之心、恻隐之心呢?那么,展开的就是一幕感人肺腑的大义之剧。看来,"身之主宰便是心,心之所发便是意","只在汝心,循理便是善,动气便是恶"(阳明语),也就是说,第一性的东西在内不在外,在理不在事,在主不在客,或径直说,在原则不在规律。这原则便是"主体之自由"(subjective freedom)。这是黑格尔的一个概念,于此相对应者,是"合理之自由"(Rational freedom)。这后者已经分子化,大大地是减了等的。

"主体之自由"因着价值与意义的注入与实现,被黑格尔也称为"实体性自由",他说"精神的实体是自由,就是说,对于他物的不依赖性、自己与自己本身相联系。"又说:"自由正是在他物中即是在自己本身中、自己依赖自己、自己是自己的决定者。"①这道理不难理解,因为人世间的一切悲喜剧端的由人这个"自己"引生,"在其自己"(thing in itself),立"自由"(心灵)原则;不"在其自己",依"自然"(事物)链条。其中之诠释,可大可小,大到说不尽的人性,小到一个具体疑问。于后者,有这样的问题:曹禺先生为什么到中年以后便没有了好作品?有专家说:他脱离了艺术创作的规律。而究竟何为艺术创作的规律?也是一个说不清楚的事儿。不如认为:他脱离了他"自己",变成了另外一个曹禺。改革开放以后,知识分子们获得了"新生",对于曹禺先生而言,写也罢,不写也罢,完全由着他,但这只是"合理之自由",不是"主体之自由"。也就是说,于此第一性的东西仍在心灵和自由,若使没有它,就不能有"真实的客观化"(Real objectification),只能有外在要求或他之规律的现实化。明乎此,可知他"脱离了他'自己'"就没有什么奇怪了。还有,可能他不长于描摹"好汉",歌颂英雄,他自己也说:"我常纳闷,何以我每次写戏总把主要的人物漏掉……那就是称为'雷雨'一名好汉。"②许是因着他天生的气质之使然,柔软,灵透,悲悯,对人世间一切不平的震动感触异常强烈,因此他痴迷于对人性之恶的探索,乃至

---

① 《精神现象学》。
② 《日出·跋》。

不怕沉沦于黑暗的渊底,与苦难共叹息,与罪恶同滴血,因为这都是在基督教化中所谓"跌倒了的人"干出的蠢事,然而,其指向却是上方的光明。就是说,他演绎的虽是负面的表现,而达到的却是正面的效果。在此一义度上,他是一个战士,不是一名歌者。

我们国人总爱以成败论英雄。那么,曹禺先生是成功的呢,亦或是失败的?有人说,他前半段是成功的,后半段是失败的,这也合乎实情。其实,据我所知,在那一代的大师们,没有一个人认为自己是成功的,他们都以为自己所做的离自己的理想还差得太远太远。或许这问题须换一种看法,即把他们比作一个投掷或跳跃的运动员,取其最优的成绩来做纪录。那么,我们得出了结论:曹禺先生有一个"纪录丛",是他年轻时做出的。迄今屹立之不摇,无人能超越。这个"纪录丛",与其说是天才的标示,不如说是理想的标示。它告诉后来者:成功与失败,甚属相对,无论其原因为主为客,而永恒的,只有理想。然"理想"需要"理想者",这"理想者",乃属个人,属主体。

末了,在曹禺先生诞辰百年之际并示寂14周年(1996.12.13)之前,我们献上尼采的诗句,说——"他的生命在不朽前萎落";我们也融入自己的寄思,说——"他的文字在生命中不朽"。

载于《西部时报》2010年12月10日

道途不尽说《原野》(二)

——纪念曹禺先生诞辰一百周年

重读《原野》,心情久久不能平静。如果说,读《雷雨》、《日出》,可让人联想到古希腊悲剧,莎士比亚,易卜生,契诃夫等,那么,读《原野》,叫我想到更多的是陀思妥耶夫斯基。掩卷之后的感受是:在前者,仿佛心潮如波浪一样涌向了前方;在后者,好像心涡似旋流一样卷入了渊底。不知道有没有专家做过这样的比较:曹禺与陀氏。为的是看一看他们对人性的解剖到达了何种的力度。奥地利作家茨威格对陀氏的评价同样也适用于曹禺,他说:"他看似已经完全沉醉在超然的状态中了,但那个残忍的解析精神却心怀疑虑地窥视着,测量着他渴望沉入进去的那片海洋的深度。"①

让我们来进入故事情节。照理说,仇虎刺死大星,复仇的目的便达到了,也许他还想到了快快带金子离开。可是他的心思还是有所不甘,他朦胧地生起了斩尽杀绝的念头,虽然,他自己尚不能确定。曹禺这么来安排对话:

---

① 《三大师(巴尔扎克,狄更斯,陀思妥耶夫斯基)》第156页,西苑出版社,1998年。

仇虎：……（指摇篮）你把孩子抱进屋里。焦花氏：（走至摇篮前，望着仇）为——为什么？

仇虎：这孩子闹得怪，万一醒了，哭起来害事。

焦花氏：（抱起小黑子）可是虎子——

仇虎：（挥她去）先把孩子抱进屋里。

……

焦花氏：（点头）嗯！嗯！（忽然）瞎子，她——她走来了。

仇虎：嗯，她要来找我。

焦花氏：（恐惧地）她一个人嘴里念叨什么？

仇虎：（恨恶地、低声）我知道！（慢慢地）打死不偿命！打死不偿命！

……

焦花氏：（低声）怪，她进到里屋干什么？

仇虎：（按住她的手）她要打死我。

焦花氏：（耳语）用——用什么。

仇虎：（急促地）你没有看见她拿着那根铁拐。

焦花氏：怎么？

仇虎：也是（两手做击下状）这么一下子。

焦花氏：（忽然想起，全身颤抖，低声急促地）那——那孩子就在你床上。

仇虎：（吓着）什么？那孩子——

焦花氏：（狂惧）孩子就在那——那床——【蓦地听见里面铁杖冈塞而沉重地捣在床上，仿佛有一个小动物轻嚎了一下，便没有声音了。】

焦母如同被施了魔法，一下子变成了吞下自己孩子的克罗诺斯，虽然，她用心也够歹毒。但是于仇虎而言，其潜意识中迸发出顺势加害的欲念，却是真正的残忍。然而"残忍"犹如鬼火，倏忽不定，继之后悔袭来，害怕极了，乃至疯癫——"（仇虎跳起，狂乱地）你们说什么，说什么？小黑子不是我害的，小黑子不是我害的。（跳到井石上，举起双手）啊，天哪！我只杀了孩子的父亲，那是报我仇门两代的冤仇！我并没有害死孩子，叫孩子那么样死！没有！天哪！（跳下，恳求地）黑子死的惨，是他奶奶动的手，不怪我，这不怪我！（坐在井石上）"——其实，在心里，仇虎已承认黑子的死与他脱不了干系。这颇有点像《罪与罚》中的拉斯科尔尼科夫，在其杀人之后，心里不曾完全认罪，但也因受到良心的谴责而自首。拉斯科尔尼科夫在服苦役的时候常这么想："噢，假如他能够自认为有罪（杀人），他会感到多么幸福啊。那时他将什么都能忍受过去，甚至羞耻和屈辱。"①甚至死亡，哪怕用"自杀"的方式。反过来说，也许那决定自杀或自杀的那一刹那，才能真正获得赎罪的幸福感，在仇虎，起码是快感，安心感——"他情愿这么（忽用匕首向心口一扎）死的！"（停在巨树，挺身不肯倒下）——大致读者们不忍说出这么一句话：罪有应得！鲁迅在1926年11月写的评论中说到陀氏，其中有这样的话："他把小说中的男男女女，放在万难忍受的境遇里，来试炼他们，不但剥去了表面的洁白，拷问出藏在底下的罪恶，而且还要拷问出藏在那罪恶之下的真正的洁白来。"于仇虎这个角色而言，应作如是观。

鲁迅还说：陀氏的作品中显示出"灵魂的深"，他是"人的

---

① 《罪与罚》第471页，译林出版社，1994年。

灵魂的伟大审问者……然而凡是人的灵魂的伟大审问者,同时也一定是伟大的犯人。审问者在堂上举劾着他的恶,犯人在阶下陈述他的善;审问者在灵魂中揭发着污秽,犯人在所揭发的污秽中阐明那埋藏的光耀。这样,就显示出灵魂的深。"这么说来,曹禺也是"伟大的犯人"?他是。我曾见过他在家中偶尔扮演自己所创作的角色,在那当儿他沉入了一种异常兴奋的状态,忘却了自己,若是仇虎出场了,他就是在实验恶的本身,那刺向大星的一刀,是出于他的手,血是洗不掉了——"怕什么,这血擦在哪儿不是一样叫人看出来。血洗得掉,这'心'跟谁能够洗得明白。"——因为它已经涂抹在了"心"上。曹禺在放倒仇虎的同时又还其一点"光耀",这"光耀"表明折磨人的良心还在跃动,这难道不是从反面即人性恶证明了正面即人性善的最高价值吗?于是,俄罗斯思想家别尔嘉耶夫对陀氏的评价也同样适用于曹禺,他说:"陀思妥耶夫斯基不是现实主义艺术家,而是人性的经验的形而上学的创造者和试验者。"[①]说"人的经验的形而上学",意指其已超出具体的"现实",然又无不在"现实"中,在过去、现在、未来之中,它在何时都是呈现为"当下",故意大利思想家克罗齐指出:一切历史都是当代史。这样,别氏的话就应改为"不只是现实主义",或者,指明此处的"现实"不是指具体的历史时期,如前俄罗斯,前苏联,正如我们所谓的"新""旧"社会一样。

植根于现实主义,有两个矢向,一正一负。正指光明,是以人性善为根据的,负指黑暗,是以人性恶为根据的。人性善带有理想与浪漫的色彩,可爱;人性恶带有批判与拷问的锋

---

① 转自徐风林《俄罗斯宗教哲学》第39页,北京大学出版社,2006年。

芒,可信。王国维有言:可爱者不可信,可信者不可爱——是矣。前者如高尔基,马雅可夫斯基和我们的老舍先生,都是信仰遭遇了巨大的精神危机,然后自觉地结束自己,留下了生命之光一唯美的句号;而后者则不然了,如陀思妥耶夫斯基,尼采,鲁迅,乃至曹禺先生,活下来,不是为了苟存,却是为了"韧性的战斗"。因为"战斗"在"活"中,在生命中,这个战斗的对象,是自己。为什么是自己呢?因为"人"这么个动物,身体的进化虽然停止,精神的进化却在半途,也就是说,他还未摆脱自然链条的束缚,是一个半自然的东西。从哲学的高度说,人从自然人到半自然半精神人再到精神人,是"天意"(Providence)之使然,康德指出这是"世界进程之中的合理性"。而"精神人",用西方神学的说法,就是"与上帝同在";用印度瑜伽的说法,就是"与神结合";用我们老祖宗的说法,就是"天人合一"。这也是人(类)的"终极目的"(the end purpose)。若果还是当下这副德行,那么,他所创造出的一切劳动成果,无论是物质性的还是制度性的,终将会被自己黑暗的根性也即无休止的欲望所摧毁,正像海边上堆起的沙垒经不起潮水的冲刷一样。此预言,不必远采,鲁迅早有明示。

　　古代希腊有一则故事:从前有一个不错的人,名叫格劳可斯。其时波斯人西征,小亚细亚一带情势动荡,某城有一富人,将自己的大批金钱托他保管,然后这富人前往斯巴达,因为那里较平静。若干年后,波斯军队退了,时局安定了,这位富人的儿子便回来索款。他让年轻人等三个月,说是要核实一下,其实他想吞没那批金钱。他去求"神示",要求允许自己发一假誓,说钱已经还掉了。"神示"回答:这可以做的,因为于他当下有好处,而且,发真誓与发假誓的人一样会死去。但誓神遏可斯有一个儿子,无名,没有脚却善追踪,没有手却长攫夺,即刻会毁掉他的家庭。格劳可斯吓坏了,求神饶恕他,他不要再发假誓了。"神示"是:既然他试探誓神,便等于发过誓了。格劳可斯回到家里,悉数将钱归还,可是他这一族人,没传三代,消失到一人无存。这个故事让我们想到了东方的所谓"欺天",邪恶动生,欲要遮掩,如焦母所言:"……你也不能说你干爹心眼坏。是你爸爸好吃好赌,要得一干二净,找到你干爹门上,你干爹拿出了三倍价钱来买你们的地,你爸爸还占了两倍的便宜。"也可能的,在事实上有略迹原情,但"神示"或"天谴"却是略迹诛心,从"发心动念"处着眼,这便是曹禺深入骨髓的地方。同格劳可斯一样,焦家三代,亦无存一人。

从"发心动念"上入手,儒家最有经验,因其恪守的原则是"发而皆中节",即中庸,即合乎情理亦合乎道理。其要诀是:存天理,去人欲。诚如阳明夫子云:"只要去人欲,存天理,方是工夫。"①这"工夫",是"变化气质"的工夫。阿罗频多把它叫做"大全瑜伽"(指在行业——工作中的心灵),康德把它叫做实践,黑格尔把它叫做客观化,皆与德性有关,与人性的转化有关。然曾几何时,"实践"和"客观化"这些观念,被泛指了一切"活动",其中之神圣意义流失了。既是"活动",就得显像,因之物化的洪流滚滚向前,可当我们回首心灵的家园时——"道德是人类的故乡"(康德语)——困惑生起了,我们发现:歌颂光明,黑暗不会自动消失;鞭挞黑暗,光明乃会自行增长。这就是为什么那些大哲学家大思想家从来都不是歌(颂)者的原因。阿罗频多就说过:除了古代希腊雅典城邦之外,迄今没

---

① 《传习录》。

有一个社会是一个像样子的社会。这里,阿氏未指是何种制度的社会,乃指不同制度下的人或人群,因为社会是人的集合体,确切地说,是人心的集合体。而人心,说实在的,没有什么多大的改变。甚至仍如鲁迅说的:"现在的人心,实在古得很呢。"①

既然又提及鲁迅,我们可设一问:鲁迅会不会一转而成为一个对具体时代或具体人物的讴歌者呢?不能——因为那得换上另外一个灵魂。在陀思妥耶夫斯基,同然。在曹禺,亦同然。在解放前他就想写"李白,杜甫,岳飞",结果"都失败了"。似乎是命中注定,他得写悲剧。他写悲剧,难说没有受到陀氏和鲁迅的影响,但我想多是接受了灵感;却不是因袭,况且体裁或地域皆有不同。他们究竟有什么关系呢?古希腊苏格拉底派有人曾说:"对者知对者,同者知同者。"用我们的俗语则说:"英雄所见略同",即同样的知道同样的,要之,伟大人格的心灵是息息相通的。至于他们的"不能",无论是主动还是被动,在实情上却都是未离乎自己的理想。对曹禺而言,在他的后半期,其"理想"不是写出来的,而是"活"出来的。我们若以成败观来衡量人事,往往得不到正解,因为常常是表面现象,昧蔽了深沉的心理经验。

有三事我们不妨稍加讨论:第一,关于曹禺在反右时的表现;第二,关于黄永玉先生的信;第三,一句话"真不易,剧本好,导演好,演员好"。

曹禺在反右时表现积极,他批萧乾,批吴祖光,批孙家琇,但他自己也害怕,担心过不了几时就轮到他头上了。为此他

---

① 《热风·随感录》。

骂自己"软弱","无耻"。然问题还可深入，一般来说，人们的动机和行为，必有一念头或观念作为心理的支撑，或"利"或"理"，在自己皆为"对"。但反右乃至文革之"对"，却是自上而下的一股强大的力量，或吸附或排斥，个人无由选择。而曹禺本人也不过是一个"群众"，他无力左右什么。果若他被划为右派或"反动文人"，那么也会认为"不对"在他自己，或者，那运动也是为了一个"对"的目的需要牺牲，因为"政治是必要的恶"（罗尔斯语），所以"革命吃掉了自己的儿女"（顾准语）就在所不免。就像丢卒保车一样，最后胜利乃属全体棋子。这就好理解了：为什么那么多人被"平反"以后还要真诚地感谢党和人民。在今天看来荒唐的事情，在彼时却属正常的表现。而我们要做的，应是在"对"这个念头或观念上下"工夫"，使之不离正轨，使之自家作主。至于曹禺本人，可能早早悄然在自己创作过的角色中对号入座了。

黄永玉先生给曹禺的信已广为人知，曹禺曾出示给外国友人看，这友人名阿瑟·米勒，他为曹禺的坦诚大加感动。信中说："……你失去了伟大的通灵宝玉，你为位势所误！从一个海洋缩小为一条小溪流，你泥溷在不情愿的艺术创作之中，像晚上喝了浓茶清醒于混沌之中……"真不愧是大艺术家的手笔，观人入微：喝了浓茶自然提神，睡不着觉，却是为了做点什么，但又处于"混沌之中"，一事无成，那如盘走珠的灵感早已飞到爪哇国去了，于是只好发呆，这么时间也跑到爪哇国去了，剩下来只是一副"架子"，其表明心已"示寂"。尝如他本人说："……譬如我总像在等待什么，其实我什么也不等待。"也许这话是平平静静地表述出来的，但其心境，不可谓不"凄凉"。信中还有一句话，"你为位势所误"，不错。但是曹禺绝不是贪恋"位势"的人，其少年时代早有父训:"千万不要做官,万万不要做官。"其实,凡大师者没有想当官的,因为这两端性质大有不同,彼此都可以说:此路不通!曹禺当官,不得已,况且他连摆脱"位势"的勇气都没有,因为那样一来,不仅会伤及自身,而且还会为难组织,扰动他人。他服从一切安排,是一个听话的"群众",或如他自己说,是一个"木鱼"。

曹禺观看演出的观后感,尽人皆知:"真不易,剧本好,导演好,演员好……"实际情况是,有些个剧目还有差距,或说有很大提升的空间。于此需跳出实事求是的标准,看做是一种精神鼓励。当年鲁迅对待年轻人的作品,也爱说:"不坏!"学术圈有一例:张岱年先生,长曹公一岁,有学生出示其论文,总爱说:"佩服呵,佩服,佩服得五体投地!"设若有人当真,自认与大师可以比肩,那就要闹笑话了。这问题需从欣赏生命力的表现上着眼:譬如一毛头小子,三脚猫的工夫,在那里胡乱舞弄一番,都会显示出力量的震动和体式的风姿,这其中有极大的亲和性,尤对老人为然。况且,戏剧要"活"着,要"折腾",要不甘寂寞,要有精神头儿。如此说来,谁又能以为曹禺不是在由衷地感谢他们呢?因为他们让老人家感觉到自己还在"活"着。

某人言:"痛苦,并快乐着!"这话可以概括青年时期的曹禺。反之,说为"快乐,并痛苦着!"则能够写照中年以后尤其是老年时期的曹禺了。两个"痛苦"并非是一回事,第一个"痛苦",可以通过个体的抗争而获得"快乐";第二个"痛苦",只能无谓地等待而留下无奈。其实,痛苦是因理想而起的痛苦。这理想,藏在他的心灵深处,是他精神生活中"现实的心之理",在此情势中理解黑格尔所谓"凡是现实的,都是合理的;凡是合理的,都是现实的",比较明瞭了。这个理想说小则小之,自由地写作着,说大则大之，自由地意志着。我们把后者的动态结构换名为名词，就是"意志自由"。雅斯贝尔斯说过："意志自由只能体现在人们于内心深处把握了自己的地方"，而曹禺，正因守住了一生的理想，所以在他"内心深处"的"地方"就始终是属于"自己的"，在这个意义上可以说，他仍然是"自己心灵的主人"。有人可能以为曹禺是带着"无奈"走的，不！他是带着理想走的。而把"无奈"——留给了我们。无疑，这是一概沉重的心理负担，但是亦可一转，成为一笔巨大的精神财富。否则，要我们后来者做什么！难道还要继续"无奈"下去不成？

　　　　　　　　　　载于《西部时报》2010 年 12 月 14 日

后 记

拣择若干发表过和个别尚待发表的文字,集为一汇,其意旨有二:一作一小结,为着自己;二制一礼品,献给母校。

虽然,所做乃沧海一粟,或一分,或一滴,或蠡勺,不甚显,非如韦檀多学或佛教那个大海与波浪之喻,但是究竟属于海水之自体,也正期待着"走的人多了"(鲁迅语)这么一日。这是怎样的一日哟——是"寻到那清新的朝晨","发现那温柔的朱红"(尼采语)的一日。因为将来属于"午昼"(阿罗频多语,)而"朝霞",就是在途中不懈努力的进行时。

2013年,癸巳蛇年。我的母校,正六十岁。在一甲子的流光里,她走过的路段呈一书写的"之"字,回到正轨以后,她又重新发出青春的光彩,可谓"凤凰涅槃"。这所由聂荣臻选址,朱德命名,毛主席题字"好好学习"的学校,自有其光荣的发端,即"革命精神"。而我们这一代人,正是在这一传统下成长起来的。于是有一个问题可以提出,即"革命精神"与"文化精神"是否相若呢?其实,二者皆精神,但分层,不妨这么表述:"革命精神"——由内向外,表现为"力之气";"文化精神"——由外转内,表现为

"力之道"。气有竭而道无穷,"有竭"则"回还","无穷"则"永远",故说"永远回还"(尼采语)为一精神运动整全之表征,实则是:重复即创新。而其宗旨呢,用鲁迅的话说,就是"立人"、"改造国民性",并由是"转为人国"[①],也即是"朝着一个强大的理想国迈进"(梵澄语)。

在本集中,为了减少重复,个别文章略作删节。另有两篇文字需要强调,即《徐梵澄佛学文集·跋》、《徐梵澄学术思想研究·引言》。前者尚在计划中,有待李文彬君将其英文《唯识菁华》译出后,一并入集出版,一如他的英文《孔学古微》(李文彬译)一样,其中亦蕴含着"超乎常人的意识和明觉"(《徐梵澄传·绪言》)。《徐梵澄学术思想研究》为笔者所承担的一项课题,因着个人的能力问题,结项远不能令人满意,故需重新含英咀华并延以时日,也就是说——从头来过。

而这本《入蹊》之作,就算笔者一个不及格的交待吧。也许,还能贡献一点儿微薄之力呢——为了明年的"中印友好交流年"。

癸巳小满后一日
2013 年 5 月 22 日

---

① 《文化偏至论》。

图书在版编目(CIP)数据

徐梵澄精神哲学入蹊/孙波著.
——上海:华东师范大学出版社,2013.10
ISBN 978-7-5675-1218-4

I.①徐… II.①孙… III.①徐梵澄(1909～2000)—精神哲学—研究 IV.①B261

中国版本图书馆 CIP 数据核字(2013)第 221507 号

华东师范大学出版社六点分社

企划人 倪为国

本书著作权、版式和装帧设计受世界版权公约和中华人民共和国著作权法保护

徐梵澄精神哲学入蹊

著　者　孙　波
责任编辑　倪为国　何　花
封面设计　吴正亚

出版发行　华东师范大学出版社
社　　址　上海市中山北路 3663 号　邮编　200062
网　　址　www.ecnupress.com.cn
电　　话　021-60821666　　　行政传真　021-62572105
客服电话　021-62865537
门市(邮购)电话　021-62869887
地　　址　上海市中山北路 3663 号华东师范大学校内先锋路口
网　　店　http://hdsdcbs.tmall.com
印 刷 者　上海市印刷十厂有限公司
开　　本　890×1240　1/32
插　　页　1
印　　张　10.25
字　　数　185 千字
版　　次　2013 年 10 月第 1 版
印　　次　2013 年 10 月第 1 次
书　　号　ISBN 978-7-5675-1218-4/B·806
定　　价　35.00 元

出版人　朱杰人

(如发现本版图书有印订质量问题,请寄回本社客服中心调换或电话 021-62865537 联系)